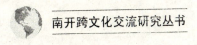
南开跨文化交流研究丛书

汉语新词语英译概览

吕世生　　　滕建辉
　　　　　　　　　　　编著
周健　刘甜　马丽

南開大學出版社

图书在版编目(CIP)数据

汉语新词语英译概览 / 吕世生等编著. —天津：
南开大学出版社,2012.7
(南开跨文化交流研究丛书)
ISBN 978 -7-310-03895-4

Ⅰ.①汉… Ⅱ.①吕… Ⅲ.①汉语－新词语－英语－
翻译－研究 Ⅳ.①H136②H315.9

中国版本图书馆 CIP 数据核字(2012)第 084330 号

南开大学出版社出版发行
出版人:孙克强
地址:天津市南开区卫津路 94 号 邮政编码:300071
营销部电话:(022)23508339 23500755
营销部传真:(022)23508542 邮购部电话:(022)23502200
*
天津泰宇印务有限公司印刷
全国各地新华书店经销
*
2012 年 7 月第 1 版 2012 年 7 月第 1 次印刷
787×1092 毫米 16 开本 28 印张 2 插页 396 千字
定价:56.00 元

如遇图书印装质量问题,请与本社营销部联系调换,电话:(022)23507125

总　序

　　对于人类文化的多元存在，有两个影响甚大的宿命预言：一个是
《旧约》的"巴别塔"说，一个是亨廷顿的"文明冲突"说。

　　"巴别塔"之说谓：大洪水过后，诺亚的子孙逐渐遍布天下，
他们都讲一样的语言，文化亦无隔阂。他们一度对上帝有所怀疑，
便决心合力建一座塔，塔顶通天，以显示自己的力量。此举惊动
了上帝，上帝不允许人类怀疑自己的权威，就改变并区别开了人
类的语言，使他们因为语言不通而无法协力，高塔也就中途停工。
这一宗教传说颇有象征意味。除了揭示出语言对于文化交流至关
重要的作用外，更借"上帝意志"作出了对人类文化隔阂无法打
破的宿命预判。

　　亨廷顿则是在上世纪 90 年代提出了"文明冲突"论，认为冷
战后的世界，冲突的基本根源不再是意识形态，而是文化的差异，
主宰全球的将是"文明的冲突"，而这种冲突则是无法避免的。这
种乌鸦嘴式的预言当然是不受欢迎的，但进入 21 世纪后，事态的
发展却好像在为他做着背书。

　　但是，宿命真的是无法改变的吗？已经能遨游太空的人类对于文
化困境真的只能束手吗？

　　答案显然是否定的。

　　毋庸讳言，两个预言讲出了重要的事实，但是，讲出的只是事实
的一部分。事实的全部是：人类的文明史始终是在文化隔阂与文化交
流的双向过程中前行，同样也是在文明冲突与文明交融的双向过程中

前行的。

梁启超曾综括华夏文明的历史，指出在两三千年的历史中，"跨文化交流"始终是文化创新、文化发展的重要动力、重要契机："我中华当战国之时，南北两文明初相接触，而古代之学术思想达于全盛；及隋唐间与印度文明相接触，而中世之学术思想放大光明。"他还预言20世纪是东方文明与西方文明"结婚之时代"，而"彼西方美女，必能为家育宁馨儿，以亢我宗也"。

其实，推而广之，异质文化的交流是人类文明史普遍的现象，其积极作用也如同在华夏文明史上一样。

时至今日，各个国家、各个民族，完全地闭关锁国几乎是不可能的事情。"地球村"中，文化的接触、交流只能是越来越频繁。对此，主动地参与，积极地推动其良性发展，既是有远见的政治家们的责任，也是地球村每位"村民"的义务与责任。在这方面，近年来蓬勃发展的孔子学院无疑是一项影响广远的创举。南开大学不仅是美洲大陆第一所孔子学院（马里兰大学孔子学院）的合作伙伴，而且是国家汉办"跨文化交流"的研究与培训基地。基地整合南开大学各有关学科的学术力量，一方面培训师资，为全球孔子学院提供服务与支撑，一方面围绕"跨文化交流"开展学术研究。这套丛书就是基地同仁们研究的成果。

中华古老的经典《周易》讲得好："天地暌而其事同也"，"君子以同而异"。承认差异，积极沟通，保持、产生勃勃的生机——古人尚且能认识，我们只应比古人做得更好。

当然，差异是永恒的，"天堑变通途"、"环球同此凉热"的理想，可能永远是可望而不可及的理想。但美好的理想给了我们前进的方向，它不能抵达，它却可以趋近。正如同"通天塔"永远不能抵达神秘的苍冥，但多垒的每一石、每一砖却都能使我们更靠近那璀璨的穹庐。

南开大学中华古典文化研究所所长、为跨文化交流作出毕生努力的叶嘉莹先生日前填词《水龙吟》云："正学宏开，东西互鉴……待如橡健笔，长虹绘写，架茫茫海。"范曾教授唱和曰："且追随精卫，衔枝填取，莽苍苍海。"这也正是南开同仁们共同的宏愿。

为此，我们南开大学跨文化交流研究院编写了这一套小书；为此，我们将持续编下去，并努力编得越来越好。

陈 洪

2012 年 6 月

序

　　我们生活在一个高度信息化、全面网络化和日益国际化的时代。这是一个令人兴奋、令人快活、令人劳累又令人烦恼的时代。信息化导致海量的信息大流通，人们获取知识、传播观点从来没有如此方便快捷。网络改变了人们的阅读、谈话、写作、学习、休闲甚至整个生活方式。日益频繁的国际交流让地球迅速变小，让不同文化之间的沟通越加频繁深入。

　　于是，大量新词语不断涌现出来。有些是率先见诸于互联网上，一个个网络新词汇闯入人们的语言。有些是某个地方性方言词汇，瞬间进入主流词语。有些新词新语由权威人士率先创造使用，立刻引来无数跟踪和效仿。有些则来自外来语，经过汉化，甚至有时加上本土化的作料，成为中国人的热门词汇。

　　新词语代表了文化上的一种创新和求变，在丰富人们的词汇，让人们的表达更加生动活泼的同时，反映了一种时代精神。因此，新词语常常大行其道，占有较高的使用频率。似乎没有新词语的文章就代表着落伍和衰退，不采用新词语的讲话相对而言就显得有些乏味。

　　新词语的出现也带来了一个棘手的问题，那就是如何翻译成准确传神的外文！

　　当然，说到外文，首先是英文。为什么一定要翻译成英文呢？第一是这些新词语出现的高频率。新词语进入了中国人的话语体系后，常常成为使用频率较高的语言组成部分，译员当然要翻译。第二是新词语鲜明的时代性。新词语涉及的往往是人们今天的生活范畴，而"今天的故事"最需要对外讲述，也是外国人最为关注的内容。第三是新词语的生动特点。新词语之所以进入人们的语言，是因为它们生动鲜活的特点，特别是其背后的来源故事，而这使新词语本身成为人们热衷于谈论的话题。

新词语的这些优点和长处怎么到了翻译环节就成为了"棘手的问题"呢？至少也有如下几个因素：

首先是新词语出现后，需要一个消化和被熟练掌握和使用的过程。特别是新词语隐喻的含义和背景，翻译需要一个理解和准确把握的过程，而这个过程是一种文化再创造，而不是简单的快速反应。

其次，新词语的一个特点是这些新的表达方式还在演变之中，还需要了解更丰富的元素和使用更长的时间才能准确地固定其意。甚至随着时代的变化，新词语所包含的元素也在发生变化，这使得新词语的翻译常常成为一个正在进行中、而不是完成了的工作。

最后，新词语的翻译是典型的跨文化传播。新词语的复杂来源使得字对字的翻译成为不可能，而它们的英译往往需要求助于解释、说明、借用等多种方式，方能比较准确地传达其真实含意。

《汉语新词语英译概览》比较好地解决了上面的三个难题。编者们没有一味地赶时髦，所收录的词语是 2006 年至 2010 年间涌现出来的，都经过了至少一年的实践和考验，基本有了确切的含义和比较稳定的使用率。

针对第二个难题，编者给收录的每一个词语都提供了翔实的新义介绍，即让每个新词语都具备了明确的定义。在此基础上，翻译成英文，有的还提供了不止一种译文。

为了完成跨文化传播这个最为重要的翻译环节，编者采用寻找英文对应表达方式、意译和音译等多种手段和技巧，力求为每一个新词提供一个最能表达其文化背景和含义的英文说法。

新词语的翻译是一项具有重大现实意义的工作，也是一项需要边翻译边探索边创新的工作，可谓光荣而艰巨。编者知难而进，为我们呈现了这本收词最多、解释最为充分、翻译最为全面准确的词典。

新词语翻译的性质决定了这将是一个不断进行、不断修正、不断完善的工程。《汉语新词语英译概览》首版面世的时刻，必然是修订和充实的开始。我们所处时代的信息化、网络化和国际化的特点决定了更新和完善将是编者们的下一个目标。

黄友义

中国翻译协会副会长兼秘书长

2011 年 11 月

前 言

　　本书收录的汉语新词语定义是，新近出现的在一定范围内较为流行的汉语词汇、词组或短语。该定义包括三个含义：（1）词语出现的时间段；（2）词语来源；（3）词频高低。关于第一点，词语出现的时间段大致划定在 2006 年至 2010 年这一期间。这一时间段与近年国家语委发布的汉语新词语的时间标准不同，国家语委发布的汉语新词语时间段均设定为一年。我们如此划分主要考虑本书的使用对象以及本书的跨文化交流特征。本书的使用者主要为汉语学习者、汉学学者以及对汉语和中国文化感兴趣的其他人员，对翻译工作者和研究者也可能具有参考价值。这些读者往往密切跟踪汉语、汉文化在一定时间段上的变化，"时效"的适当延伸对他们而言如同"时效"本身一样非常重要。他们既要关注新词语的"共时"发展，也要研究新词语的"历时"变化。另一方面，由于本书收录的汉语新词语英译具有跨文化传播特征，客观上呈现出一定程度的滞后性，因此我们所划定的时间段只是如实反映了这种客观现实。

　　关于第二点，本书的新词语来源包括教育部语言文字信息管理司策划的近几年的汉语新词语编年本、国家语委公布的汉语年度新词语、汉语新词语词典、网络流行语等。这种做法表明我们认同上述新词语选定结果，同时我们不必重复新词语选取前期大量的机械筛选过程，提高了本书的编写速度。然而，前述新词语由于时间段设定为一年，因此当年的高词频词语往往被选定为新词语，而稍后这些新词语则又鲜有提及，如 2008 年北京奥运会期间出现了与这一事件相关的一些词语,而后却在各种媒体上迅速消失。因此,我们从上述来源中删除了这类词语。

词频是新词语的重要属性,教育部和国家语委发布的汉语年度新词语均经过科学的词频统计,本书的新词语主要源于教育部和国家语委审定的新词语,因此无需重复这一统计过程。但是,由于词频与词语流行时间长度相关,当我们的新词语设定时间长度增加 4 倍之后,前述新词语词频统计结果将发生变化。为补偿这种变化,我们采用人工问卷方式作词频调查。问卷设计把 2006 年至 2010 年收集到的新词语列表,标注熟悉与不熟悉两个选项。收回问卷 282 份,南开大学外语学院研究生 162 份,信息学院研究生 86 份,相关专业教师与管理人员 34 份,最终以每个词语"熟悉"选项的数量多寡降序排列,前 360 个词语收入本书详细解释的汉语新词语范围。

新词语的确定是本书编写的第一步,下一步是更为困难的翻译。

本书新词语的翻译始于相应译文的检索,有相当一部分新词语都可检索到相应译文。随后编著者逐个审核其意义的准确性及在英语中的可接受性。凡不理想的译文,均提出新的译文。之后编著者集体讨论所有译文,对有争议的译文交由专家审校,并由专家审读全部译文。专家包括联合国现职翻译、南开大学任教的英语为母语的教师。但由于汉语新词语翻译的特征,本书中有争议的译文仍然存在。多数情况下,本书给出了一种译法,个别时候给出了两种甚至三种译法。这既是新词语翻译复杂性的反映,也是词语运用的语境依赖性的必然结果。因此,本书给出的新词语译文仅具参考价值。

目前的汉语新词语翻译往往难以获得理想的译文,这常归因于文化的差异。虽然有些新词语获得了较好的翻译,但另一些则似乎是勉力为之。总之,大多数都难以达到原词语语义和文化含义基本完整地传递到英语中的理想状态。从跨文化交流视角观之,翻译是一种跨文化交流行为,它受制于文化交流发展的历史阶段,翻译无法超越特定的历史阶段。在一特定历史阶段某些新词语不能取得理想的翻译效果,但随着跨文化交流的进展，它们一定能取得理想的翻译效果。无数词语翻译实例已充分证明了这一点。翻译不仅受制于跨文化交流的历史发展阶段，同时也是这一历史发展的促进力量。在某一特定历史阶段，新词语的翻译往往不理想，但其总的趋势则是推动了跨文化交流发展，这也是本书的意义所在。

编写体例

每个新词语的词条包括词目、原义、新义、例句、翻译、翻译说明、相关词语翻译、合成词翻译。

1. 词目：收词包括新造词、旧词新用和外来词。

2. 原义：尽可能简洁地解释立目词条的含义。有多个义项的，分别标注①、②等符号。对于新造词和外来词，因其没有"原义"，故略去"原义"；对于旧词新用（由原有词语语义变迁形成的词语），则列出"原义"。

3. 新义：尽可能简洁地解释立目词条的含义。有多个义项的，分别标注①、②等符号。对于新造词和外来语，只列出"新义"。对于旧词新义，列出"新义"，以对比新旧意义的演变。对于所有三类汉语新词语，均在"新义"后附例句。

4. 翻译：列出汉语新词语的译文，多个意思相似的译法，用分号隔开；对于新词语不同义项的译法，标注①、②等符号并用分号隔开；对于已列入专有名词的新词语，译文采取大写形式。必要时对译法给出具体的解释。

5. 相关词语翻译：列出与词目相关的汉语新词语词目、意义和翻译。

6. 合成词翻译：列出由词目构成的合成词词目、含义和翻译。

关于"汉语新词语英译附表"

本书正文收录的是 2006 年至 2010 年间词频最高的、从翻译视角看具有代表性的新词语。由于本书意在促进跨文化交流，其工具价值同等重要。显然正文收录的新词语数量与其工具价值无法匹配，为弥补这一缺憾，故将词频稍低的新词语也收录在内。"汉语新词语英译附表"中的新词语来源和时间段与正文词条相同，但词频低于正文的词条。

目　录

目录

绪　论

　　汉语新词语主要有三种类型：新近一段时间生成的词语、原有词语语义变迁形成的词语以及外来语。外来语是反映其他文化的概念进入中国文化的词语表达。新生成的词语和"旧词新义"机制形成的词语通常是中国社会的新事物、新现象的词语化。这类新词语中很多词语的语义系由隐喻认知机制生成，这种机制生成的语义多体现为文化语义。文化语义是这类新词语的本质特征，对于这种特征当前的新词语翻译研究未能给予足够重视。

　　当前的新词语翻译研究主要关注概念意义的对等和文化因素的作用两个层面的问题。概念意义的讨论主要基于"对等"研究范式，而由于目前这一范式缺乏合适的理论模式解释新词语翻译的文化问题，文化问题的研究往往各话自说。（季绍斌，2004；邵星，2003；杨京宁，王琪，2003；杨全红，2003；张健，2001）针对这一问题，新词语翻译研究的重点应该转向文化问题。首先，新词语的本质特征是文化语义，文化语义是概念意义之上的附加意义。这种附加意义具有多种选择性，其选择性具有文化倾向性。不同文化语境下或可存在类似的概念，但其词语表征方式、概念意象通常存在较大差异。这种情形新词语翻译研究无法规避。其次，新词语语义生成机制是隐喻认知，文化因素决定源域（已知的或具体的概念）及其属性特征选择，进而决定源域映射到目标域（未知的或抽象的概念）的结果。文化是影响文化语义生成的决定性因素，目前的研究似乎忽略了文化之于新词语语义的这种普遍联系。认知语言学认为隐喻是意义的生成机制，由此揭示了意义生成的普遍规律。这对新词语文化语义的生成具有较强的解释能力。因此，本书拟以隐喻认知为理论分析框架，分析新词语文化语义的隐喻认知机制，进而探索新词语翻译与隐喻认知的普遍联系，使新词语翻译的文化诉求得到充分表述。

一、新词语语义特征及语义生成模式

　　新词语是社会文化现实的直接反映，社会文化的变化是新词语产生的渊源，其生成具有明显的文化特征，反映在语义上就是其文化语义特征十分突出，文化语义是新词语生成并得以流行的决定性因素。

　　关于词语的文化语义，王德春的定义是："文化语义是民族性的一种表现，它反映使用语言的国家的历史和民族风俗，具有民族文化特色。也就是说，在反映概念的基础上，增添了附加的民族文化色彩，离开民族文化背景，难以准确理解词语的含义"①（1998：1）。陈建民则认为文化语义是"通过联想而产生的附加意义"（1999：19）。上述两个定义的共同点即文化语义是概念意义的联想意义。②

　　认知语义学则进一步阐明了概念意义和联想意义两者之间的联系，声称文化语义的生成机制是隐喻认知。文化语义是在其概念意义的基础上，在文化模式作用下通过隐喻、转喻等机制，概念范畴中的某些属性突显而形成的转义。（张再红，2009：1）

　　根据认知语义学，一个事物具有多种属性，词语的概念意义只反映其本质的主要属性，其他属性作为潜在的语义特征储存在语义中。在特定的语境下，某些潜在的属性被激活，通过隐喻、转喻等认知机制形成词语的联想意义。（张再红，2009：108）按照利奇的观点，联

---

　　① 王德春使用的术语是"民俗语义"，现多用"文化语义"代替，本书使用后者。
　　② 在此使用利奇划分的不同类型的意义术语，其中2～6种意义类型统称为联想意义，分属于文化语义的不同类型（参见李瑞华等译利奇的《语义学》，第18～33页）。鉴于国内学界多用"概念意义"这一术语，本书用"概念意义"替换利奇的"理性意义"。

想意义就是文化语义的具体体现（本书关于文化语义的讨论基于这一理解①）。（李瑞华，1987：25）认知语义学的这种解释表明，词语潜在属性激活过程是一种文化模式导向过程。在不同文化模式的作用下，词语潜在属性选择的文化倾向性十分明显，文化语义的生成取决于文化模式。

关于文化模式，研究者基于不同的视角给出了不同定义。D'Andrade 从认知视角将其定义为"一个社会群体间所共享的认知图式"（1989：809, 823）。Gee 基于原型论的定义是：人们的习惯性直觉，依据民族或地域性的生活方式对现实世界的理想化的一种看法（1999：68-70）。这一定义将文化模式归结为人们对客观世界的简单的典型的看法，而一般意义上的文化模式则是人们对客观事实的各种理解和假设的相对固定的集合。

文化模式创造隐喻，决定隐喻的属性特征选择，同时也是隐喻的知识渊源和建构的基础。一种文化的核心观念，如价值观、世界观等，通常借助隐喻表达。文化模式既是概念意义扩展的基础，又是词义理据的来源。（Quinn N. 等，1987：28）

隐喻是重要的认知机制（Lakoff & Johnson，283）。隐喻是利用已知的、具体的事物理解未知的、抽象的事物的认知过程。基于二者的相似性，隐喻将前者（源域）的某些概念属性映射到后者（目标域），从而在已知和未知的两个概念间建立起联系。如"婚姻是城堡"这一隐喻，即是将城堡（源域）的某些属性特征，如禁锢、约束等，映射到婚姻这一目标域，使后者具有与前者类似的属性特征。隐喻是人类普遍的认知规律，但在隐喻过程中，人们受制于文化模式。就新词语的文化语义而言，文化模式的影响主要体现在新词语的语音隐喻和词汇隐喻两个方面。利用语音的相似性生成新词语是常见情形，如"韩流"、"面了"、"半糖夫妻"、"海归"、"负翁"、"美眉"、"铁的"、"晒"、

---

① 关于文化语义的界定学界尚有争论，请参见魏春木（1993）、苏新春（1995）等人的研究。

"黑客"等词即属于这一类型。"韩流"是近年较为流行的新词语，意指具有韩国文化特征的生活方式、韩国娱乐产品一段时期内在我国较为流行的一种现象。该词语语音与气象学名词"寒流"构成谐音。"寒流"的属性特征之一是，一段时间内某一地区的主导气候特征，流行是其属性概念之一。这一特征借助语音与韩国文化娱乐产品、生活方式在我国流行的现象产生联系。"韩流"即是利用语音隐喻生成的新词语。另一典型情形是"面了"一词的隐喻过程。"面"在北方方言中喻指人的性格如"面团"一样，软弱无能，"面了"一词取此谐音隐喻大学毕业生求职工作中毫无自主性、任人摆布的状态。外来语音译成为汉语新词语是语音隐喻生成新词语的另一重要来源。汉语新词语"晒"是英语"share"的音译。"晒"的概念意义是把东西放置于阳光下，联想意义有分享、曝露、展示、把相关信息放到网上等，往往含有炫耀之意。英语"share"的概念意义是接受（经验）、分享、参与等，它没有上述汉语的联想意义。汉语利用语音的相似性生成了"晒"这一新词语。可以看出，语音隐喻也是汉语新词语生成的重要方式之一。另一种重要方式是词汇层面的隐喻，这是更为常见的方式。下述新词语都属于这一类型，如"菜鸟"、"山寨"、"潜水"，等等。以"菜鸟"一词为例，该词源于台湾方言，指刚刚学会飞行、飞行中经常掉落地上的小鸟，后泛指初涉某一领域特别是电脑网络领域的新手。"潜水"一词属于常用语，其文化语义是指匿名上网或隐身登陆却不发表言论，用人们熟知的潜水活动隐喻这种行为。这些都是典型的词汇层面隐喻认知形成的新词语。

从上述新词语语义生成的叙述中不难看出这样一个事实，在文化模式作用下，词语的概念意义扩展，体现为文化语义。文化语义是某些新词语的本质特征，这一认识有助于我们从新的视角理解新词语的跨文化交流。

二、隐喻认知机制过程对应

目前汉语新词语翻译研究未能充分认识新词语与文化语义的联系，因此无法揭示新词语翻译的基本规律。这就要求我们转换视角，关注重点由先前词语的概念意义转向文化语义。如前所述，根据隐喻认知理论，文化语义是在概念意义基础上借助隐喻机制生成的联想意义。虽然隐喻是普遍的认知机制，而且不同文化的隐喻构成要素和过程均相同，这可视为文化语义能够跨文化交流的认知基础，然而，其构成要素自身具有特性，如域源概念属性。由于不同的自然环境，历史文化传统，不同文化社团所熟悉、关注的事物、现象及其属性特征均存在差异，因此源域的属性特征或具体形式常有差异。而更为重要的是，同一事物往往有多种属性，哪一种属性或哪一些属性被映射到目标域往往存在较大差异。导致这种差异的决定性因素或可解释为文化模式。文化模式在以往的研究中被视为误译的影响因素，但它的影响不仅仅止于误译，而是隐喻认知机制作用的框架结构（framing culture），是这一过程构成要素得以发挥作用的基础。[①] 就这一意义而言，对隐喻认知机制可作如下阐述。隐喻是人类普遍的认知机制，这一机制总是在一定的文化模式下得以发挥作用。不同的文化模式下，隐喻构成要素的表征方式，或具体属性特征的突显性存在差异。基于这一认识，新词语翻译可以理解为，基于隐喻映射结果即文化语义，分析其在不同文化模式下的生成过程，寻求文化语义的隐喻认知过程。具体过程为，对隐喻认知构成要素作具体分析，以确定目的语文化语义与源语文化语义的对应关系。根据对新词语翻译的这一认识，我们或可完成新词语翻译研究从概念意义到文化语义的转换。下面将以不同类型的汉语新词语英译为例分别阐述这一过程。

---

① 参见 David Katan. *Translating Cultures: Introduction for Translators, Interpreters and Mediators*，上海：上海外语教育出版社，2008。

　　汉语新词语中文化语义特征突出的一类数量较多。隐喻认知模式对这类新词翻译的解释较为充分，相关的新词语如"考碗族"、"婚嫂"、"凤凰男"等。以"凤凰男"一词为例。"凤凰男"指来自农村或经济不发达的小城镇地区、大学毕业后在大城市获得优越社会地位的男性。这是特指中国20世纪80年代以后的社会现象。

　　"凤凰男"一词是隐喻认知机制生成的新词语。汉语中"凤凰"有高贵、超凡脱俗的含义。该词语以"凤凰"隐喻出身低微者成为社会地位显赫的精英。该词语的另一含义同样借助隐喻机制生成。中国文化中有"乌鸦变凤凰"的说法，乌鸦隐喻卑微低贱，凤凰隐喻高贵超群，这是中文语言社团共享的隐喻概念。这一概念的隐喻义是由低微到高贵。

　　"凤凰男"这一新词语的隐喻认知包括四个构成要素，分别为源域（出身低微的男子）、目标域（社会地位优越的人）、文化模式（中国文化模式）、映射结果（这一过程生成的文化语义——社会地位优越但是出身低微的男子）。由这个文化语义开始，查找英语中相对应的词语，然后分析其隐喻映射过程及其构成要素特征，以确立其是否与汉语"凤凰男"有对应的隐喻认知关系。汉语"凤凰"一词，英语的对应词是"phoenix"，其概念意义是传说中漂亮的神鸟，生活在阿拉伯的海岸（*Webster's New World Dictionary*），它的文化语义是"浴火重生的不死鸟"。英语中这一概念与"高贵"、"脱俗"这样的目标域缺乏文化经验关联。因此，"phoenix"这一源域属性不能映现到"高贵"、"脱俗"这一目标域。由此可见，"phoenix"和"凤凰男"这一概念认知机制不能构成对应。欲寻找与另一隐喻过程对应的英语词语，需要变换分析视角，以映射结果为起点，寻求英语中隐喻认知关系对应的文化语义。

　　与汉语"凤凰男"文化语义对应的英语词语是"ugly duckling"。尽管文化语义对应，但这一短语与"凤凰男"的隐喻认知过程是否对应仍需进一步分析。"ugly duckling"的概念意义是"丑小鸭"。英语传说中丑小鸭后来变成了天鹅。丑小鸭的文化语义是"由卑微到高贵"。这一语义的隐喻过程由几个基本隐喻构成。其源域概念是长相丑陋的小鸭子，目标域概念是卑微低贱的人。该传说的另一隐喻过程的源域概念是天鹅，目标域概念是高贵的人。这一连续隐喻的映射结果是，出身低微但最终成为具有高尚社会地位的人。尽管这一隐喻过程的源域与汉语的不同，但两个源域均具有多种属性，多种属性中存在相同的属性。在不同文化模式作用下，这些相同的属性映射到了相同的目标域，从而取得了相同的映射结果，相似的文化语义得以生成。这一分析表明，从文化语义入手，分析其隐喻认知过程及其构成要素特征，寻求隐喻认知的对应，是汉语新词语翻译的基本特征。这一过程在两个层面上体现了对应关系，文化语义以及由源域向目标域映射的属性特征均达到对应。

对汉语新词语翻译规律的这一发现在另一类型的新词语翻译过程中也得到了印证。"脱线"一词属于此类。该词语原指火车脱轨，在当前社会文化语境下，语义扩展，新的语义有"反常规"、"非主流"之义。如下述例句："逗趣的情节，脱线的台词，主持人们的不惜'毁容'的颠覆之作引得现场观众火爆连连，掌声不断。"（中国新闻网，2010.10.09）该词语的翻译过程如下："脱线"概念意义的英文对应词是"derail"。这与作为汉语新词语的"脱线"语义相去甚远。分析汉语的映射过程可知，其源域是机车运行故障，脱出正常轨道，目标域是不正常状况，映射结果是言语行为反常、乖张。基于这一映射结果，在英语中寻找具有对应文化语义的词语，然后再分析该词语的隐喻认知过程及要素。寻找结果是短语"have a screw loose"，该短语的文化语义是"to be slightly crazy, or to act abnormally"。这显然是"脱线"这一词语的隐喻意义。其隐喻过程是，源域是松脱的螺丝，其属性特征是处于异常状态。这一属性映射到目标域，其结果是，人的状态反常夸张。可见，汉英两个词语的隐喻认知过程对应。汉语 "脱线"是铁轨系统状态异常的结果，这在汉语经验中与人的言语异常有相似之处，因此成为隐喻认知的基础。尽管认知要素不同，英语隐喻的源域是螺丝松脱，但是英语汉语的隐喻认知过程相同。这表明，不同的文化、不同的生活经验、不同事物或事物属性在认知过程中突显程度不同。因此，隐喻的源域存在差异不足为奇。虽然隐喻的源域存在差异，但在英语文化中，其文化模式在与汉语不同的源域中选择了相同的属性，从而获得了相同的映射结果。这即是"脱线"一词跨文化交流的隐喻认知机制。该过程的特点是目标域或映射结果与认知过程两个层面的关系对应。另一方面，"脱线"的隐喻过程还表明，源域到目标域的映射属性选择反映了不同文化模式认知取向的差异。这就体现了隐喻认知模式对新词语跨文化交流的认知价值。隐喻是不同文化认知的普遍性，这是新词语跨文化交流得以实现的基础，而保持文化差异则是跨文化交流的意义和目标。因此，新词语翻译这种跨文化交流行为既以隐喻认知为基础，又必须保留文化异质。这就要求汉语新词语进入英语文化时能够保留自己的文化语义特征，而非无条件地迁就目的语文化。否则，汉语新词语就将失去本身的文化色彩，我们通过跨文化交流建构丰富多彩的多元文化世界的种种努力也将归于无效。这是基于隐喻认知模式探索汉语新词语翻译基本规律的另一结论。在这一方面，"山寨"一词的英译具有典型意义。

"山寨"是词义变迁的新词语，其新词语语义是指通过模仿、抄袭、恶搞等手段生产各种物质或文化产品。英语中具有对应概念意义的词语是"copycat"，意为模仿他人的衣服样式、行为或犯罪方式，特指儿童的这类行为（*Webster's New World Dictionary*）。这一语义与汉语的语义相近，但分析发现，汉语的语义是隐喻认知语义，而英语则是概念意义，它们的对等关系仅存在于概念层面。基于隐喻过程对应的考虑，copycat 不是理想的替代选择。相反，为避免中文词语为目的语误读、文化语义扭曲，"山寨"一词可使用音译。这种选择是隐喻认知理论对新词语翻译的另一启示。但与此相关的追问则更为复杂，即保留原词语文化色彩与其在译入语文化中的可接受性两者孰轻孰重，翻译实践中究竟是倾向于保留原词语的文化色彩还是倾向于其在译入语文化中的可接受性。这就要考虑源语文化语义扭曲程度与译入语文化可接受性两者的均衡，甚或取舍的问题。汉语新词语进入英语文化时总会伴随一定程度的语义扭曲，而译者总是努力减小扭曲程度，但译者的这种努力往往受制于译语的可接受性。理想的翻译是语义扭曲程度在可接受范围内，而又具有较好的可接受性。这是我们通常借助英语中已有的词语来替代汉语的主要原因。而在另外一些情形下，如果优先考虑译入语的可接受性，但语义扭曲程度却超出了译者可接受的范围，则译入语可接受性的优先顺序将让位于对文化语义扭曲的考虑。在这种情形下，则可能以新词语在目的语中的可接受性为代价而保证语义扭曲程度在可接受范围内。这是选择音译或是倾向目的语的可接受性的内在逻辑，"山寨"一词的音译则基于这一逻辑。

三、结论

大量的新词语语义是隐喻生成的文化语义，这是新词语的本质特征。目前的新词语翻译研究对此未能作出理论解释。认知语言学的隐喻认知模式揭示了词语语义，特别是"附加意义"的普遍生成机制。借助这一理论，我们得以充分认识新词语文化语义的本质属性，进而将其作为认识新词语翻译规律的理论工具。基于隐喻认知理论分析，我们认为新词语翻译是文化语义导向、寻求隐喻认知关系对应的跨文化交流过程。这一过程体现两种对应关系：一是汉语词语与英译词语的文化语义对应，二是隐喻认知关系的过程对应。这是新词语翻译的本质特征。新词语翻译的对应关系并非止于语义层面，而是扩展到了语义的生成过程。这不仅对新词语翻译具有重要的认识价值，而且对翻译的一般规律也有重要的认识价值。

隐喻是人类普遍的认知机制，但由于文化模式的差异，源域向目标域的属性映射选择也存在差异。隐喻认知体现了人类认知的普遍性，源域属性向目标域映射的选择体现了文化模式的特殊性。这种普遍性与特殊性聚合于隐喻认知的对应过程。将其置于跨文化交流语境审视，则不难看出，保留文化异质是跨文化交流的应有之意，因为跨文化交流的目标是建构丰富多彩的多元文化世界。这意味着译者必须在保留原词语的文化色彩和保证译入词语的可接受性之间作出抉择。简言之，这是原词语的文化语义扭曲程度和译入语的可接受性是否均衡的问题。在此"均衡"的含义是：如文化语义扭曲程度在可接受范围内，译者优先考虑译入语的可接受性；否则，则应以可接受性为代价，保证原语语义扭曲程度在可接受范围内。这或可是新词语音译策略的内在逻辑。

A

奥运经济

【新义】指奥运会举办前后一定时期内所发生的与奥运会举办有联系的、具有经济效果或经济价值的各类活动。（例）1984 年美国洛杉矶奥运会在世界奥运史上书写了全新的一笔，即把奥运作为产业经营，于是诞生了奥运经济。20 年后的 4 月 18 日，2008 年奥运会举办城市北京全面启动了奥运经济战略，世界把目光投向了中国，聚焦在北京。（2004 年 4 月 19 日 中央电视台经济频道）商战造就奥运经济（2004年 8 月 6 日《四川日报》）

【翻译】Olympic economy

"奥运经济"已经成为最近 30 年世界经济发展中一种普遍的经济现象，已被不同文化熟知。所以，可直接译其概念意义："Olympic economy"。

凹地效应

【原义】亦称"凹地聚集效应"。指凹地对水或其他物质的聚集作用。

【新义】指某事物因具有某些特征或优势，对另一些事物产生吸引力，并使其向之聚拢的现象。"凹地效应"一词多用于职场、经济等领域。（例）职场凸显凹地效应（2009 年 5 月 29 日《番禺日报》）招商引资"凹地效应"凸显（2010 年 7 月 3 日《云南日报》）

【翻译】lowland effect

奥巴马时代

【新义】指贝拉克·侯赛因·奥巴马出任美国总统后的阶段。2009 年 1

月 20 日，奥巴马正式宣誓就任美国第 44 任总统。（例）民主党候选人奥巴马今天击败共和党候选人麦凯恩，当选为美国历史上第一位黑人总统——奥巴马时代的美国将走向何方？（2008 年 11 月 5 日《新民晚报》）奥巴马时代的沃尔玛 CEO（2009 年 9 月 24 日 星岛环球网）

【翻译】Era of Obama

奥巴马女郎

【新义】美国总统奥巴马于 2009 年 11 月 15 日至 18 日正式访华。11 月 16 日，在上海科技馆演讲现场，有一名身着红衣外套的中国女子与奥巴马一起出现在镜头内，其照片被曝光后，迅速走红网络。该女子被称为"奥巴马女郎"。（例）奥巴马女郎的真实身份很快"曝光"了，她的真名叫王紫菲，是上海交大的学生。事后，她在博客里一再声明自己无意成名，但很多人还是记住了王紫菲的名字。（2009 年 12 月 10 日中央电视台《第一时间·读报》）"奥巴马女郎"、"兽兽门"、"凤姐"……这些原本寂寂无名的人物在一夜之间暴红，真的是网民热捧导致的吗？（2011 年 1 月 11 日《楚天金报》）

【翻译】Obama Girl

奥巴马概念股

【新义】美国总统奥巴马访华时，市场预计中美两国可能在清洁能源领域达成一系列双边协议，可能受益的板块个股就被称为"奥巴马概念股"。（例）市场聚焦美国总统奥巴马访华，估计"奥巴马概念股"会成为本周炒作焦点，可留意中美在环保、再生能源、出口领域等话题上如有进展或合作，相关板块股份有望突围而出。（2009 年 11 月 16 日 凤凰卫视《股市风向标》）奥巴马还没到，奥巴马概念股已于上周五提前启动，分析人士表示，本周奥巴马概念股仍然是当仁不让的热点。（2009 年 11 月 16 日《国际金融报》）

【翻译】Obama concept stock

概念股是与业绩股相对而言的。业绩股需要有良好的业绩支撑，概念股则是依靠某一种题材来支撑价格。概念股一词源于英语。

奥巴马新政

【新义】指美国总统奥巴马在世界金融危机背景下执政之后推行的新政策。(例)尽管中国的崛起已经不容世界忽视,但实际上,世界的重心依然倾向美国,所有人都对奥巴马新政充满期待,世界经济依然看美国脸色。(2009 年 2 月 11 日 中央电视台《经济半小时》)"行动"的第一要务,无疑是尽快敦促参议院通过被外界称为"奥氏新政"的经济刺激计划——总额 8270 亿美元。此前,在共和党议员全部反对的情况下,民主党控制下的众议院也批准了一份总额为 8190 亿美元的救市计划。(2009 年第 5 期《中国新闻周刊》)

【翻译】Obama's New Deal

爱券族

【新义】指爱好利用折扣优惠券消费的人。(例)如今,"爱券族"们追券的途径很多,既能从《胡椒蓓蓓》、《酷棒》等专门的折扣券集锦杂志上剪下纸质折扣券,也能上大众点评、酷鹏、口碑等点评类网站下载电子折扣券,甚至还能在地铁站里的折扣券打印机上现场打印肯德基、麦当劳、屈臣氏、DQ 冰淇淋等优惠券。(2008 年 2 月 25 日《新民晚报》) 部分爱券族上网搜罗优惠券,还有些人直接瞅上了优惠券打印机,地铁新街口站内的优惠券打印机就大受追捧。(2010 年 8 月19 日《现代快报》)

【翻译】coupon lover

艾滋门

【新义】与艾滋病有关的事件。特指 2009 年 4 月 22 日一则网帖称一名女医药代表因潜规则致使江苏省人民医院多名医生护士感染艾滋病的事件。虽然传闻涉及的医院与多家制药企业发表声明辟谣,各大网站纷纷删文,但未能制止传播。(例)"艾滋门"风波发生后,江苏省人民医院及该院员工接到大量求证电话，不堪其扰。院方没有报案，但向卫生主管部门汇报了情况。（2009 年 5 月 27 日《中国青年报》）女医药代表、金钱交易、性贿赂，还有可怕的艾滋病，这些元素借助网络，使得江苏省人民医院"艾滋门"风波迅速得以传播，也让医药行业长期存在的潜规则瞬间升级。（2009 年 6 月 15 日《南都周刊》）

【翻译】AIDS scandal

中文的"门"作为后缀的用法源于 20 世纪 70 年代美国尼克松政府的水门事件丑闻，水门则是 Watergate Scandal 的汉译，而汉语中这个后缀广为人知则起于克林顿与莱温斯基事件的报道。英语中的 gate 是中性概念，而"门"在汉语中获得了"丑闻"的含义，在译回英语时可适当添加具有贬义概念的 scandal，以此保证文化语义的对应。

艾滋女

【新义】指一遭男友报复被诬陷患有艾滋病的女子。其男友在网上声称她卖淫，并感染了艾滋病，还公布了 279 名所谓"性接触者"的手机号码和姓名，供记者们调查。（例）这两天在网络最热的不是"寂寞"不是"问单位"，而是"艾滋女闫德利"。（2009 年 10 月 23 日《河北青年报》）被炒得沸沸扬扬的河北保定容城"艾滋女"案有了新进展。日前，利用互联网等侮辱、诽谤他人的被告人杨勇猛被容城县人民法院判处有期徒刑三年。（2010 年 4 月 10 日《燕赵都市报》）

【翻译】AIDS woman

B

八荣八耻

【新义】"社会主义荣辱观"，是中国国家领导人提出的社会主义价值观。
具体内容如下：

以热爱祖国为荣，以危害祖国为耻；

以服务人民为荣，以背离人民为耻；

以崇尚科学为荣，以愚昧无知为耻；

以辛勤劳动为荣，以好逸恶劳为耻；

以团结互助为荣，以损人利己为耻；

以诚实守信为荣，以见利忘义为耻；

以遵纪守法为荣，以违法乱纪为耻；

以艰苦奋斗为荣，以骄奢淫逸为耻。

（例）"八荣八耻"唤醒的是人的良知，彰显的是道德自律的力量，倡导的是社会主义荣辱观。（2006年3月20日 人民网）目前，泰州市苏陈中学市级研究课题《"八荣八耻"教育为途径的中学德育工作探索》已完成校本教材编写，步入"八荣八耻"进课堂讲解阶段，"八荣八耻"教育真正走进了中学生课堂。（2010年10月25日 海陵教育）

【翻译】Eight Honors and Eight Shames；Eight Honours and Disgraces

霸王条款

【新义】指在消费领域内，一些经营者单方面制定的逃避法定义务、减免自身责任的不平等格式条款。（例）"本影院不允许自带食品进厅观影"、"打折商品不保修"、"本商家有最终解释权"……诸如此类的"霸王条款"一直被一些商家拿来作为借口损害消费者利益。(2010 年 12月 31 日《南国都市报》)国家工商行政管理总局日前发布了《合同违法行为监督处理办法》,其中部分内容直指近年来社会反映强烈的经营者利用"霸王条款"损害消费者合法权益问题,类似"本公司拥有最终解释权""客户不得以任何理由退货""如遇损坏只赔偿同类胶卷"等不平等格式条款被列为违法条款。(2010 年 10 月 20 日 新华网)

【翻译】inequality clauses;unfair clauses;unfair contract terms

该词中"霸王"是隐喻用法,指滥用强势,英语无此隐喻。因此,翻译时取其概念意义。

白金剩女

【新义】指年龄偏大、学历高、容貌姣好的单身女性。(例)曲径通幽法非常适合每一个人使用,白金剩女有可能对爱情没有在意到非你不可,但一定非常重视家人和朋友,尤其是家人。(2008 年 12 月 1 日 海报网)都市爱情麻辣喜剧《爱呼 2:爱情左右》首周票房不俗,其白金剩女和 12 型男的话题也受到观众的关注。(2008 年 12 月 4 日《北京青年报》)

【翻译】premium 3S lady

"剩女",是对大龄女青年的谑称,也称"3S 女人":Single(单身)、Seventies(大多数生于 20 世纪 70 年代)、Stuck(被卡住了)。"白金剩女"是"剩女"的"升级版"或"优质版",是"剩女"中的佼佼者,该词翻译借用英语的 3S 说法,再增加表其概念意义的词汇,故为"premium 3S lady"。

白客

【新义】①指在网络世界中打击黑客以保护人们信息安全的网络专业人员。②童话大王郑渊洁 2000 年创作的长篇小说。(例)"白客"指在网络世界中打击黑客以保护人们信息安全的网络专业人员。很多白客以前都曾经充当过黑客，这是大家都见怪不怪的事实。（2010 年 3 月 10 日 国际在线） 将公司总部设在休闲之都杭州的范渊却没有太多时间享受这个城市的安逸，他总是在路上，或者在网上，和那些利令智昏的黑客过招。他总是说，自己其实是个白客。（2010 年 8 月 2 日《钱江晚报》）

【翻译】online security guard

"白客"一词源自新加坡，英文为"online security guard"。汉语称利用电脑网络搞破坏或恶作剧的人为"黑客"（hacker），"白客"是"黑客"的转喻，英语中不存在这种认知机制，故译其概念意义。

白奴

【原义】指 16 世纪～19 世纪被贩卖到美国的欧洲白人奴隶。

【新义】"白领奴隶"的略语。指由于缺乏合理的人生规划，选择超前奢侈消费的白领。（例）白奴者，白领奴隶是也。（2009 年 1 月 1 日《广州日报》） "长草族"与"白奴"好似看不见的大山，将 80 后们压得难以喘息。（2010 年 3 月 11 日《齐鲁晚报》）

【翻译】white-collar slave

新词语语义往往是特定文化背景下，通过隐喻机制形成。"白奴"的新义是汉语文化背景下的隐喻意义。鉴于文化背景差异，翻译"白奴"的概念意义，即"白领"，因此译为"white-collar slave"。

白托

【原义】对于利欲熏心的"白事先生"的称呼。

【新义】"白天托管"的简称。政府推出的"社区居家养老"计划：以社区服务中心为依托，为老人提供助餐、助洁、助浴、助医等服务。（例）王元龙表示，"托老所"在 7 月底建成并投入使用，由于受场地限制，将主要为老人提供"白托"服务，即老人们可以白天到托老所来，在这里用餐、午休，其他时间与老邻居们一起休闲娱乐；但对于社区内的孤寡老人们，则将是全托。（2006 年 6 月 15 日 搜狐网） 老了手脚不便、不想做饭，可以去社区居家养老中心的食堂享受可口的饭菜；还能和一起"白托"的空巢老人们唠嗑排解寂寞；有困难了，拨个电话就有人上门提供各种照料服务……（2007 年 12 月 4 日《三湘都市报》）

【翻译】day care (center) for the elderly；adult day care (center)

意义是主客体互相作用的结果，而主体的认识又受到特定文化环境的影响。此处的"白托"即白天为社区老人提供照顾，用释意法译出概念意义是克服文化障碍的有效途径。

败犬女

【新义】指年过 30、事业成功，但无感情归宿的女性。

"败犬"最初是日本人对已过适婚年龄而未婚的女性的贬称。这种说法源自日本女作家酒井顺子探讨未婚女性及其生活的散文集《败犬的远吠》。（例）《粉红女郎》中由刘若英扮演的结婚狂算得上是经典的"败犬女"了。（2009 年 8 月 21 日 今晚网） 在更深远的背景里，"败犬女"、"剩女"提法的出现，俺看是中日男性优先文化在现代经济冲击下的回光返照。（2010 年 1 月 14 日《江南都市报》）

【翻译】lost lady

"美丽又能干的女人，只要过了适婚年龄还是单身，就是一只败犬；平庸又无能的女人，只要结婚生子，就是一只胜犬。"根据"败犬女"的文化语义，将其翻译为"lost lady"，其中，"lost"有三层含义：①失败的；②得不到的；③迷惘困惑的。

半糖夫妻

【新义】指工作日独自生活、周末团聚的夫妇。

"半糖"源自台湾，指喝水、喝咖啡时加糖的量比较适中。"半糖夫妻"是流行于高学历、高收入的年轻都市夫妻的一种全新的婚姻模式：同城居住却刻意分居，感情生活甜而不腻，故曰"半糖"。（例）分开理财 "半糖夫妻"爱情财务双保鲜（2008 年 4 月 11 日 腾讯网） 3 年

前，他与她选择了平常分居、共度周末的半糖夫妻生活。（2010 年 1 月 8 日 中新网）

【翻译】weekend couple

"半糖夫妻"是汉语的隐喻表达，而同样的意义英语却无需隐喻，用"weekend couple"。"半糖"这一隐喻方式无法跨越文化障碍，所以直接用已有的概念意义对应的英语词汇。

班奴

【新义】指被迫报名参加多个课外辅导班、承担过大压力的中小学生。（例）"班奴"是上课外辅导班的学生的统称。（2008 年 6 月 22 日《今晚报》）别让孩子沦为"班奴"（2010 年 4 月 27 日《烟台晚报》）

【翻译】cram schools slave；cram courses slave

抱抱装

【新义】指能模仿被人拥抱感觉的衣服。这种上衣采用高科技布料制成，能模仿被爱人拥抱的感觉，而且能洗涤反复使用。抱抱装被美国《时代》周刊评为"2006 年最具创意新发明"。（例）穿抱抱装感受情人拥抱（2006 年 11 月 7 日 新浪网）"抱抱装"，是一种能让人感觉到被拥抱的衣服，这种上衣采用高科技布料制成，能模仿被爱人拥抱的感觉。（2006 年 11 月 7 日《北京晚报》）

【翻译】hug shirt

中文源自英语，因此直接回译为"hug shirt"。

抱抱团

【新义】指"抱抱团"活动，崇尚与陌生人自由拥抱。

美国人贾森·亨特在母亲的葬礼上听到了关于母亲热心助人的事迹，许多得到过亨特母亲帮助和关心的人们都回忆起她给予的温暖。亨特受到母亲故事的感召以及需要借助他人的温暖来克服自己丧母的悲痛，于是他拿了个写着"真情拥抱"的纸牌走上家乡的大街。第一个与他"真情拥抱"的人是一个路过的姑娘。(例)短短几天时间内,仅长沙在互联网上就诞生了三个抱抱团,上海、武汉、北京后来者居上,抱抱团一个接一个地诞生。(2006年12月15日《华商报》)面对"抱抱团"的盛情相邀,多数过路人宁愿选择绕道而行,也不愿意拥抱。毕竟,拥抱是两厢情愿的事,与一个根本不熟悉的陌生人肌体相拥,心里多少会有一点怪怪的感觉。(2010年7月21日 国际在线)

【翻译】free hugs

汉语的"抱抱团"活动作为全球"抱抱团"活动的一部分,拥有与英语"free hugs"相同的文化语义,所以借用"free hugs"一词。

保障性住房

【新义】与商品性住房(简称商品房)相对应的一个概念,指政府提供给中低收入家庭具有社会保障性质的住房。(例)从2007年开始,北京开始建立包括经济适用房、廉租房、限价房、公共租赁房在内的多层次的保障性住房体系……(2009年9月16日《工人日报》) 2011年,中国保障性安居工程住房建设规模将达1000万套,相比2010年的590万套,增长70%,保障房建设规模创历年之最。(2011年1月8日 人民网)

【翻译】low-income housing

其他国家也有由政府买单的公营住房,用来保障低收入家庭的住房权利。在不同文化语境下,该词的概念意义具有普遍性。

暴走妈妈

【新义】指为了实现器官捐献、挽救子女的心愿,每天快速行走数公里,以减轻体重,消灭脂肪肝,达到手术要求的母亲。如武汉的陈玉蓉、辽宁的那雪莲。(例)"暴走妈妈"割肝救子 慈母救子心切,每天10公里"暴走",7个月成功消除重度脂肪肝,达到捐肝要求。3日晚,母子间肝脏移植手术成功施行。(2009年11月4日《人民日报》)"暴走妈妈"3月瘦22斤 捐肾救尿毒症儿子(2010年9月13日《扬子晚

报》）

【翻译】frantically-walking mum

"暴走妈妈"中的"暴走"一词指的是为达到某种效果而进行的近乎失常的行走动作。该词反映了中国特有的爱子现象，应用释意法译其概念意义，而其文化语义可借助相应的注释予以解释。

杯具

【原义】指盛水的器具。

【新义】"悲剧"一词的谐音，表达了对人生的无奈戏谑，反映了一种自嘲而积极的人生态度。基于"杯具"一词，越来越多的谐音词风靡网络，如"洗具"等于"喜剧"，"餐具"等于"惨剧"，"茶具"等于"差距"等。"杯具"一词在使用时，可作动词、名词或形容词等。（例）不过，刚刚过完今年光棍节的李超心情还不错，他觉得自己十分有希望结束多年的"杯具"恋爱史，因为他发现，身边的"校园红娘"越来越多了！（2009 年 11 月 13 日《中国青年报》）"杯具派"：大有赶超"寂寞党"之势（2009 年 11 月 23 日 中国网）

【翻译】drink a bitter cup / be struck by a tragedy; tragedy; tragic

被××

【新义】"被××"表示在主体不知情的情况下，成为"被"字后面具有动作意味的词的宾语；或者具有使动含义，即某行为主体使之如何等。具有动作意味的词的主体则是具有行为能力的某人、某机构等。（例）网上说现在是"被时代"，稍不留神你就"被××"了。（2009 年 8 月 11 日《中国青年报》）"被"事件已成为今年的一大热门。"被自杀"、"被就业"、"被死亡"、"被钓鱼"之后，又出现了郑州高校学生"被医保"事件。（2009 年 11 月 9 日《人民日报》）

【合成词翻译】该词的英文模式是：be said to be + verb + ed

被辞职 be said to have resigned

被代表 be said to be represented

被富裕 be said to be rich

被就业 be said to have found jobs

被捐款 be said to have donated

被留学 be forced to study abroad

被满意 be said to be satisfied

被民意 be said to have been polled

被全勤 be said to have a record of full attendance

被山寨 be copycatted

被失踪 be said to have disappeared

被死亡 be said to have died

被网瘾 be said to have become addicted to Internet

被幸福/小康 be said to be happy / to live a fairly comfortable life

被医保 be forced to buy basic medical insurance

被增长 be said to have risen

被自杀 be said to have committed suicide

被自愿 be said to have volunteered

北漂

【新义】亦称"北漂一族"。指具有一定专业知识和技能,到北京寻找工作、谋求发展的年轻人群体。因这类人在来京初期少有固定住所,漂乎不定,而且缺乏对北京的认同感,故名。(例)在人流车流不息的首都,"北漂"一族追逐形形色色的梦想,品尝酸甜苦辣的人生百味。(2006年3月23日 人民网)"蛋形蜗居"突然被搬离 北漂青年留宿朋友家(2010年12月5日《新京报》)

【翻译】Beijing-drifter

"北漂"中的"漂"具有三层含义:①迁移。从其他地方来到北京。②未扎根。在北京生活、工作却没有北京户口,就业所在地与户籍所在地相分离。③心理的"漂"。内心缺乏安全感和归属感。所以翻译为

"Beijing-drifter"，既点明了"北京"这一特定的地点，又大致体现了"漂浮，不稳定"这几层意义。

奔奔族

【新义】"东奔西走"之族，指 1975 年～1985 年出生的人。他们生于普通家庭，渴望成名和致富，并为此不断地奔波，承受巨大的社会、心理压力。（例）奔奔族自我标榜 "社会压力最大的族群"，但在社会转型期，面对教育、医疗、住房"新三座大山"，哪个群体不是疲于奔命？（2006 年 11 月 5 日 国际在线）近日，某论坛上贴出了一则《奔奔族——中国社会压力最大、最水深火热的族群！》的帖子。这位自称"奔奔族"的网友 ljsmh 称，像他这样出生在 75～85 年的人是中国社会压力最大的群体。（2009 年 5 月 12 日 中新网）

【翻译】rushing clan
从跨文化交流视角审视新词语翻译，其核心是求得词语与文化语境的对应，即传达特定文化背景下的文化语义。这一翻译或可表达这样的意义。

蹦极

【新义】亦称"高空弹跳"，是一项户外休闲活动。跳跃者站在约 40 米以上高度的位置，用橡皮绳固定住后跳下，落地前弹起，反复弹起落下，重复多次直到弹性消失。"蹦极"源于英文单词"bungee"或"bungy"，在中国香港、中国台湾音译为"笨猪跳"。蹦极最初是澳洲北部蓬特科斯特岛的 BUNLAP 部落用蔓藤绑住脚踝从高处跳下的风俗习惯。后来传至英国，成为皇宫贵族的一种表演。现代蹦极起源于英国。1997 年 5 月 1 日，蹦极首次传入中国。（例）3、2、1、跳。昨天下午 3 点 30 分，统景温泉风景区，三声倒数之后，70 岁的王上林展开双臂，从 56 米高的蹦极跳台上纵身跳下，为自己送上了一份特别的生日礼物。（2007 年 7 月 9 日《重庆时报》）从 2000 年 4 月"蹦极事件"事发，时年只有 19 岁的陈玲玲就多了另外一个"名字"——蹦极女。"蹦极女"陈玲玲也因为那天中午的"勇敢一跳"而改变了一生，高位截瘫，双下肢运动感觉丧失，从此开始了"轮椅上的生活"。（2009年7月29日《每日新报》）

【翻译】Bungee jumping；Bungy jumping

"蹦极"一词源自英语。

毕婚族

【新义】指一毕业就结婚的大学生，主要是女生。80 后"毕婚族"出现的主要原因：缓解即将面临的就业压力，畏惧高龄难嫁，实现事业和家庭的平衡。（例）投完简历定婚宴 "毕婚族"迎来"最忙碌"周末（2010年3月23日《北京日报》）又是一年毕业时，一直倍受舆论关注的"80 后"群体又出现了新的名堂，"毕婚族"如雨后春笋般接连出现，并呈现无限上升的趋势。（2010年10月21日《黑龙江晨报》）

【翻译】marry-upon-graduation clan

"毕婚族"一词是"毕业"和"结婚"的合成词，指很多女大学生大学一毕业便马上结婚，等到生活稳定下来后再找工作。按照英语新词构词法，以新义方法解释其概念意义。

波波族

【新义】亦称"BOBO 族"、"布波族"，指既拥有较高学历、丰厚收入又讲究生活品位、注重心灵成长的一类人。"波波族"一词源于英文"Bobos"，由《纽约时报》记者大卫·布鲁克斯在其作品《天堂里的BOBO 族——社会精英的崛起》（"BoBos in Paradise: The New Upper Class and How They Got There"）中首度提出，由 Bourgeois（布尔乔亚）及 Bohemian （波西米亚）两词缩略而成。（例）波波族的学者懂得如何自我行销，终极目标是成为金融界精英、时尚界精英、演艺界精英、政治精英中的一分子。（2002年11月8日 华夏经纬网）在消费特性上，波波族注重"专业品位"；注重产品细节设计的完美主义；

追求艺术品位和品牌文化内涵；永远将健康环保处于至上位置。(2003年 5 月 18 日　搜狐财经)

【翻译】Bobos

播客

【新义】亦称"有声博客"，源于英文"Podcast"（iPod+broadcast）。指一种在互联网上发布文件并允许用户订阅 Feed 以自动接收新文件的数字广播技术，或用此方法制作的广播节目。"播客"一词由英国《卫报》记者本·汉姆斯里在 2004 年 2 月提出。（例）正如博客是傻瓜版个人主页，没有技术基础的人都能随意发言一样，播客在本质上就是将视频和音频的发布技术门槛降低到零，让无线迷和 DV 爱好者们走出自娱自乐，站在充满无限可能性的互联网大舞台上。（2005 年 8 月 23 日《每日经济新闻》）"播客"将广播电台节目从神圣殿堂拉回寻常老百姓中，只要你愿意，有表现欲望，即使你长得并不漂亮，有着不太好的嗓音，也没有关系，网络世界是个宽容的文化狂欢自由市场，也是个大熔炉，在这里你总可以找到自己的知音。（2005 年 10 月 17 日《观察与思考》）

【翻译】Podcast

博客

【新义】①亦称"网络日志"，指由个人管理、不定期张贴新文章的网页。②指在"博客"的虚拟空间中发布文章的过程。③指以这种方式进行交流的人。"博客"源于英文"blog"或"weblog"。在中国台湾，则音译成"部落格"、"部落阁"或"部落客"。（例）警惕明星博客变"口水痰盂" 能否留块净土？（2006 年 03 月 27 日 人民网）博客如雨后春笋，方兴未艾，而由博客引发的各种社会现象，也日益繁多，错综复杂。（2006 年 3 月 15 日《解放日报》）

【翻译】blog （v./n.）；blogger

【合成词翻译】

微博 MicroBlog
博客世界 Blogosphere
博客精英 Blogerati

博文

【原义】指通晓古代文献。

【新义】①名词，博客上的文章。②动词，在博客上撰写文章。（例）2010 人民日报社编辑记者十大优秀博文："百姓怎么看政治"获第一（2011 年 1 月 8 日 人民网） 大学生发博文称企业污染环境 遭起诉判赔 10 万（2010 年 4 月 15 日《南方日报》）

【翻译】①articles in the blog; ②blog

不折腾

【原义】源于北方民俗词"折腾"，指做事无理性地反复，或有意识地折磨他人。

【新义】源于国家领导人的讲话，指国家发展的战略方针保持稳定，避免反复多变。（例）更为引人注目的，是紧接着话锋一转，提出了实现目标的"三不"原则：不动摇、不懈怠、不折腾，坚定不移地推进改革开放，坚定不移地走中国特色社会主义道路。（2008 年 12 月 19 日 人民网）《新加坡联合早报》今天发表文章说，中共举行大会纪念改革开放 30 周年，总书记胡锦涛在讲话中的一句北方方言"不折腾"，难倒了国内外媒体界的双语精英。（2009 年 1 月 2 日 中新网）

【翻译】No Z-turn

"不折腾"的新义是文化语义，其文化特征十分明显。一般而言，文化特征的跨文化传递多有困难，甚或无法实现。在这种情形下，往往译其概念意义，而非其文化语义，这是翻译的局限性。但在特定语境中，译文读者仍可理解其文化语义。

八宝饭

【原义】流行于中国各地的汉族食品。由糯米与红枣、薏米、莲子、桂圆等果料蒸煮而成。

【新义】温家宝总理网上粉丝团的昵称。多为年轻人。"饭"是英文"fan"的音译。(例)据《华商报》报道,日前网络上活跃着两支特别的粉丝团,一是胡锦涛主席的粉丝团叫"什锦饭",另一支是温家宝总理的粉丝团叫"八宝饭"。(2008 年 8 月 16 日《今晚报》)某知名论坛对"什锦八宝饭"的构成所进行的调查显示,80 后网民以 80% 左右的压倒性优势成为了主力。(2008 年 9 月 20 日《广州日报》)

【翻译】Babao fan

该词取谐音而成,前半部分采取音译,后半部分译其文化语义。

补妆门

【新义】指 2008 年 3 月 19 日,中央电视台《晚间新闻》节目一女主播的补妆画面被播出的事故。(例)继"补妆门"、"哈欠门"之后,央视《新闻联播》再次被卷入是非。(2008 年 11 月 5 日上海文广新闻传媒集团《新娱乐在线》)《晚间新闻》一直是中央电视台一档高收视率的新闻节目,但是 3 月 19 日《晚间新闻》却因为惊现主播贺红梅在播音台上补妆的镜头而引起观众一片哗然,并迅速成为各大网络论坛的热门话题。(2009 年 12 月 3 日 人民网)

【翻译】freshen-up scandal

布客

【新义】指布克奖得主。布克奖(Man Booker Prize,或 Booker Prize,亦简称 the Booker)是当代英语小说界重要的奖项,创建于 1968 年。(例)拉什迪三次夺得布克奖 因《午夜的孩子》成为老"布客"(2008 年 7 月 18 日《青年参考》)

【翻译】Man Booker Prize winner

必应

【新义】微软公司于 2009 年 5 月 29 日推出的中文搜索引擎。"必应"是对其名称"Bing"的音译。（例）微软昨天正式宣布全球同步推出搜索品牌"Bing"，中文名称定为"必应"。中国用户从 6 月 2 号起就可以通过访问 bing.com.cn 体验这一全新搜索产品。（2009 年 5 月 30 日中央人民广播电台《新闻纵横》）微软的必应独立访问用户数增长最快，环比增长 7.4%（雅虎实际上下降了 0.3%）。（2011 年 1 月 4 日　硅谷动力）

【翻译】Bing

笔替

【新义】替身的一种。指在影片中替主角写字（一般为毛笔字）的人。（例）书法圈的确有人在影视剧里客串"笔替"，并以电影居多。（2007 年 1 月 11 日《重庆晚报》）65 岁笔替爆料 穿 20 斤戏服拍一天赚两千（2007 年 1 月 11 日　腾讯网）

【翻译】substitute calligrapher

布什鞋

【新义】2008 年 12 月 14 日，一名伊拉克记者用型号为"杜卡迪 271"的鞋子袭击布什。事后，这种鞋被称为"布什鞋"。（例）别看样子普通，它可是小牛皮做的，在成为袭击布什的"凶器"之后，这双鞋有了个新名字，叫"布什鞋"。（2008 年 12 月 13 日 上海文广新闻传媒集团）"布什鞋"在中东地区掀起话题，同款鞋子在黎巴嫩、中国及伊拉克等地都有生产，英国商人也要求取得"布什鞋"在欧洲的代理权，位于土耳其的鞋厂增加了许多工作机会。（2008 年 12 月 22 日 星岛环球网）

【翻译】Bush shoe

扒手族

【新义】指扒手。（例）留心"银发"扒手一族（2008 年 1 月 20 日 中国预防犯罪调查网）作为第三届"我最喜爱的十大人民警察"候选人之一，近来陈峥的人气不断"飙升"，"扒手族"对她又增添了几分畏惧。（2008 年 12 月 26 日《新民晚报》）

【翻译】light-fingered gentry

脖友

【新义】热衷于微博的人的互称。"脖"，取"博"的谐音。（例）围脖好写好玩，令人成瘾入迷，渐成不写不舒服的"围脖控"。有脖友自称创下连续 26 小时织围脖的纪录。（2009 年 12 月 9 日 新浪网）本月 27 日，新浪微博首届中国微小说大赛揭幕，这项充满诱惑力和挑战性的活动，立刻让"脖友"们顿感"相逢恨晚"，开赛首日就有 1000 多人竞相晒出自己的作品，无论是写实还是科幻，抑或言情、惊悚、悬疑，在微博这个平台上，"脖友"们肆意释放着自己的文学潜质。（2010 年 11 月 1 日《扬子晚报》）

【翻译】microblog fan

脖主

【新义】微型博客的主人。"脖"，取"博"的谐音。（例）因为字数精炼，"脖主"们可以随时随地用手机或互联网发表感言，轻松快捷。（2009 年 10 月 8 日 中央电视台《第一时间·读报》）日前，国内某门户网站也有上百位明星当上了"脖主"，不少明星兴奋地四处嚷嚷"微博已经成为我的新宠，博客已经是旧爱"。（2009 年 11 月 2 日《江淮晨报》）

【翻译】microblogger

比婚女

【新义】在结婚上热衷于与人攀比的女性。"比婚女"源于中国结婚商城网内部论坛上的一个帖子："国庆俺要'发婚'啦，现在同事姐妹们流行追'比'风：比身材、比脸蛋、比眼光、比腰包……结婚自然也要比。"（例）从明星结婚晒甜蜜，到网友谈婚论嫁互攀比，各路"比婚女"涌现网络。（2009 年 9 月 5 日 国际在线娱乐） 比婚女的婚礼一定要比着大气，一定要让别人矮半截。（2009 年 10 月 9 日《中国青年报》）

【翻译】marriage exhibitionist

毕漂族

【新义】指大学毕业后尚未找到工作、生活不稳定的人。（例）当众多应届毕业生成为职场新人的时候，还有一些却因为工作尚未着落而成为"毕漂族"。（2009 年 9 月 7 日《新民晚报》） 大学毕业生中的就业弱势群体——"毕漂族"，总共有 55% 的比例集中在直辖市和副省级城市，北京、上海和深圳最多。（2010 年 6 月 2 日《新民晚报》）

【翻译】drift-upon-graduation clan

"毕漂族"一词是"毕业"和"漂泊"的合成词，按照英语新词构词法，以新义方法解释其概念意义。

C

彩信

【新义】中国移动通信公司推出的多媒体信息服务业务。它能够传递包括文字、图像、声音、数据等各种多媒体格式的信息。(例) 手机频频接到莫名彩信,内容显示你的手机已中了手机吸费病毒,请下载漏洞专杀软件。(2011 年 1 月 7 日 胶东在线) 近日一款名为"彩信骷髅"的手机病毒在国内智能手机上疯狂肆虐,据网秦全球手机安全中心不完全统计,目前被感染用户已超过 10 万。(2010 年 4 月 1 日《北京晨报》)

【翻译】MMS (multimedia messaging service)

在汉语文化语境中,"彩信"中的"彩"并非指颜色,而是指"把短信由图像、动画、声音等多媒体形式呈现",由此,"multimedia"即翻译了"彩"的概念意义。

彩铃

【新义】中国移动通信公司推出的个性化回铃音业务。它能够使被叫客户为呼叫自己移动电话的其他主叫客户设定具有特殊音效(例如:音乐、歌曲、故事情节、人物对话等)的回铃音。(例) 有一项关于彩铃类型受喜爱程度的调查显示,网友最希望彩铃能够支持个性化的真人原声音效,让自己或者朋友的声音成为电话拨号等待的问候语。(2004 年 9 月 6 日《羊城晚报》) 忽如一夜春风来,千树万树梨花开——用此来形容手机彩铃风靡全国的速度是再合适不过了。(2006 年 2 月

21 日《环球时报 生命周刊》)

【翻译】CRBT (Color Ring Back Tone)

"彩铃"是通过转喻方式构建的新词,即基于"彩信"等词相同的义项而形成。显然,这种转喻机制英语中并不存在,因此译其概念意义。

财富亚健康

【新义】指个人财富虽尚未出现危机,但理财手段和方法存在隐患的状态。(例)与身体亚健康相比,财富亚健康因为难以体察、不甚紧急而更容易被忽视,但长期处于财富亚健康状态,轻则财富受损,重则影响个人的生活水准。(2009 年 11 月 16 日《华西都市报》) 河北经贸大学李文哲教授进一步指出:"与身体亚健康相比,财富亚健康往往因为缺乏专业知识、不甚紧急而更容易被市民忽视"。如何有效破解财富亚健康也成为摆在理财专家面前的难题。(2010 年 12 月 21 日《河北日报》)

【翻译】sub-health in terms of personal finance

菜鸟

【原义】亦称"菜鸟仔",台湾方言。指刚学飞行的小鸟。

【新义】最初指电脑水平较低的人,后指某些领域的新手或缺乏某领域经验的人。(例)众所周知,好莱坞屡屡以"菜鸟飞行员"力挽狂澜为内容,拍出一部部惊心动魄、叫好又叫座的惊险大片。(2005 年 8 月 18 日《羊城晚报》)要从菜鸟变老鸟,就得从接近身边这帮老鸟开始。不要因为他们老是在指使你干一些琐碎、微不足道的事情而疏远他们,你要为他们着想。这样才能帮你摆脱"菜鸟"的头衔。(2006 年 12 月 7 日《北京娱乐信报》)

【翻译】green hand; rookie; newbie

借助隐喻机制形成的新词,且具有浓郁的口语色彩。译其概念意义,同时兼顾语体特征。

踩地盘

【新义】网络用语。指好友之间互相访问空间或者博客，从而积聚人气，提升空间或博客的等级。

【翻译】to pay a boosting visit

"pay a visit"体现了"踩地盘"的概念意义，而"boost"意为"使增长，使兴旺"，表示"踩地盘"带来的有利影响这一文化语义。

草根网民

【新义】指身份普通的网民。（例）从在红网岳阳论坛上收集民意，向政府建言，到被增补为岳阳县政协委员参加政协第十一届第三次会议并递交提案，网友"错爱的我"在新年里完成了从一个"草根网民代表"向县政协委员的转变。（2010年1月12日 新华网）千年古城的网络江湖——草根网民与体制内政治身份首次叠合的背后事（2009年2月18日《南方周末》）

【翻译】grass-roots netizen

"草根网民"是同精英阶层相对应的平民阶层。"草根"译自英文"grass-roots"，具有三层含义：①群众的，基层的；②乡村地区的；③基础的，根本的。网民的英文是"netizen"，将二词组合而成。

草食男

【新义】亦称"食草男"，与"肉食女"对应。形容像草食动物一样温和、被动、缺乏激情的男人。（例）《青年时报》说，27岁的杭州人李亮，就是"草食男"的代表。他从某重点大学毕业后，没什么职业规划，毕业3年里，换过8份工作，辞职了也不着急，就在家上网玩游戏。对于找女朋友，他也不着急，总等着对方先主动追求，觉得维持现状挺好。（2008年12月18日 中央电视台《第一时间·马斌读报》）其实许多人对"食草男"的感觉并不糟糕。（2008年11月29日《羊城晚报》）

【翻译】herbivore men

该词的本体"草食"的概念意义具有文化普遍性，其文化语义也具有文化普遍性。因此，文化差异对该词的理解不致产生障碍。

草莓族

【新义】形容 80 后一代。草莓族易于腐烂，与 80 后一代脆弱的特征相似，故名。（例）然而，与"七年级生"直接划等号的是另一个名词："草莓族"，意指他们就像草莓一样，外表光鲜，内心却不坚实，抗压性差，一压就扁。（2010 年 9 月 22 日 台海网）你是一个有能力的栋梁之才呢？还是一个外表光鲜而不耐压的"草莓族"？如果你不幸被别人冠上"草莓族"的称号，那就赶快反省自己的行为，争取早日摘掉这顶帽子吧！（2009 年 10 月 26 日《广州日报》）

【翻译】Strawberry Generation

CC 族

【新义】即"文化创造族"，是英文"cultural creative"的缩写。"CC族"指反对物欲享受、追求心灵健康、希望以自身价值创造新的文化生活方式的人。（例）CC 族：创造新生活文化 打造优质生活 追求社会和谐（2007 年 9 月 27 日 腾讯网）CC 族关心自己的生活质量，也热爱整体性和谐。甚至他们认为，成功是过着更有灵性和意义的生活；生活的圆满不在于竞赛，而是在于和谐与社会良心，如此的人生，才有意义。（2007 年 9 月 27 日 中国新闻网）

【翻译】cultural creative

"CC族"这一名词源自英语，最初用来描述西方社会中已经超越简单的现代与保守之分生活范式的一群人。如今，这一族群的生活理念已经在我国流行开来，而且承袭了其在西方的本质与精髓。

叉腰肌

【原义】即髂腰肌，由髂肌和腰大肌组成。

【新义】指时任中国足协官员提到的女足身体肌群中最需要训练的部

位。后多用来指对某问题不懂装懂。（例）忽如一夜春风来，"叉腰肌"就如同"俯卧撑"一样吹遍了各大搜索引擎，如果你没听说过"叉腰肌"，就不算关注国足。（2008 年 8 月 22 日 新文化网）叉腰肌，这块至今绝大多数人都不知道在哪里的肌肉，随着谢亚龙的一番话名声大噪，也成了 2008 年网络上比"打酱油"和"俯卧撑"更热门的一个词汇。（2010 年 9 月 13 日《北京晨报》）

【翻译】know-all

该词的文化语义是转喻认知的结果，而对应英语没有形成相应转喻的文化模式，因此其认知源域不会映射到目的域。宜用释意法译其文化语义。

炒婚

【新义】通过对结婚场面的夸张性安排来扩大影响。大多以此来形容公众人物的婚事。2008 年，北京奥运会体操冠军杨威高调迎娶女友。婚礼当天，新娘身穿用黄金丝线手工缝制价值 3000 万元的婚纱。因此，出现了网络新词"炒婚"。（例）因为在天涯海角与杨云的浪漫婚礼，让他陷入"炒婚"的质疑声中。（2008 年 12 月 31 日《楚天都市报》）从"炒婚"到"裸婚"，从极尽铺排到一切从简，从大事操办到低调了事，这是否也意味着婚礼的又一次华丽转身？（2009 年 3 月 19 日《山东商报》）

【翻译】extravagant wedding

超级病菌

【新义】源于英文"superbug"。指一类对几乎所有抗生素都具有耐药性的细菌。（例）最新的研究观点认为，在对抗"超级细菌"的过程中，调节自体免疫机能以达到消炎的目的可能是更优的选择，也是中药长于西药的地方。（2010 年 9 月 15 日 中新网） 在经历了"非典"和"甲流"后，一场由"超级细菌"引发的恐慌再度袭来。（2010 年 8 月 20 日 健康网）

【翻译】NDM-1；superbug

超女

【新义】"超级女声"的简称，是中国湖南卫视从 2004 年起主办的针对女性的大众歌手选秀赛，自 2007 年起更名为"快乐女声"。（例）"作为政府文化艺术有关管理部门来讲，不应该允许超女这类东西存在。参加超女的被害了，看这个节目的也被害了，我就这么一个看法。"刘忠德先生对超女现象明确表态。（2006 年 4 月 25 日《华夏时报》）超女事业发展现状调查 有人挥金有人挥泪（2007 年 11 月 23 日《广州日报》）

【翻译】Super (Voice) Girls (contest)

超级惜油

【新义】指使用有限的油量行驶更多的里程数。"超级惜油"源于英文"hypermiling"，是美国的节油车主们创造出来的新词。该词最早是在 2004 年由一位美国司机创造，随着油价在 2008 年屡创新高，这个词迅速流行起来。（例）雪铁龙 C-cactus 超级惜油百公里油耗 3 升（2008 年 8 月 1 日《假日 100 天》）hypermiling 就是美国的节油车主们造出来表达"超级惜油"的新词，也是"用有限的油量跑更多里程"的意思。（2008 年 12 月 22 日 国际在线）

【翻译】hypermiling

美国车主向来不大关注汽车耗油的多寡，但在金融危机下，情形开始转变，他们开始"超级惜油"。中国车主也不例外，他们借英语中的"超级惜油"一词来表达自己对能源危机产生的焦虑心情。该词的概念意义是汽车使用者关注行驶公里数。

产权式商铺

【新义】亦称"返利式"商铺或售后返租，是开发商将商铺卖给投资者（即业主），由开发商经营商铺（或由开发商将商铺整体出租给第三方经营），并承诺给投资者回报的一种物业形态。（例）业内专家分析，投资商铺一般正常回报率在 5% 左右，超过 8% 就已暗藏很多风险；不少产权式商铺销售是一些房地产开发商快速回笼资金的短视做法，商场难以对各商户进行统一管理，致使品牌混乱、定位偏差，旺销不旺场。（2010 年 4 月 16 日《信息时报》）北京一产权式商铺招租困难 业主欲聘运营商挽救（2010 年 8 月 30 日《新京报》）

【翻译】retail space with assured return

"产权式商铺"这种产品形式最早出现在 20 世纪 70 年代的欧美发达国家，近年才开始出现在中国一些发达城市，成为一种重要的商业投资形式。"产权式商铺"在英语中对应词为 "retail space with assured return"。

常态包机

【新义】指中国大陆和中国台湾实现空运直航之后，两岸空运从周末包机进入到平日包机，从专案货运包机到常态性货运包机的包机方式。（例）常态包机后不再进行节日和周末包机 （2008 年 11 月 21 日《北京青年报》）12 月 15 日早上 8 时，东航一架空客 321 飞机将从上海浦东机场起飞前往台北桃园机场，自此拉开大陆航空公司经"截弯取直"的新航路前往台湾的常态客运包机序幕。（2008 年 12 月 12 日《上海证券报》）

【翻译】regular chartered flight

该词是中国台湾海峡两岸之间航空运输安排的描述，译其概念意义。

嫦娥工程

【新义】中国的月球探测工程。（例）2012 年，中国月球探测"嫦娥工程"中最重要的角色将在月球上的某个月海登陆。（2005 年 4 月 14 日《南方周末》）据介绍，嫦娥工程奖励基金用于国家探月工程的人才激励和人才培养，以不断发展壮大中国航天事业的科研队伍，激励探月工程有功人员为国家重大科技项目不断做出新的更大的贡献。（2010

年 12 月 20 日 中国新闻网）

【翻译】Chang'e Project；China's lunar exploration project

该词为专有名词，英语无对应词汇，表述其概念意义，采用意译加注释。

城中村

【新义】亦称"都市里的村庄"。指在农村城市化进程中，为城建用地所包围或纳入城建用地范围的原有农村聚落。（例）大芬村在于它是城中村，在引入文化产业后，从最初的模仿，到现在的创新，实现城中村的再生。（2010 年 3 月 12 日《中国青年报》）广州猎德村借力亚运改造：昔日城中村 今日羊城新地标（2011 年 1 月 15 日 新华网）

【翻译】a village in a city；a village surrounded by high rises

"城中村"是中国大陆地区城市化进程中出现的一种特有现象，英语中没有相应的表达，因此译其概念意义。

城市依赖症

【新义】指生活在城市，只懂享受，但不知道艰苦的生活状况。"城市依赖症"大致包括以下五个方面：手机依赖症、网络依赖症、工作依赖症、整形依赖症、情感依赖症。（例）可见，明确的高等教育定位及有效实施，才是根治"城市依赖症"的良药。（2006 年 6 月 22 日《中国青年报》）这则新闻一经面市，立即引发了社会对当前大学生的口诛笔伐，称他们"宁近城一寸，不下乡一丈"，"宁在城里苦熬，不去乡下领薪"，并谓之为"城市依赖症"。（2006 年 8 月 17 日 人民网）

【翻译】addiction to city life

该词的概念意义突出，因此译其概念意义，从中可以清楚地看到久居大城市的人对城市的依赖。

【相关词语翻译】

手机依赖症 cell phone dependence；addiction to cell phone

网络依赖症 Internet dependence；addiction to Internet

工作依赖症 work dependence；addiction to work

整形依赖症 plastic surgery dependence；addiction to plastic surgery

情感依赖症 emotional dependence

出勤主义

【新义】指员工在生病、压力过大或因其他事务而无法专心工作时依然照常上班。（例）办公室的 presenteeism（出勤主义）（2009 年 3 月 30 日 中国日报网）

【翻译】presenteeism

"出勤主义"并非中国特色，这种现象在西方国家已经由来已久，但"出勤主义"这一名词是近年才出现的。据说美国是"出勤主义"最普遍的国家，而且英语中还有个专业名称"presenteeism"，与"absenteeism"（缺勤）相对应。鉴于在汉英两种语言中，"出勤主义"与"presenteeism"具有相似的文化语义，所以直接将"出勤主义"回译为"presenteeism"。

创业板指数

【新义】亦称"加权平均指数"，就是以起始日为一个基准点，按照创业板所有股票的流通市值，一个一个计算当天的股价，再加权平均，与开板之日的"基准点"比较。（例）深交所信息统计部相关负责人表示，创业板指数运行首日走跌更多是受大盘整体基本面下行因素影响，投资者不必过于担忧。总体而言，创业板指数推出首日运行良好，客观反映出创业板市场整体运行状况。（2010 年 6 月 1 日 新华网）创业板指数本周几次刷新历史新高，全周以 5.67% 的涨幅领跑各主要指数，中小板综指也不甘寂寞，收盘点位也刷新纪录。（2010 年 12 月 18 日《中国证券报》）

【翻译】GEI (Growth Enterprise Index)

次贷危机

【新义】亦称"美国次贷危机"或"次级房贷危机"，源于英文"subprime

crisis"。指一场发生在美国，因次级抵押贷款机构破产、投资基金被迫关闭、股市剧烈震荡引起的金融风暴。美国次贷危机于 2006 年春季开始显现，2007 年 8 月开始席卷美国、欧盟和日本等世界主要金融市场。（例）从 2006 年初露端倪，到今年 3 月美国第二大次级抵押贷款公司申请破产保护，次贷危机并没有像人们预想的那样"大事化小、小事化了"，反而逐步演变成了一发而不可收拾的灾难。（2007 年 8 月 24 日 国际在线）随着美国利率的提高，一些买房人的还贷负担不断加重。与此同时，美国房价下跌使借款人难以通过出售或抵押住房来实现再融资。于是，一大批借款人无力还贷，"次贷危机"汹涌袭来。（2007 年 8 月 22 日《人民日报》）

【翻译】subprime mortgage crisis

挫折商

【新义】亦称"逆境商"，源于英文"Adversity Quotient"，简称"AQ"。指一个人将不利局面转化为有利条件的能力。由加拿大培训咨询专家保罗·斯托茨博士在《挫折商：将障碍变成机会》一书中正式提出。与 IQ、EQ 并称"3Q"，成为人们获取成功的必备法宝。（例）找工作智商情商挫折商一个不能少（2005 年 3 月 25 日《城市快报》）专家认为，在相同智商的条件下，一个人的成功与否看他的情商和挫折商；在智商和情商都一样的时候，挫折商是成功与否的决定因素。此所谓："艰难困苦，玉汝于成。"（2008 年 9 月 26 日《羊城晚报》）

【翻译】AQ (Adversity Quotient)

错时上下班

【新义】亦称"错峰上下班"，是为了缓解交通压力而实行的弹性上下班制度，即为了降低职工同时到达和同时离开的数量，规定不同类别的职工的上下班时间。错时上下班最早由德国人提出，多国普遍采用，有效地解决了高峰拥堵问题，还可提高雇员的工作效率。（例）实施错时上下班的城市均反映，此举对疏散拥堵有效，但一些市民反映，接送孩子仍然存在时间差，白领则担心一些机关单位"朝九晚五"会与自己争路。（2010 年 4 月 12 日《法制晚报》）如今，北京市实施"错时上下班"制度已然常态化，网友的提议终于得以落实。北京市施行这种弹性制度，不仅于民有益，有利于缓解拥堵，有利于增加效率，更体现出一种对民意的尊重。（2010 年 4 月 16 日《中华工商时报》）

【翻译】staggered working hours

村证房

【新义】指一些城中村利用本村的集体土地自行开发的村民福利房。村证房没有产权证，不允许作为商品房流通销售。例：政策夹缝里的"村证房"难成正果（2007 年 6 月 21 日《燕赵晚报》）继建设部发出"小产权房不能办理房产证等合法手续"的风险提示后，12 月 11 日，国务院常务会议强调，城市居民不得购买"村证房"。（2007 年 12 月 13 日《燕赵都市报》）

【翻译】village-certificated housing
该词描述了中文独有的住房制度安排，用释意法译其概念意义。

创新工场

【新义】原谷歌中国区总裁李开复离职后，于 2009 年在北京创办的一家风险投资公司。它是一个全方位的创业平台，旨在培育创新人才和新一代高科技企业。（例）记者了解到，李开复的新公司创新工场将是一个崭新的创业平台，投资人有柳传志、郭台铭、俞敏洪、YouTube 创始人，还有美国最顶级的风险投资公司。（2009 年 9 月 7 日《北京青年报》）"创新工场"的运作模式为：招聘一批优秀创业者和工程师，开创出具有市场价值和商业潜力的项目，进行研发和市场运营。当项目成熟到一定程度后，自然剥离母体成为独立子公司，直至最后上市或被收购。（2009 年 10 月 12 日 中国新闻网）

【翻译】innovation works

车奴

【新义】"汽车的奴隶"略语,指买车之后艰难养车的人。(例)出生在上世纪 70 年末、80 年初的新生代们"钱胆"都大了起来,贷款买车成了他们最新的潮流。但很快,他们发现自己一不小心竟沦为"车奴"。(2006 年 9 月 7 日 太平洋汽车网)给车奴"画像"并不难。只要瞧见哪位司机的面皮紧绷,眼神发直,动不动怒发冲冠,那么基本上可以判定:此人是一位典型的车奴——而且八九不离十。(2010 年 11 月 16日 中国质量新闻网)

【翻译】car slave

抄底团

【新义】在最佳时机进行商品购买或人力资源引进的群体。(例)和已有的看房团相比,抄底团并不追求庞大的团购人数,而是主张让真正对项目感兴趣的购房人通过合理的价位成交,达到抄底的目的。(2008年 12 月 4 日 北京电视台《经济·理财》)楼市"抄底团"遍地开花 七成七受访者图谋抄底(2010 年 6 月 25 日 新华网)

【翻译】bottom fisher

车坚强

【新义】汶川地震后,一辆曾被淹在唐家山堰塞湖中 78 天,拉上岸后经过简单的维修又恢复了动力的普通客车。(例)"车坚强"将继续奔跑(2008 年 8 月 20 日《北京青年报》)早在 8 月中旬,当破烂的"车坚强"被夫妻俩悄悄打捞上岸开回了村子,全村为之轰动,有几个村民甚至跳上烂车搭车"兜风"了好一段路。(2008 年 11 月 12 日《成都晚报》)

【翻译】Che Jianqiang; strong-willed bus

长跑令

【新义】由教育部、国家体育总局、共青团中央联合发起的"全国亿万学生阳光体育冬季长跑活动",于 2008 年 10 月 26 日启动。该活动要求从五年级的小学生到各高校的大学生,在 10 月 26 日至次年 4 月 30 日的半年时间里坚持每天长跑,并为各阶段学生规定了距离标准。(例)市教育局体卫艺科负责人向记者介绍,"长跑令"文件已经转发,各学校正在制定实施方案。(2008 年 10 月 21 日《常德晚报》)"长跑令"的实施只是"阳光体育"的一部分,要真正提高青少年身体素质,不是每天跑 1000 多米就能解决的。(2008 年 10 月 28 日 龙虎网)

【翻译】long-distance running requirement

创意斑马线

【新义】指不同于传统白条斑马线,具有独特创意,能体现城市特色的人行横道。(例)创意斑马线总共设置 9 条,集中在大唐芙蓉园周边的马路上,其他 7 条创意斑马线将逐步在大唐芙蓉园周边亮相。(2009 年 7 月 8 日《北京青年报》) 创意斑马线是从事和关注秦地文化创意者的一次突破,虽然因为种种原因夭折,但是在它存在的两个月间,也带来了新的文化气息,我觉得创意斑马线已经完成了自己的使命。(2010 年 5 月 20 日《北方新报》)

【翻译】creative zebra crossing

蹭暖族

【新义】指为节省费用,利用楼上楼下住户地热的余热来取暖过冬,或到公共场所躲避严寒的人。(例)随着供暖期的临近,像刘光大这样的"蹭暖族"正悄然增多。目前,沈阳已有 60% 的新建楼盘采用地热供暖。这也给"蹭暖一族"提供了条件。(2009 年 10 月 19 日 中央电视台《第一时间·读报》)除了往年子女老人合住省取暖费外,不少家中安装了地暖的住户中,出现靠楼上楼下余热取暖的蹭暖族。(2010 年 10 月 26 日 人民网)

【翻译】free heating seeker

D

打酱油

【原义】指拿着瓶子到商店购买散装酱油。

【新义】指对公众事件反应冷淡、漠不关心。（例）去年"艳照门"出来时，广州电视台记者到街上随机采访市民，当问到一大哥时，此兄一脸无辜两眼茫然：俺不知道，不管俺的事，俺就是出来打酱油的。（2008年6月25日《北京青年报》）有人会说：都"打酱油"，还怎么交流？论坛又怎么繁荣？杞人忧天！（2008年6月25日《北京青年报》）

【翻译】I am just passing by

"打酱油"一词的文化语义是中文语境下的隐喻意义，因此仅译其隐喻意义。

大学生村官

【新义】指到农村（含社区）担任村级行政单位管理职务的大学毕业生。（例）大学生"村官"到农村去，属于涓涓溪流，值得关注、关爱，但他们同时也面临一些挑战。（2007年6月11日《新安晚报》）北京市在开展大学生"村官"工作中，超前谋划、统筹协调，加强党委政府宏观管理，发挥市场机制作用，首批选聘合同期满的大学生"村官"中，已有92.1％的人员实现多渠道流动发展，大学生"村官"工作取得积极成效。（2010年3月29日《中国青年报》）

【翻译】college graduates working as village officials

该词反映了中文语境下的独有现象，仅反映了其概念意义，因此译文要表述其概念意义。

达人

【原义】指通达事理的人。

【新义】指积累了丰富的经验，精通某领域的人。（例）只有改变教授自己经营自己、把教育与学术作为赚钱工具的教育环境，才能树立教育尊严与学术尊严，我们的校园才会涌现出更多的"授课达人"，而不是"演讲达人"、"社交达人"。（2010 年 9 月 21 日《新闻晨报》）《达人秀》总决赛收视创新高 选秀或将再起风潮（2010 年 10 月 12 日《东方早报》）

【翻译】doyen；talent

该词源于英语，中国台湾用其译音，近来由中国台湾传入中国大陆。

大肚子经济

【新义】即"孕妇经济"，指与孕妇有关的产品、服务、消费等经济现象，如孕婴用品、孕妇装、孕妇保健课程、月嫂服务等。（例）十月妈咪撬开"大肚子经济"市场之门大淘金（2009 年 1 月 7 日 朝鲜日报中文网）"大肚子经济"孕妇装：小品类成就大市场（2010 年 3 月 16 日 中国品牌服装网）

【翻译】pregnancy-oriented economy

"大肚子"是孕妇的转喻意义，英语无类似转喻，宜译其概念意义。

代排族

【新义】指被雇用替人排队获取各类票证，并从中获取报酬的人。代排服务大多集中在公共服务部门，如车站、医院等。在楼市高峰期，还会出现在新楼盘的售楼处。（例）有市民认为，"代排族"给自己带来了便利，既省时又省力。但更多的市民却认为这种替人排队的行为损害了他人的公共利益。（2007 年 6 月 20 日 中国新闻网）然而，这个社会对于这样的新生事物总是要质疑一番的，总是要从道德角度考证一番的。人们在问，代排族的出现是资源互补提供便利，还是道德失范有损公益？（2007 年 8 月 1 日 中国经济网）

【翻译】hired queuers

该词表达了中国独有的现象，但排队则是文明社会的普遍现象。为提高此译文可接受程度，故利用英文已有的词汇翻译其概念意义。

单身经济

【新义】指以单身人群为消费目标的经济类型。"单身经济"一词源自英国。（例）"单身经济"别样精彩（2009 年 11 月 12 日《解放日报》）如果抽象地拿一周七天来分割"单身经济"的主要方面，可以发现，单身人群，是广告业、出版业、娱乐业产品和服务的生产者和消费者，是最理想的顾客。"因为他们有花钱的激情和冲动，只要东西够时髦、够奇趣，他们就会一掷千金。"（2010 年 8 月 17 日《上海壹周》）

【翻译】The Singles' Economy

德比

【新义】一般指两支位于同一城市或邻近地区的球队（通常指足球队）所进行的比赛，源于英国。（例）西班牙"国家德比"巴萨再胜 皇马被打成"爆米花"（2010 年 12 月 1 日《广州日报》）温布利大师赛决赛，丁俊晖与傅家俊将争夺中国乃至亚洲大师赛历史上的首冠，由于是中国德比首次在斯诺克巡回赛决赛上演,关注度之高令人难以想象。（2011 年 1 月 16 日 网易体育）

【翻译】Derby；local Derby

随着欧洲五大联赛在我国的盛行，球迷们也渐渐熟悉了 AC 米兰对阵国际米兰的"同城德比"和巴塞罗那对阵皇家马德里的"国家德比"。"德比"是英语"Derby"的音译词。

低碳

【原义】碳排放量较低。

【新义】节约资源的，常用于合成词。（例）有很多服装公司推出了打环保牌的"低碳装"，希望企业不是拿环保的"低碳"作为一个时尚概念来炒作，而是实实在在地做这件事。（2009 年 12 月 10 日 新浪网）本次"两会"全程践行"低碳"理念，鼓励会议人员集体乘车，并进一步注重加强信息技术服务，减少纸质文件。（2011 年 1 月 15 日《新闻晚报》）

【翻译】low carbon

英语来源词。

【合成词翻译】

低碳生活 low-carbon life

低碳经济 low-carbon economy

低碳技术 low-carbon technology

低碳社会 low-carbon society

地王

【新义】指在商品房用地拍卖中以最高价被拍得的建筑用地。（例）央企频频在"地王"争夺战中胜出，成为房价"疯涨"的中流砥柱。不少批评认为，央企此举与其所肩负的社会责任背道而驰。在缺乏刚性制度约束的背景下，这种批评毫无力量。（2010 年 3 月 17 日《中国青年报》）对于新一年的"地王现象"，政府和开发商都需要保持清醒，切勿被喜悦冲昏了头脑，房价问题是宏观经济问题，要在国家宏观调控的政策大背景下因地制宜，走出"高房价等于高收入、高增长"的思维怪圈。（2011 年 1 月 13 日《新京报》）

【翻译】land sold at record price；land parcel sold at record price

"地王"一词是借助隐喻生成的新词，译其隐喻意义。

地沟油

【新义】由下水道回收简单处理后，再次使用的食用油或生活中存在的各类劣质油。（例）中国人一年吃掉 300 万吨地沟油 彻底禁绝需 10 年（2010 年 3 月 18 日《重庆晚报》）沈阳市人大代表钟甦认为，沈阳市应该加强对沈阳市餐饮行业"地沟油"的监督管理力度，推进"地

沟油"合理回收利用。（2011 年 1 月 15 日　中国食品科技网）

【翻译】hogwash oil

低保制度

【新义】"最低生活保障制度"的略语，包括"城市居民最低生活保障制度"和"农村居民最低生活保障制度"。（例）低保向农民走来　我国将全面建立农村低保制度（2007 年 9 月 2 日　北方网）汝州：低保制度为困难群众撑起"保护伞"（2011 年 1 月 10 日　人民网）

【翻译】subsistence allowance system

"低保制度"是目前条件下有中国特色社会保障体系的一项重要内容。为了体现该词在汉语言文化语境中的确切含义及其在英语中的可接受性，用释意法译其概念意义。

钓鱼执法

【新义】亦称"钓钩执法"或"倒钩执法"。一种非法的执法方式。执法人员设计圈套，故意引诱当事人从事违法活动，从而在惩罚中牟利。因执法过程如同以诱饵钓鱼，故名。（例）"执法钓鱼"的危害远大于"黑车"（2009 年 9 月 17 日　新民网）近来"钓鱼"这个词撞击着公众的耳膜：此"钓鱼"不是闲情逸致的水边垂钓，而是此前发生在上海浦东对涉嫌非法交通营运所采取的所谓"钓鱼执法"，这一事件连日来引起各界关注和争议。（2009 年 10 月 19 日　中央电视台《今日观察》）

【翻译】entrapment

英美法律中有一专门概念"entrapment"，指当事人原本没有违法意图，但在执法人员的引诱之下，做出了违法行为。"钓鱼执法"一词的文化语义与英语"entrapment"的概念意义相同。

钉子户

【原义】指长期违规办事，难以处理的单位或个人。

【新义】指政府或房地产开发商征用公民个人使用的土地、房产时，双方未能达成协议，前者使用各种手段迫使后者搬迁，后者仍然拒绝。常有贬义。（例）在曙光里小区的顶层俯瞰这家"钉子户"，红色的屋顶就像城市的"青春痘"般刺眼。（2010年7月14日《工人日报》）一户不肯拆，169户"漂泊"14年——这个辛酸的拆迁故事，就发生在越秀区珠光路。今年年初，事情的解决曾一度露出曙光，但却因"钉子户"的坚持再度陷入僵局。（2010年9月8日《羊城晚报》）

【翻译】nail household；stubborn nail (a person or household who refuses to move and bargains for unreasonably high compensation when the land is requisitioned for a construction project)

"钉子户"是借助转喻形成的汉语新词，在英语中无此转喻映现，因此译其概念意义再添加适当注释，既保留了"钉子户"像钉子一般顽固纠缠的特点，也能传达汉语的文化语义。

定格族

【新义】源于英文"flash mob"。"定格"亦称"快闪"，是一种大众化的行为艺术，多名参与者约定时间在某一地点，突然静止不动保持现有的姿势，几分钟后迅速散入人群。"定格"2003年源于美国曼哈顿，2008年出现在我国。通过互联网组织到一起参与游戏的人被称为"定格族"。（例）200人摆造型 6分钟不动 昆明定格族雷倒路人（2009年4月13日 云南网）有媒体报道说，曾有"定格族"聚集北京王府井大街，但被闻讯而来的执法人员劝退，因为在公共场所聚集开展活动，势必影响社会公序。（2009年5月1日《镇江日报》）

【翻译】flash mob；flashmob

丁克

【新义】源于英文"DINK"，"double income, no kids"的缩写。指青年男女结婚后不与家人同住，主动不生育，享受二人世界的生活方式。（例）有人形容说，选择"丁克"的女人，就像搭上了运载火箭在职场上疲于奔命，在生活中注重品质。（2010年8月3日 西部网）苦一代

选择"被丁克"靠个人奋斗拼出血路（2010 年 9 月 17 日《南方日报》）

【翻译】DINK (double income no kids)

叮客

【新义】指熟悉 PS（Photoshop）技巧，对网络上出现的假照片进行揭露的一类人。（例）他们身份成谜；在网上他们或许拥有不下一个的"马甲"（指网名）；他们的爱好就是专门和网上的假照片过不去。为此，他们得到了一个名字——叮客，寓意是他们像蚊子一样叮住一件事或一个人后就会死死不放。（2008 年 2 月 24 日《成都晚报》） 近日，随着"藏羚羊"图片的打假成功，这张疑似造假照片再次进入"叮客"们的视野。（2008 年 8 月 25 日《成都晚报》）

【翻译】sham stickers

该词是借助隐喻形成的汉语新词，因此译其隐喻意义"sham sticker"，其中，"sham" 是"假货"、"赝品"的意思，而"sticker"在口语中指"坚持不懈的人，锲而不舍的人"。

动车组

【新义】高速铁路客车，时速大于 200 公里。（例）动车组乘姐集训备战春运 一颦一笑皆有规矩（2010 年 12 月 27 日《京华时报》）记者从中国北车集团唐山轨道客车有限公司获悉，由唐车公司自主创新研制的新一代"和谐号"CRH380BL 高速动车组，在京沪高速铁路先导段运行试验中创造了每小时 487.3 公里的世界铁路运营试验最高速，再次刷新此前该公司创造的 486.1 公里的世界纪录。（2011 年 1 月 14 日搜狐网）

【翻译】EMU (electric multi unit)

冻容族

【新义】指 20 岁左右的年轻女孩希望冻结青春，利用技术手段延缓衰老。"冻容"源于美国《时尚芭莎》杂志创造的新名词"Cryon Babies"，中国媒体将其翻译成"冻容世代"。（例）冻容族的经典比喻就是水果要趁着新鲜湿润时放进冰箱，等蔫了再往冰箱放就晚了。（2008 年 6 月 19 日《济南时报》）少女们开始注重自己的形象，与青春痘战斗，为减肥节食，毅然加入到"冻容族"的大军中。（2009 年 3 月 3 日《云南信息报》）

【翻译】Cryon Babies

豆腐渣工程

【新义】指偷工减料、质量低劣的工程。（例）冰雪灾害后的恢复重建工作虽是当务之急，但千万不要因匆忙上马，规划设计不够科学，建设管理粗枝大叶，施工质量把关不严，甚至让贪污挪用、偷工减料的不法分子有机可乘，出现"豆腐渣工程"。（2008 年 3 月 16 日 新华网）"优良工程"变身为"豆腐渣工程"，工程设计有瑕疵的教训应该汲取。（2010 年 7 月 22 日《工人日报》）

【翻译】jerry-built projects

"豆腐渣工程"指建筑物的质量低劣，如同豆腐渣一样脆弱，是隐喻认知。英语"jerry-built projects"的概念意义对应汉语的隐喻意义，故以其译之。英语中无汉语本体表述的事物，故不会产生汉语中的投射，无需转换汉语的本体。

独二代

【新义】指第二代独生子女，即他们的父母也是独生子女。（例）集万般宠爱于一身，与"独一代"相比，"独二代"有着更加丰厚的物质条件和更加优越的外在环境。然而，处于社会转型期的他们一出生也面临着比父辈们更加复杂的社会环境，来自外界的压力更大。（2010 年 7 月 5 日 新华网）如今，许多"独一代"父母在家娇惯着"独二代"吃薯片、虾条等膨化类小零食，喝各种碳酸饮料，下班回家后就带着孩子看电视、玩电脑直至凌晨……（2010 年 9 月 25 日《半月谈》）

【翻译】second-generation only child

"独二代"是我国自实施计划生育政策以后出生的"第二代独生子女",基于汉语概念意义,用释意法译为"second-generation only child"。

断背

【新义】源于同性恋题材电影《断背山》,指同性之间的恋爱。(例)美国非营利组织"国际语言观察中心"评选出2005年度好莱坞风云词汇排行榜。由于华人导演李安执导的影片《断背山》风靡一时,"断背"成为了高居榜首的最热门单词。(2006年3月2日《新快报》) 由于《让子弹飞》中有不少葛优和姜文的"暧昧戏",发布会上有人戏称葛优是"女主角",还问他拍的时候是否感觉到"断背情"。(2010年12月7日《南方都市报》)

【翻译】broke back;brokeback

该词源于中文的英译,转而进入英语词汇。

躲猫猫

【原义】捉迷藏,属南方方言,北方则称作"藏猫猫"。

【新义】云南玉溪青年李乔明在看守所意外死亡,警方称其因玩"躲猫猫"不慎撞墙而死。网友们将这一事件称为"躲猫猫"。后泛指以荒谬理由搪塞舆论,掩盖事实真相。(例)"躲猫猫",一个和捉迷藏同义的普通名词,因为云南玉溪青年李乔明在看守所的蹊跷死亡而一夜之间成了和"俯卧撑"、"打酱油"一样知名的网络流行语。(2009年2月20日《北京青年报》)从"周老虎"到"躲猫猫",中国公众通过互联网行使监督权的意识日渐加强,网络民主作为中国公民参政议政、监督政府的一种有效形式,也正在逐步走向成熟。(2009年2月20日 新华网)

【翻译】hide-and-seek scandal

"hide-and-seek"的概念意义即汉语的"躲猫猫",但在汉语中,该新词语的文化语义是转喻生成,英语无此转喻意义,为不致使译文读者误读,增加"scandal"。然而,欲使目的语读者准确理解该译文的文化语义则需注释或特定语境。

钝感力

【新义】指对外界事务敏感度低的能力。

"钝感力"一词出自日本著名作家渡边淳一的杂文集《钝感力》（*The Power of Insensitivity*）。按照他的解释，"钝感力"是从容面对生活中的挫折和伤痛，坚定地朝着自己的方向前进的能力。（例）《新周刊》说，许三多是一种"钝感力"，但这种力量是当今集体浮躁、讲求功利、快速成功的反义词，是社会稀缺的资源。《江南都市报》说，许三多的钝感力是物欲社会中的与人为善和国民责任。（2008 年 2 月 18 日《江南都市报》）作为一种为人处世的态度及人生智慧，拥有"钝感力"更容易求得自身内心的平衡。（2010 年 3 月 18 日《齐鲁晚报》）

【翻译】power of insensitivity

"钝感"不等于"迟钝"，并非指人动作活动反应慢，而是一种处事不惊、积极向上的人生态度，这是该词的文化语义。该词语源于日本作家渡边淳一杂文集《钝感力》的英译"power of insensitivity"。

盗版党

【新义】源于英文"The Pirate Party"，指欧美等国为争取盗版权利正当化的组织。其宗旨是从根本上改革版权法，废除专利制度，确保公民的隐私权。（例）而说起盗版党的起源和兴起，可以说是一部不折不扣的"网络下载者的反抗奋斗史"。（2009 年 7 月 27 日《计算机世界》）瑞典盗版党成立于 2006 年，原本只是一个希望引起人们对互联网用户权益重视的小党。（2009 年 8 月 4 日《法制日报》）

【翻译】The Pirate Party

"盗版党"是引入的英语概念，回译原英语词。

丁宠家庭

【新义】源于"丁克家庭"。指不生孩子、只养宠物的家庭。（例）"丁宠家庭"是曾盛极一时的"丁克家庭"的内涵延伸，由原来的二人浪漫世界延伸到夫妇二人通过抚养一个宠物子女来获取养育的乐趣，享受天伦之乐。（2007年10月8日《每日新报》）罗先生结婚十余年，自称是"上个世纪的时尚人"，夫妻二人组成了"丁宠家庭"——不养孩子只养宠物。（2010年9月7日 云信网）

【翻译】DINK-pet family

大裤衩

【原义】指人们日常休闲穿着的短裤。

【新义】对中央电视台新址大楼的戏称。因其建筑造型酷似裤衩，故名。（例）中央电视台的新大楼因其新奇的建筑风格而备受瞩目。但它的流传度最广的俗称"大裤衩"一直被相关领导认为不雅。（2008年11月18日《中国青年报》）用《南都周刊》的话说，"世界上最贫的人，当然要属北京'的爷'。知道'的爷'们给中央电视台新大楼起了个什么名儿吗？得用地道的北京胡同串子口音来念'大裤衩儿'！"（2008年11月7日 中新网）

【翻译】Big Pants

该词为人们的调侃戏称，形象生动，脍炙人口，因此译其概念意义。

倒韩流

【新义】指韩国产品或服务不再受欢迎的现象。多指韩国整容业逊于中国。（例）上海曾一度劲吹整形"韩旋风"，如今一场"倒韩流"正悄然兴起，越来越多的韩国爱美人士慕名到上海来整形。（2009年6月29日《新闻晨报》） "倒韩流"劲刮的最主要原因是中国整形技术过硬、费用便宜。而整形"倒韩流"现象也打破了众多哈韩族盲目迷信"韩式整形"的神话。（2008年9月19日《新民晚报》）

【翻译】reverse Korean wave

电脑下乡

【新义】政府"家电下乡"政策的一部分，农村居民在指定网点购买指定型号的电脑将获得额度为售价13%的政府补贴，自2009年2月1日起开始实行。（例）这次电脑下乡，英特尔投到农村的，首先是45纳米处理器，使用最新的工艺，是业界最领先的产品。（2009年4月12日《光明日报》）据工信部近日公布的"家电下乡"中标产品最新消息显示，共有17家电脑厂商参加了新一轮"电脑下乡"项目竞标活动，作为合资品牌的三星笔记本电脑首次参加"电脑下乡"，即凭借雄厚的研发实力和科技创新能力成功中标，由此不难看出"电脑下乡"的产品正在逐渐趋向高端化，为消费者提供更多选择。（2010年12月7日《今晚经济周报》）

【翻译】Computers Going to the Countryside

电话吸费

【新义】一种通过运营商服务平台使用户回拨陌生未接来电而诈取电话费用的诈骗手法。（例）这张图是一般认为高额吸费响一声电话的获利示意图。一共五级单位，三级四级是卖设备使用设备的骗子，他们群拨一声电话。受骗的人回拨之后付费，大家分成。（2008年4月20日北京电视台《七日七频道·第七日》）警方表示，这种电话吸费的情况，由于每个手机用户受骗金额一般不超过几百元，位置又比较分散，很难达到诈骗案两千元左右的立案标准。（2008年1月9日 中央电视台《全球资讯榜》）

【翻译】"Missed Call" scam

低碳名片

【新义】指以低能耗、低污染、低排放的经济模式而著称的城市特色。（例）政府已经在为"低碳名片"积极出台相关政策，普通公民也不能袖手旁观，而应积极成为"低碳经济"的民间推手和实践者，坚持生态优先。坚持节约资源和保护环境的基本国策，加快形成节约能源资源和保护生态环境的产业结构、增长方式、消费模式，这或将成为各大城市的主动追求，大力打造的名片。（2008 年 7 月 12 日《新民晚报》）张家港保税区"低碳名片"很抢眼（2010 年 6 月 3 日 新华网江苏频道）

【翻译】low carbon city

倒塌门

【新义】指上海市一在建楼盘工地发生楼体倒塌的事故。（例）上海在建楼房"倒塌门"（2009 年 7 月 1 日《北京青年报》）"倒塌门"事件的解读，如果请出楼市分析师，会从加强质量监控的角度，得出下半年楼市供应继续供不应求的结论，因为要深度检查会影响推盘速度。（2009 年 7 月 2 日《新闻晚报》）

【翻译】Shanghai building collapse scandal

钓钩

【原义】用以钓获捕捞对象的钩状金属制品。

【新义】在"钓鱼执法"中充当"鱼饵"直接作案，引诱当事人从事违法活动的人。（例）郝劲松律师表示，根据以往经验判断，"钓钩"往往有两个特征：一是引司机到埋伏区，二是"试图拔车钥匙"。另外，"钓钩"往往携带录音设备，既然官方承认执法过程中的录音存在，"那么，上车的人无疑就是'钓钩'"。（2009 年 10 月 16 日 《中国青年报》）在上海，交通执法部门利用"钓钩"执法已经成为公开的秘密。（2009 年 10 月 21 日 中央电视台《第一时间》）

【翻译】decoy

倒麻派

【新义】指日本政坛内反对前首相麻生太郎，并促使其下台的人。（例）东京都议会选举胜负明了的 12 日深夜，自民党内倒麻派聚会，商议对策，决定要求尽快举行众参两院自民党议员大会，推动提前选举自民党总裁。（2009 年 7 月 14 日《人民日报》） 日本共同社评论说，在自民党"倒麻派"议员发起的新一轮逼宫攻势下，首相麻生太郎已经"被逼到墙角"。（2009 年 7 月 17 日《城市快报》）

【翻译】LDP members against Aso

LDP 即 Liberal Democratic Party（自民党）。

地下出警队

【新义】指采用暴力威胁、非法拘禁、斗殴滋事等手段替人报复平事的恶势力犯罪团伙。（例）记者从有关部门了解到，长沙暗流涌动的黑恶势力，表现形式有：组织"地下出警队"采用暴力威胁、非法拘禁、斗殴滋事等手段替人"消灾"、帮人"出气"等等。（2009 年 9 月 12 日《北京青年报》） "地下出警队"队员一般没有固定职业和住地，每次出警也没有固定的组织成员。在这一行混得久了，活动能力强了，就会逐步在其手下网络三五个跟随者。（2010 年 12 月 16 日《法制日报》）

【翻译】illegal police force

短信限发令

【新义】指为了治理垃圾短信，中国三大电信运营商执行的限制用户每日发送短信数量的命令。（例）三大运营商执行"短信限发令"（2009 年 7 月 15 日《北京青年报》） 近日坊间流传，相关部委要求电信运营商加强对垃圾短信的监管，对每日、每时的短信发送量有一定要求，这在业界被称为"短信限发令"。（2010 年 2 月 10 日《重庆晚报》）

【翻译】restriction on text messages

E

恶搞

【新义】指网络上流行的，通过对公开发表的作品进行加工处理，以达到某种滑稽、搞笑的喜剧效果。"恶搞"一词源于日语"Kuso"，由日本的游戏界传入中国台湾，后经由网络传至中国香港与中国大陆。（例）《谋杀章鱼保罗》跟风？ 导演否认"恶搞"（2010 年 7 月 21 日《羊城晚报》） 这将是姚明第 8 次当选西部首发中锋，但谁都知道他本赛季将不会重回赛场，外界普遍认为这次投票就是对他本人的调侃，也是对全明星赛投票方式的恶搞。（2011 年 1 月 15 日 东方网）

【翻译】spoof

20 世纪初，英国喜剧大师亚瑟·罗伯茨创作了一种融"滑稽、荒诞、讽刺和拙劣模仿"于一体，名为"Spoof"的喜剧形式。现在，"spoof"一词经常用在口语中，指"对主题严肃、重要的书籍、戏剧、电影等进行滑稽模仿，使之变得可笑"。"spoof"一词与当前网络流行的"恶搞"具有相同的文化语义，所以，将"恶搞"翻译为"spoof"。

恶意软件

【新义】俗称"流氓软件"。指在未明确提示用户或未经用户许可的情况下，在用户计算机或其他终端上安装运行、侵害用户合法权益的软件。（例）中国互联网协会国际合作与宣传部副部长戴炜告诉记者，协会在 10 月 17 日召开了"反恶意软件研讨会"，将流氓软件的称谓正式改为"恶意软件"，同时就治理恶意软件的工作思路和长效机制进行了讨论。（2006 年 10 月 27 日 搜狐网）为保证"恶意软件定义"的可操作性，方便广大互联网用户理解、掌握和自行判断恶意软件的特征，中国互联网协会反恶意软件协调工作组审议通过了《"恶意软件定义"细则》，并于今日向社会公布。（2007 年 6 月 15 日 中国新闻网）

【翻译】badware；malicious software；malware；rogue software

"恶意软件"是互联网上的普遍现象，在美国等西方国家也十分猖獗。英语中的表达为"badware"或"malicious software"，简称"malware"，有时也称为"rogue software"（流氓软件）。两者的概念意义相同，直接用英语说法。

二奶

【新义】源于广东方言。指与已婚男性以夫妻名义共同生活或虽无夫妻之名但长期接受其生活资助并保持性关系的女人。（例）郭海藻或许从来没有想到，自己做着幸福的"二奶"，她姐姐郭海萍做着痛苦的"房奴"，这是一枚硬币的两面。（2009 年 12 月 1 日《中国青年报》）"二奶"看来无路可逃，全社会已经开始从"源头"抓起，从大学生抓起。（2010 年 8 月 17 日《钱江晚报》）

【翻译】kept woman

"二奶"一词流行以后，出现了多种译文，如："concubine"、"mistress"、"other woman"等。多个译文表明，"二奶"一词尚无广泛认同的英语对应词，而上述翻译与原语的概念意义部分相对，而文化语义尽失。在英语中，"kept woman"意为"外室，靠男人养活的姘妇"，它从概念意义到文化语义均较为接近原文，因此借用之。

E 爸妈

【新义】①会网上购物的中老年人。② 国内首家中老年网上购物商城（www.ebama.cn）。（例）从不会使用 ATM 机领取养老金，到潇洒刷卡，然后还要做网上购物的"E 爸妈"，这些都少不了来自志愿者的帮助。（2008 年 12 月 30 日《新民晚报》）有 IT 业界专家评论，在全球经济形势不佳的情况下，E 爸妈这种独具特色的中老年购物网站将成为引导人们消费的新途径，也是电子商务领域内颇具新意的新模式。（2009年1月2日 杭州网）

【翻译】E parents；Ebama

"2012" 工程

【新义】指北京大学从 2008 年起对所有新生实施的一项工程。学生在校期间不仅学习专业知识，还将获得学业、职业生涯的跟踪指导，避免学习和就业的盲目性。这是北大首次开始对全体新生实施学业、职业生涯规划的指导，这项工程将在 2012 年覆盖所有在校本科生。（例）"2012" 工程的内容不仅是学生自己制定规划，团委指导也是其中的重要组成部分。（2008 年 12 月 20 日《北京青年报》）据悉，除了本次美育讲座，化学学院团委为了落实北京大学"2012"工程"造就闳才，从新开始，因材施教，育人自育"的核心理念，已经启动了"新生面对面"谈话教育活动……（2008 年 10 月 18 日 北京共青团）

【翻译】2012 Project

e 云

【新义】即 "e 云在线备份服务"，是由中国电信推出的一种面向家庭和个人用户的运营商级的云信息服务。它可以按照用户的设定，自动地利用电脑空闲时间，将信息备份到 "e 云" 数据中心。当遇到电脑破坏、数据破坏、误删除、在家办公、远程办公等情况时，可以在能访问互联网的任何地方恢复任一个时间点的数据。（例）开通该服务后，电脑客户端软件可按照用户的设定，自动地利用电脑空闲时间，将信息备份到上海电信的 "e 云" 数据中心里。（2009 年 9 月 25 日《新民晚报》）据了解，中国电信推出的 "e 云手机" 目前主要服务于上海世博会，并内置了中国电信的世博应用服务。用户可以通过手机内置的客户端和手机上网，为用户提供 "世博服务云" 和 "天翼应用云" 两大应用服务，并可通过上网实现各项内容、应用的自动增加与更新。（2010 年 5 月 21 日 搜狐 IT）

【翻译】eYun

F

法治指数

【新义】亦称"法治 GDP",源于英文"the Rule of Law Index",是衡量一国法治状况的重要"量化"标准,由"世界正义工程"(the World Justice Project)提出。该指数体系分为 4 组,共计 16 个一级指数和 68 个二级指数。(例)2008 年 6 月,浙江省杭州市余杭区第一次发布"法治指数"。他们以数据指标形式,度量各项法治事务。(2009 年 7 月 22 日 新华网) 2005 年,世界银行在其发布的《国别财富报告》中,进一步界定了法治指数的概念,并设计出一套法治指数。(2010 年 9 月 29 日 东方网)

【翻译】Rule of Law Index

法治指数是政府量化法治的一种新尝试,是对一个地区法治水平的评价,可以给公众一个直观感觉,在一定程度上反映了民意,为我国地方法治建设提供了参照标准。设立地区法治指数,在中国大陆还是一个新鲜事物。设立法治指数的目的、指数构成、数据采集、作用发挥等,都处在探索之中。基于以上分析,将"法治指数"翻译为"Rule of Law Index"。

返券黄牛

【新义】指倒卖商场促销礼券赚取差价的人。

"黄牛党"一词源于上海方言,俗称"票贩子",指恃气力或势力,采购物资及票务凭证后高价出售以图利的人。"返券黄牛"是黄牛党的一种，通过返券代销、代购赚取差额利润。（例）"返券黄牛"赚钱方式主要有3种：1. 低价从顾客手中收购返券，高价卖出；2. 替多位顾客集中付款，"凑零成整"多领返券；3. 直接给顾客打折赚返券。（2007年9月4日《郑州晚报》）元旦3天小长假，首府不少商家推出了各种优惠促销活动。在消费者购物返券过程中，出现了专职打折赚返券的人，这些人被称为返券黄牛。（2009年1月5日《北方新报》）

【翻译】shopping coupon scalper

基于以上对"返券黄牛"的分析，将其翻译为"shopping coupon scalper"。其中，"scalper"意为"低买高卖各种票证，从中赚取大额差价的人"。

房奴

【新义】"房屋的奴隶"的略语，指那些通过抵押贷款购房，每年用占可支配收入的40%至50%甚至更高的比例偿还贷款本息长达20至30年，造成家庭生活长期压力的城镇居民。"房奴"一词出自《购房成不能承受之重 31.8%房贷一族成"房奴"》。（例）英国《金融时报》25日刊登一篇题为《北京房奴 VS 纽约房奴》的文章称：当"房奴"直白地翻译成英语的时候，一样能引来纽约年轻人热泪盈眶，而且，他们的房奴道路，比中国的年轻人更加悲壮。（2008年3月27日 新华网）加息让房奴有些吃不消 近六成人推迟买房（2011年1月15日 中国网）

【翻译】mortgage slave

"房奴"一般月负债还款额超过月收入50%以上。因此，译为"mortgage slave"，既展示了奴役生活的状态，也道出了个中原因。

飞鱼族

【原义】飞鱼系鳐目飞鱼科统称，它们能够依靠尾部的推动力跃出水面，在空中作短暂的"飞行"。

【新义】指毅然放弃在国内已取得的成绩，到国外名校求学的特殊中国群体。

"飞鱼族"一词源自禹风"国内第一部欧美顶级商学院题材小说"《巴黎飞鱼》。（例）作家周梅森评论说，《巴黎飞鱼》令人耳目一新的是分类描绘了"海归"中的"飞鱼族"。飞鱼不满足于游泳的天赋而羡慕海鸥的翅膀，义无反顾地跃出水面。（2006 年 7 月 12 日《上海证券报》）80 后，你是哪一族？啃老族、闪居族、穷忙族、走班族、慢活族、飞鱼族、酷抠族、月光族、闪婚族、波波族。（2010 年 2 月 12 日 原版英语）

【翻译】flying-fish clan

该词借助隐喻形成其文化语义，在英语中无此类语义映现，因此译其概念意义，保留"飞鱼"这一形象，但对该词的理解需要借助具体的语境。

粉丝

【原义】一种用绿豆粉等做成的丝状食品。

【新义】源于英文"fans"，意为"热心的追随者"、"××迷"。20 世纪 90 年代末，"粉丝"一词开始流行，替代早期的"追星族"，成为了时尚的代名词。（例）总书记总理粉丝网开通 4 万网友抢注粉丝证（2008 年 9 月 8 日 人民网） 眼下，微博作为一个即时网络传播工具赚足了眼球，"粉丝"的多寡则成为众多网友夜以继日"织围脖"的动力。（2010 年 5 月 23 日 四川新闻网）

【翻译】fans

"粉丝"是英文"fans"的音译。

粉红力

【新义】泛指 1990 年后出生的群体。"粉红力"诞生于一场 70 后、80 后与 90 后的网络激战。"粉红力"寓意 90 后终将褪去稚嫩，成长为代表社会中坚的"红色力量"。（例）"粉红力"的提出让 90 后第一次有了集体性的标志，因与爱国主义、道德取向紧密联系而成为时下备受推崇的性格标签。（2009 年 6 月 24 日《南都周刊》）"粉红力"的提出

是"90 后"面对社会的普遍质疑所作出的一次正面回应。(2010 年 2 月 22 日《中国青年报》)

【翻译】Pink Power

"粉红力"一词借助隐喻机制生成其文化语义,这一代有发展为社会中坚的潜力。这一机制形成的语义存在文化差异,即源域相同,目的域相异,但可寻求英语中概念意义对应的词汇,这是跨越文化障碍的可选路径。

凤凰男

【新义】全称"凤凰精英男"、"水晶凤凰精英男",指出身低微(特指出身农村,也包括出身于经济不发达的小城镇),接受高等教育后在城市获得较优越工作的男性。(例)近日,《中国青年报》社会调查中心与腾讯网新闻中心联合进行的一项在线调查显示(1075 人参与,35 岁以下青年超过九成),67.6%的人认为,"凤凰男"和"孔雀女"的婚姻会有更多问题。(2008 年 4 月 25 日《中国青年报》)"凤凰男"与"孔雀女":三十年婚姻败于"无语"(2010 年 9 月 5 日 网易)

【翻译】ugly duckling

"凤凰"的英语文化语义为"浴火重生的不死鸟",而汉语则为"高贵精英"的意思。两者文化语义相异,而英语中文化语义与汉语"凤凰男"相同的则是"ugly duckling",且都是隐喻机制生成的语义,故将"凤凰男"译为"ugly duckling"。

封口费

【新义】指知情人在目睹或知晓了当事人不可告人的秘密后,由当事人付给知情人以避免声张的费用。(例)这次拍摄留下了中国新闻界耻辱的一幕:一场矿难发生之后,真假记者争先恐后地赶到出事煤矿——不是为了采访报道,而是去领取煤矿发放的"封口费"。(2008 年 10 月 27 日《中国青年报》)无业男子王某在路边闲逛时,抓住窃贼赵某,干脆"黑吃黑",佯装协勤,与侄儿何某一起,给赵某做笔录,还让他

拿 1.5 万"封口费"。(2010 年 12 月 6 日《重庆晚报》)

【翻译】hush money

复古学堂

【新义】进行传统蒙学教育的机构。"复古学堂"是一种新型的民办学校，在此类学校中，师生的服饰礼仪模仿古人，所学的内容以古代典籍为主。(例)着"汉服"诵四书五经 江城出现首家"复古学堂"(2006 年 8 月 14 日 新华网·湖北频道) 随着这一词汇的流传，我们探访了整个太原市寻求复古学堂，可经过一段时间的考察，发现在省城还没有真正意义上头戴古代冠帽、身着"汉服"的学堂。(2007 年 11 月 19 日 山西新闻网)

【翻译】back-to-the-ancients school

在"复古学堂"里，学生头戴古代冠帽，身着"汉服"，按照古代的礼仪来学堂上课，上课前向孔子画像行叩拜礼，然后学习"四书五经"等古籍。基于"复古学堂"的上述特征，将其翻译为"back-to-the-ancients school"。

俯卧撑

【原义】增强臂力的一种体能训练动作。

【新义】瓮安事件后网民用它来表示不足信的借口或对某事件不关心。通常具有戏谑意味。(例)"善意提醒：今后莫做俯卧撑，小心伤害无辜"，网友"拎砖四顾茫然"说。(2008 年 7 月 4 日《武汉晨报》) "出来打酱油"、"河边做俯卧撑"等新词儿是论坛灌水词"飘走"的升级版。(2008 年 7 月 10 日《中国青年报》)

【翻译】flimsy excuse；I'm just passing by

汉语中该词的文化语义是转喻映现，英语无类似映现，宜以英语概念意义译之。

福利腐败

【新义】指一些垄断性行业将自己掌握的行业资源无偿或者廉价地向本行业的职工和家属提供，在福利的名义下形成的行业腐败现象。（例）"福利腐败"是经济转型时期的现象。如果我们忽视它，它就像一颗依附于体制的"毒瘤"，慢慢地侵蚀它的肌体。（2006 年 9 月 26 日 中国新闻网）要从根本上遏制福利腐败，不能指望垄断行业自我反省，也不能奢望地铁员工自动放弃既得利益。这需要审计部门向公众"晒一晒"特权福利特别是垄断行业的收支状况与职工收入，增加垄断行业产品生产经营成本、定价与工资福利支出的透明性，让垄断企业接受社会监督。（2010 年 9 月 21 日《半月谈》）

【翻译】welfare-labeled corruption; welfare-related corruption

"福利腐败"是中国特有的现象，用释意法译其概念意义。

富二代

【新义】指 20 世纪 80 年代后出生、继承上亿家产的富家子女。（例）"富二代"大多比较年轻，由于缺乏阅历，他们在业界以及企业中难以树立威信，在企业管理层面也没有说服力。（2009 年 11 月 13 日《广州日报》）目前，不少 80 后、90 后是在蜜罐中长大的，平时穿名牌，吃馆子，出行以车代步，被社会形象比喻为"富二代"。（2010 年 8 月 10 日《广州日报》）

【翻译】Rich 2G (Rich Second Generation); Affluent Second Generation

"富二代"是中国特有的现象，用释意法译其概念意义。

福娃

【新义】2008 年北京第 29 届奥运会的吉祥物，是五个拟人的娃娃造型。（例）福娃向世界各地的孩子们传递友谊、和平、积极进取的精神和人与自然和谐相处的美好愿望。（第 29 届奥林匹克运动会官方网站）"北京欢迎您"——北京奥运会吉祥物福娃亮相（2005 年 11 月 11 日 搜狐网）

【翻译】Fuwa

翻译某种文化专有名词时，应考虑文化特征与译入语文化体系的可接受程度两方面问题。一般而言，翻译原则是在译入语文化体系可接受的限度内，最大限度保留原语的文化特色。奥运吉祥物具有文化普遍性，这是目的语文化可接受的文化基础，北京奥运会吉祥物名称具有中国文化特色，可能对这种文化交流产生阻碍作用。但由于"福娃"多与北京奥运语境紧密关联，加之奥运吉祥物的文化普遍性，所以双音节的音译是较好的翻译策略。

范跑跑

【新义】对四川都江堰光亚学校教师范美忠的戏称。他在地震时，抛下一个班的学生独自逃生。后也泛指那些标榜自由主义，遇到险境不顾他人安危、一心自保的人。（例）"这次地震，我们学校教室完好无损，800多名师生无一伤亡。但被网友讥讽为'范跑跑'的范美忠老师是一个例外，他受的是心灵之伤，是他自己造成的。"（2008年5月30日《扬子晚报》）最近，"范跑跑"被所在学校辞退，理由是他"不具有教师的职业道德"。（2008年6月20日《新民晚报》）

【翻译】Run Run Fan

富通门

【新义】指比利时政府未征得股东大会同意，便以换股的形式将富通集团在比利时的银行业务转让给法国巴黎银行，引起富通小股东不满，并联名提出上诉，布鲁塞尔上诉法院判决富通集团的出售行动必须暂停。这一事件被称为"富通门"。（例）"富通门"事件致比利时内阁集体辞职（2008年12月20日 CCTV.com） 被比利时媒体称为"富通门"的丑闻是莱特姆内阁集体辞职的主要原因。（2008年12月21日《新闻晨报》）

【翻译】Fortisgate; Fortis scandal

分手代理

【新义】指专门负责解决情侣间分手问题的职业，一般为顾客付费委托代理人代替自己向恋人提出分手请求。（例）对于"分手代理"这个新职业，很多人本着中国传统"劝合不劝分"的观念，还抱有一定成见甚至反感，对此"分手代理"有着自己的见解。（2009 年 11 月 1 日 中国新闻网）"如何去拒绝一个您曾经深爱过的恋人呢？如果您不好开口，婚姻'说客'、'分手代理'帮您解决想提出分手而难以启齿的问题。把想说的话告诉我，剩下的就交给我来办。"（2010 年 7 月 1 日《大河报》）

【翻译】break-up agency

返航门

【新义】指东方航空股份有限公司云南分公司部分航班集体返航的事件。（例）3 月 31 日，"返航门"事件发生后，国内众多旅客都陷入了恐慌，这让航空消费投诉比较集中的"航班不正常服务"（47.06%）问题再次凸显，旅客们观点很鲜明："不管是何原因，我们的出行品质都应得到保障。"（2008 年 4 月 15 日《华西都市报》）文章建议电信主管部门，学学中国民航局处理"返航门"事件的做法，对于一时难辨究竟的事，不必急于充当最后的裁决者，而应采取公平的立场和公正的程序来揭示事件的真相。想要赢得公信力，这一关是躲不过去的。（2008 年 4 月 22 日 中央电视台《朝闻天下》）

【翻译】flight returns incident

非大学教育

【新义】亦称"第三级教育"、"高考后教育"或"高考后职业教育"，指由非传统的高等教育机构创办，针对企业、社会的需求而对学生进行的职业式教育。（例）传统大学的容量已跟不上迅速增长的社会需求，其能力也已不能很好适应青年一代和知识经济迅速发展的要求，从而使得提供高等教育的非大学教育机构的地位得以确立并迅速发展，成为各国高等教育结构中不可缺少的重要组成部分之一。（2008 年 6 月 27 日 中国网）非大学教育的特色在于，以就业为目标来提高工作能力，让没有工作的人能找到好工作，让有工作的人工作得更好。（2008 年 7 月 1 日《北京青年报》）

【翻译】non-higher education

G

干物女

【新义】亦作"鱼干女"。指无意恋爱、无生活情趣的年轻女性。"干物女"源于日语。日语称鱼干为"干物"。（例）事实上，很多时候，"干物女"们也在盼望着"桃花朵朵开"，枯燥的生活状态只是迫于无奈。（2008 年 6 月 5 日 新华网）大概受《萤》的影响吧，日本不少女子表示宁愿在家，也不愿意谈恋爱，觉得做个"干物女"挺好的。（2010 年 7 月 31 日《广州日报》）

【翻译】dried-fish women

杠杆女

【新义】指充分发挥自己的优势和特长帮助老公成就事业的女性。（例）于是，与单身女们要求的"经济适用男"相对应，单身男人们也在网上喊出了"娶妻当娶杠杆女"的口号。（2009 年 9 月 20 日《扬子晚报》）"杠杆女"、"剩女"不仅颠覆了传统的爱情婚姻观，而且业已成为当下年轻人的"家庭圣经"。（2009 年 9 月 21 日《潇湘晨报》）

【翻译】leverage woman

该词通过隐喻机制形成其文化语义。"杠杆"一词包含了丰富的隐喻意义，在英语中无此类隐喻映现，因此译其概念意义，但对该词的理解需要借助具体的语境。

国际高考移民

【新义】为参加国内高考而临时申办取得国外、地区护照的人。（例）

国际高考移民案件出现后，教育部相关人员日前作出明确表态：教育部将就这一新问题加强对外国留学生的资质审核。（2006 年 11 月 30 日 中国教育新闻网）近年来，有关国内学生高考前突击办理外籍身份再回原籍"本土留学"的报道屡见不鲜。为杜绝此类"国际高考移民"现象，教育部近日下发通知，对"留学生"资质作出详细界定。（2009 年 12 月 22 日 中国教育在线）

【翻译】international immigrants for NCEE

"国际高考移民"是特有的高考现象，用释意法翻译其概念意义。

高薪跳蚤

【新义】指为了追求更高的薪水而在不同高校频繁变换岗位的教授，也泛指为获得更丰厚的薪水而频繁跳槽的人。贬义词。（例）"高薪跳蚤"是大学校长们在第三届中外大学校长论坛上，为那些在高薪的诱惑下，在不同的大学之间跳来跳去的"名教授"们起的雅号："今天这个高校年薪 100 万元聘请了一位知名教授，明天另一个学校开价 150 万元，这位教授便立即奔开价更高的那家而去……"（2006 年 7 月 18 日《东方早报》）高薪聘教授的初衷是尊重知识、激励竞争，但"高薪跳蚤"的出现则给校方泼了一盆冷水：人才不是光靠钱能砸出来的。（2006 年 7 月 20 日《人民日报》）

【翻译】high-salary job hopper

跳蚤是一种善于跳跃的寄生性昆虫。但在"高薪跳蚤"一词中，只是借用"跳蚤"这一形象以期生动地描述为获得更高薪水频繁跳槽的一类人。但由于不同的文化对隐喻本体属性的映射选择不同，为了清楚地传达新词语的文化语义，将"高薪跳蚤"翻译为"high-salary job hopper"，其中，"hopper"一词源自动词"hop"，意为"换来换去，不断更换"。

攻略

【原义】源于英文"walkthrough"，意为完整的游戏攻关指导，即由游戏高手或游戏开发者发行的游戏答案。

【新义】泛指各类指南。(例) 2011 春运明日正式启动 媒体发买票"精算攻略"(2011 年 1 月 18 日 北方网)年终奖攻略:谁动了我的年终奖(2011 年 1 月 18 日 腾讯网)

【翻译】guide;strategy

该词源于英语,进入汉语后词义扩展,因此译其扩展后的概念意义。

狗仔队

【新义】指专门追踪明星、名人并报道内幕、隐私等的娱乐记者。(例)近年来大家所追捧的艺人,都是年轻一辈的俊男美女,许多徒具外表而缺乏相应的内涵和演艺实力,娱乐新闻呈现闷局,狗仔队遂乘时而起风靡一时,才导致有如今的局面。(2007 年 1 月 15 日 中国新闻网)意大利,世界闻名的浪漫之都,同时也是"拍拍垃圾"的发源地,这里的"狗仔队"的活跃当然和意大利足球的繁荣有着密不可分的关系,球星和明星们是意大利"狗仔队"的热门人物,但见诸报端的仅限于他们的花边绯闻、风流情史。(2010 年 9 月 14 日《新快报》)

【翻译】paparazzi

中文"狗仔队"的说法源于香港。"Paparazzi"一词传入香港后,香港人改称"Paparazzi"为"Puppy"(小狗),一来是读音相近,二来此类记者的追踪行为也和狗相似。随后该词逐渐演化成了"狗仔队"。

股市症候群

【新义】炒股引发的股民群体心理异常现象,包括工作日综合症、假日综合症、上涨综合症、下跌综合症和未入市综合症等。(例)在股民大扩容的时代,股市症候群的感染范围很广;在大牛市的时代,股市症候群传染速度很快。(2007 年 5 月 9 日 中国网)中国全民疯股市,甚至出现新名词"股市症候群",即这些股民炒股,不但严重影响平日生活作息,甚至连生理、心理健康状况也出问题,股民们向医师求诊后,结论是得了"股市症候群"。(2007 年 5 月 22 日 星岛环球网)

【翻译】stock-market syndrome

国考炮灰

【新义】指明知自己考中的希望不大却依然报名参加国家公务员考试的人。（例）这段时间关于"国考炮灰"的新闻尤为引人注目，我们一方面呼吁"国考炮灰"们应放宽眼界，别在这棵"国考"的树上吊死，但面对经济寒冬公务员都有可能加薪的现实，我们还能拿出什么更具说服力的理由劝说"炮灰"们放弃国考呢？（2008年12月2日　天津人民广播电台《视点》）南京师范大学的小于打开 MSN，发现同班好友的签名档一夜之间纷纷变成了"国考炮灰"、"当了公务员考试的分母"、"国考陪跑小能手"。（2009年10月26日《现代快报》）

【翻译】cannon fodder of national civil servant examination
该词通过隐喻机制形成其文化语义，"炮灰"一词在汉英两种语言中有相同的隐喻意义，因此译其概念意义，不致形成理解障碍。

国民休闲计划

【新义】亦称"国民旅游计划"或"国民休闲纲要"，是国家旅游局为了应对金融危机推出的一项计划，目的是让更多的国民参与到国内旅游活动中，以拉动国内旅游市场。（例）位于跌幅榜前五名的板块是环保行业、水泥行业、船舶制造、煤炭行业和建筑建材，其中酒店旅游表现亮丽是因为国家旅游局拟推国民休闲计划应对金融危机，受此影响旅游板块应声大涨。（2008年11月21日　中央电视台《第一时间》）作为拉动旅游内需的举措之一，2009年，国家旅游局拟推出"国民休闲计划"。（2009年2月20日《石家庄日报》）

【翻译】National Leisure Plan

国货回潮

【新义】指2008年中国经典国货回潮热流。（例）国货的重新流行已经不是一年两年了，这场可称为"国货回潮"的流行风尚使得国货的意义超越了最开始的爱国情怀和实用主义，进入了追思过去、感慨时光的集体怀旧主义中间来。（2010 年 10 月 25 日《文汇报》）

【翻译】resurgence of traditional Chinese goods

"国货回潮"为中国特有现象，翻译其概念意义。

过劳模

【新义】指牺牲个人休息时间，超时工作的人。（例）很明显，对于因为各种原因成为"过劳模"的人们来说，现在除了自我保护，还没有什么有效的外界援助。（2005 年 4 月 6 日 中国新闻网）仅仅 3 年，城市中超时工作的"过劳模"就如雨后春笋，在北京、上海、深圳、广州尤为突出。（2007 年 5 月 8 日《北京晨报》）

【翻译】overworked model worker; overworked employee

"过劳模"是借助隐喻机制形成的文化语义词，寻求概念意义与原语文化语义对应的英语词汇。

过游死

【新义】指因过分沉溺于网络游戏而造成的猝死。（例）而"过游死"亡者只是因为不知疲倦地游玩而失去生命，毫无价值与贡献可言，怎不令人痛心疾首。（2005 年 11 月 16 日《长江日报》）SNOWLY 的死为一些玩家敲响了警钟，却仍还有更多人为游戏前赴后继，"过游死"也旋即成为网络游戏界的新名词。（2006 年 6 月 5 日《中国青年报》）

【翻译】death by excessive gaming

"过游死"在英语中并无与其相对应的词汇，基于"death by overwork"（过劳死）的构词模式，翻译为"death by excessive gaming"，保证两者概念意义的对应。

过学死

【新义】指学生因学习压力过大、劳累过度而导致的猝死或自杀。（例）"过学死"当然是应试教育催生的苦果，应试教育应废是大势所趋。但将目光投射于更深处，问题的关键并不在于应试教育体制本身。(2009年4月15日 四川新闻网)说起"过学死"，家长和不少学生认为，该校一天近18个小时的学习时间、名目繁多的考试、按成绩给学生分类分班等等，都是造成事故的重要原因。跳楼、晕倒、猝死，年轻的生命过早折翅。(2009年4月21日《天天新报》)

【翻译】death by overstudy

我国教育领域由于体制性因素，学生课业负担过重，"过学死"时有发生。作为我国高中教育中出现的一个新现象，"过学死"在英语中并无与其相对应的词汇，基于"death by overwork"（过劳死）的构词模式，翻译为"death by overstudy"，保证两者概念意义的对应。

高级工商管理硕士

【新义】源于英文"Executive Master of Business Administration"，简称"EMBA"，由芝加哥大学管理学院首创。(例) 2011年，清华经管学院基于对经济发展动向的深入剖析，结合知识理论和企业实践经验，以四川为首站，推出"清华EMBA助力西南经济圈"活动。(2011年1月20日《华西都市报》)岭南学院EMBA中心宣布成立"绿色岭南"俱乐部，在校友中寻求"志同道合"的学院和企业，共同学习探讨绿色发展，并且作为"先行者"去促进带动更多的同学和企业走上绿色发展道路。(2011年1月20日《南方日报》)

【翻译】EMBA (Executive Master of Business Administration)

"EMBA"是引入的英语概念，回译原英语词。

国六条

【新义】指国务院九部委于2006年颁布的关于调控房地产市场的六条政策。具体内容为：(一)重点发展中低价位、中小套型普通商品住房、经济适用住房和廉租住房。(二)严格执行住房开发、销售有关政策，完善住房转让环节税收政策。(三)合理控制城市房屋拆迁规模和进度，减缓被动性住房需求过快增长。(四)加强房地产开发建设全过程监管，制止擅自变更项目、违规交易、囤积房源和哄抬房价行为。（五）加快城镇廉租住房制度建设，规范发展经济适用住房，积极发展住房二级市场和租赁市场，有步骤地解决低收入家庭的住房困难。（六）完善房地产统计和信息披露制度，坚持正确的舆论导向。（例）听到这一消息，复旦大学房地产研究中心副主任华伟当即表示，此次的 2006 "国六条"在宏观性中又具有很强的针对性，表明今年的楼市调控将不会是对房地产市场的整体打压。（2006 年 5 月 18 日《上海证券报》）按照目前的精神，为配合"国六条"，地方政府必须遵循国务院增加"中低价位"、"中小套型"供应的精神，在"住房建设规划"中量化明确在年度新开工面积中的面积、价格、户型指标。（2006 年 5 月 30 日 金羊网）

【翻译】State's Six-Point Package (of regulatory measures aimed at dealing with the overheating real estate sector)

用释意法译其概念意义。

国籍门

【新义】指一些运动员或演艺明星由于国籍问题引起争端的事件。（例）而种种现象表明，官秀昌"国籍门"事件正在向"违约门"和"跳槽门"最终不了了之的轨道上发展，无论媒体和球迷怎么折腾，到最后留下的只会是一串省略号……（2007 年 12 月 20 日《都市快报》）随着中国篮协的一纸永久封杀令，弥漫了一个月的官秀昌"国籍门"事件终于尘埃落定。（2008 年 1 月 12 日 中央电视台《新闻周刊》）

【翻译】nationality scandal

给力

【原义】中国北方方言，意为"给劲"、"带劲"。

【新义】①类似于"牛"、"很棒"、"酷"，常用作感叹词。②用作动词，指"给以力量"、"加油"。2010 年世界杯期间，"给力"开始成为网络热门词汇。中国网友还将"给力"、"不给力"两个词音译成英语和法语，"geilivable"、"ungeilivable"、"très guélile"。（例）江苏给力"文化强省"（2010 年 11 月 10 日 《人民日报》） 2010~2011 的跨年活动各大卫视都铆足了劲儿，争抢风头。好在各有各的给力点，错位竞争，不至于正面冲突，让 2011 的新年欢乐加倍给力。（2011 年 1 月 2 日《南方都市报》）

【翻译】①geili; cool ②to promote; to boost

官二代

【新义】指官员的子女。（例）河南省固始县公选乡长，多是官二代当选，引发舆论质疑。（2009 年 8 月 27 日 山东人民广播电台《山东新闻》）官二代富二代占据社会资源，穷二代求上流不可得。（2010 年 10 月 2 日《齐鲁晚报》）

【翻译】officiallings；children of privileged government officials

在英语中，后缀"ling"表示"描述某特征或与其相关的人"，可指后代。

公约选举

【新义】指各政党通过发表竞选公约来让选民投票的选举方式。（例）8 月 30 日是日本大选投票日，近来日本各政党都忙于一件事，就是发表竞选公约。如果说 2005 年大选前各政党的竞选公约被简单化为"对邮政改革是赞成还是反对"，此次选民则有充足时间比较各政党内外政策，有媒体将此次选举称为"竞选公约选举"。（2009 年 8 月 6 日《人民日报》）日本媒体将大选称为"竞选公约选举"（2009 年 8 月 7 日 搜狐新闻）

【翻译】convention election

感恩红包

【新义】指学生送给老师的礼金。（例）老师向学生要"感恩红包"引争议（2007 年 1 月 6 日 河南省教育网）感恩红包让谁蒙羞（2007 年 1 月 6 日 北青网）

【翻译】red "thanksgiving" envelope (to teachers)

"感恩红包" 实为讽刺, 揭露了不良的社会风气。译其概念意义, 并在 "感恩" 一词上添加双引号, 意为反语。

果蔬豆腐

【新义】亦称 "七彩豆腐"、"七彩果蔬豆腐"。指在制作过程中加入天然果蔬汁辅料, 形成天然色彩的豆腐。(例) 而果蔬豆腐集中了豆腐和水果蔬菜的优点, 使豆腐的营养更加全面了。(2008 年 5 月 7 日 中央电视台《每日农经》) 西施营养果蔬豆腐 传递营养带来健康 (2010 年 9 月 15 日 财富天下网)

【翻译】fruit and vegetable tofu

改龄门

【新义】指体育界为达到某种目的改动选手年龄引发的事件。(例) 在继 CBA 联赛爆出 "改龄门" 丑闻后, 中国足坛元老又向媒体爆料。(2008 年 12 月 7 日 新浪网) 全球禁赛! 这无疑是中国球员因更改年龄而受到的最严重处罚。眼下, 身陷 "改龄门" 的上海申花小将冯仁亮正面临着足球职业生涯的最大危机。(2010 年 12 月 24 日 新华网)

【翻译】age scandal

H

海泡

【新义】指无法决定就业地点，而长期逗留国外的留学生。（例）从法国归来的留学生张辉说，他和他的不少同学已经学成或接近毕业，虽然非常想回国发展，但又对国内发展态势不是很了解，左右为难地"泡"在留学地，成了"海泡"。（2004 年 12 月 31 日 新华网）随着国内经济的发展和教育水平的逐渐提高以及留学归国人数的日渐增大，对"海归"这个名词的解读也在发生着变化——由人人羡慕的"海鸥"到具有尴尬意味的"海带（海待）"、"海草"、"海藻（海找）"、"海泡"……（2007 年 11 月 12 日《中国经济周刊》）

【翻译】overseas-lingering graduates

"海泡"一词属转喻映射，英语无此映射，亦无对应词汇，译其概念意义。

海归

【新义】在海外学习、工作后回国求职、创业的人员，谐音为"海龟"。（例）调查显示，海归的就业去向呈现多元化的趋势，属于商科范围的金融业领先。（2010 年 10 月 20 日 新浪教育）阿尔斯通人力资源部的赵先生说，真正有竞争力的"海归"是那些有国外工作经历的留学人员。（2011 年 1 月 19 日《北京考试报》）

【翻译】returnees from abroad

"海归"一词属转喻映射，英语无此映射，译其概念意义。

海选

【原义】指中国村民直接提名候选人，并根据提名得票多少按照差额选举的原则确定正式候选人。

【新义】指在选秀节目中，对众多参赛选手进行初次选拔的行为。2004年，由湖南卫视举办的大型选秀节目"超级女声"首次引入"海选"。2005年，"海选"成为热门词汇。（例）长沙是"超女"的发源地，海选是"超女"运用得越来越得心应手的晋级方式，不知道长沙市"杰青"的组织者是否受了"超女"的启发。（2005年8月2日《江南时报》）目前，影视圈流行以选拔演员为名进行"海选"，《红楼梦》、《西游记》、《水浒》、《西施秘史》、《又见白娘子》、《精忠岳元帅》、《大脚格格》、《玫瑰城》、《古剑奇谭》等，不少电视剧都在大张旗鼓地进行"海选"。（2010年11月3日《新民晚报》）

【翻译】(first / initial) audition

"海选"属转喻映射，英语无此映射，但美国有类似选秀节目词汇"(first / initial) audition"，也属转喻映射，意为"第一次出现在电视屏幕上"。两者转喻意义对应。

海投

【新义】指不加选择地向多家公司投递求职简历。（例）更多应届大学生趁寒假期间在家上网，对百来家用人单位进行"海投"，并且有了"今天不海投，明天就投海"的流行语。（2009年2月4日《新民网报》）每年春季是求职、跳槽的时节，不少求职者在网上"海投"简历，给了骗子可乘之机。有些年轻人将自己的受骗经历写成文章发到网上，提醒"海投族"谨防受骗。（2010年4月13日《解放日报》）

【翻译】resume flooding

"海投"是相对"精投"而言的，其中，"海"意为"大量的"。"海投"简历的特点是缺乏针对性，大面积盲目乱投，重数量而非质量。基于以上分析，可将"海投"翻译为"resume flooding"，其中，"flooding"

意为"数量过大，如洪水一般泛滥"，以隐喻方式表明简历如洪水、雪片一般涌向招聘单位。

海蒂族

【新义】海蒂，源于英文"highly educated, independent, degree-carrying individuals"，简称"HEIDI"。指年龄介于 25 岁至 40 岁之间，具有高学历，追求生活品位，经济独立的女性。（例）海蒂族通过工作得到成就感和经济上的独立自主，但是社交和休闲也是这群新时代女性族群不愿意放弃的生活。（2007 年 10 月 19 日《上海家庭报》）海蒂族是能够让自己乐在生活之外，独立生活而又可以自寻快乐，做不会亏待自己的都市成功女性，能够在繁忙的都市生活中保持真我的本性。（2009 年 12 月 18 日《假日 100 天》）

【翻译】HEIDI

"海蒂族"一词是从英语进入汉语的新词。

好人卡

【新义】这里的"好人"指人际交往中虽然主动热情，但常不被接受的人。"好人"源于女子婉拒追求者用语，如："你是个好人，我相信你可以找到比我更好的女孩子"、"你是个好人，但我们并不合适"之类。"好人"现常指追求爱情但往往失败的男子或者女子。（例）整容女陈娟频频被发"好人卡"为爱再战《我们约会吧》（2010 年 4 月 26 日 金鹰网）自从切尔西后卫阿什利·科尔偷腥东窗事发之后，他夫人谢莉尔的追求者就层出不穷，美国流行天团"黑眼豆豆"的团长威尔就是其中之一，不过谢莉尔却与之划清界限，并且给他发了张"好人卡"。（2010 年 4 月 23 日 搜狐体育）

【翻译】nice guy card

"好人卡"一词实为反语，饱含了对感情失意落寞之人的戏谑与讽刺。此译法仅传递了该词的概念意义，对其文化语义的准确把握需借助相应的语境。

韩流

【新义】韩国文化产品或生活方式在中国大陆流行的文化现象。该词的读音与汉语表示气候的"寒流"一词谐音，最先由社会学家使用，后渐成流行用语。（例）但是，在经历了连续多年的迅速发展和辉煌之后，"韩流"电视剧由于题材缺乏创新等原因，从 2007 年起面临危机。（2008 年 4 月 10 日 新华网）韩流的核心是电视剧。韩流真正成为一股热潮，始于 2003 年日本 NHK 电视台播出《冬季恋歌》。（2008 年 12 月 22 日 中国新闻网）

【翻译】Korean wave；Korean fever

"韩流"是借助谐音形成的新词语，译其概念意义，两个音译词适用不同的语境。

【合成词翻译】

反韩流：anti-Korean wave

和谐社会

【新义】该词有其特定的政治含义，是中国执政党的价值取向，强调了建立民主法制，人与人、人与自然和谐相处的稳定社会。（例）建设社会主义和谐社会，是党中央根据马克思主义的本质要求，充分总结人类社会的发展规律与中华民族的历史实践得出的基本结论。（2006 年 7 月 8 日 人民网）和谐社会需要微博"去塞求通"（2011 年 1 月 19 日 新华网广东频道）

【翻译】harmonious society

该英译体现了原词的概念意义，其文化语义的转换需借助特定语境。

黑客

【原义】指热心于计算机技术、水平高超的电脑专家，尤其是程序设计人员。

【新义】亦称"软件骇客"，指利用系统安全漏洞对网络进行攻击破坏或窃取资料的人。（例）日媒称日本新干线停驶可能因系统遭黑客攻击

（2011 年 1 月 18 日 腾讯新闻）黑客们利用一个特殊格式的 http 指令从 AT&T 的服务器上获取到用户的 ICC-ID 号，即用户 iPad 3G 的 SIM 卡地址。（2011 年 1 月 19 日 腾讯科技）

【翻译】hacker

该词源于英语，回译即可。

黑色旅游

【新义】指参观灾难发生地或模拟灾难情景的游览体验活动。（例）第三个就是黑色旅游，或者是灾难的旅游，这个八级大地震，在我们国家建国以来，是第一次，到底惨到什么程度，我想恐怕是任何一个人，不管是大人还是孩子，都想来看一看，这个吸引力也是非常大。（2008 年 7 月 3 日 中央电视台 《东方时空》）"黑色旅游"不同于现在社会的很多简单以娱乐为主的旅游项目，它带给你的不会是几个小时的欢愉，而是以一种深刻的方式唤醒你，促使你有勇气去面对。这是一种多维度旅行体验，有可能影响你的一生。（2010 年 3 月 29 日《新文化报》）

【翻译】dark tourism；black tourism；grief tourism

"黑色旅游"是相对于"红色旅游"而言的。其实，不论是"黑色旅游"还是"红色旅游"，都与色彩本身无关，而是取两种色彩的隐喻意义："红色"隐喻"革命"与"革命精神"，而"黑色"则喻指痛苦、沮丧、忧郁，这种隐喻映现在汉英两种语言中有相同之处。

黑哨

【新义】①指足球运动中，裁判员收受贿赂或受人指使违背公平性原则，在比赛中通过有意的误判、错判、漏判等个人行为来主导比赛结果。②指违反公平性原则的裁判员。（例）"黑哨"学得越来越狡猾，连这样一个极不光彩的黑钱举动也开始走向专业化，也非常滑稽地有了"经纪人"。（2009 年 10 月 15 日《足球周刊》）据了解，声称遭遇"黑哨"的科威特队，赛后还一度扬言要退出亚洲杯，因为"这里没有公平"、

"威廉姆斯不配执法亚洲杯"。（2011 年 1 月 10 日《新民晚报》）

【翻译】cheating / bad call；match-fixing referees

"黑哨"是转喻映现，英语中无此转喻，译其概念意义。

黑帮网游

【新义】指以黑帮行为为主题的网络游戏。（例）文化部下"封杀令""黑帮网游"紧急叫停 （2009 年 7 月 29 日 金羊网）然而，也有一些网友表示，黑帮网游罪不当诛，游戏中的黑帮情节都是在虚拟社会中发生的，不可能套用到现实生活中……（2009 年 8 月 4 日《科技日报》）

【翻译】online mafia games

英语中常用"mafia"转喻黑社会、黑帮等犯罪团体。用其翻译汉语的"黑帮"，意在寻求文化语义的对应。

很黄很暴力

【新义】指网络中的黄色和暴力页面比较泛滥。一小学生接受央视记者采访时说道："上次我上网查资料，突然弹出来一个网页，很黄很暴力，我赶紧把它给关了。"这个词在网络上广为流传。（例）版权局回应很黄很暴力：网络恶搞需法律界定（2008 年 1 月 17 日 腾讯新闻）李国庆的微博引来大量网民转发或评论，也激怒了多位投行人士，有两名来自当当 IPO 主承销商大摩的女员工从 15 日到 16 日连续两天在微博上和李国庆"过招"，双方言语激烈，令网友直呼"很黄很暴力"、"粗俗得不堪入目"。（2011 年 1 月 19 日《京华时报》）

【翻译】very pornographic and very violent

黄色隐喻色情是汉语的隐喻映现模式，英语无此映现，译其概念意义。

哄客

【新义】指对公共事件或人物进行具有一定攻击性的道德、美学评判的匿名网民。由著名文化学者朱大可先生在 2005 年提出。（例）哄客是针对文化丑角的新式消费主体，享受丑角带来的狂欢，并通过收视率和点击率进行投票,在互联网上发表意见,发出震耳欲聋的声响。(2005年7月14日《经济观点报》)尽管有关网络信息自由和保护个人隐私之间的利弊权衡,在国内外的学术界依然存在争论,但国内"网络追缉"背后的"哄客"身影,却已达到了不可忽视的地步。(2006 年 9月 15 日 浙江在线)

【翻译】hoo-ha maker

"哄客"是指互联网上起哄、攻击和制造事端的网民。这类人在论坛上一哄而上,捕风捉影,推波助澜,大打口水仗,极尽起哄之能事。基于以上分析,可将"哄客"翻译为"hoo-ha maker",其中"hoo-ha"一词有"大惊小怪,吵闹起哄"之意,而"hoo-ha maker"的发音也与"哄客"相似。

互联网成瘾症

【新义】"互联网成瘾综合症"的略语,亦称"网络成瘾失调症"。该词源于英文"Internet Addiction Disorder",简称"IAD"。指上网行为冲动失控,长期脱离现实社会,从而引发生理机能和社会、心理功能受损的行为。(例)250 万青少年患互联网成瘾综合症(2005 年 7 月 12日 搜狐 IT)中学生"互联网成瘾综合症(IAD)"的防治工作(2007年 1 月 26 日 连江教育网)

【翻译】IAD (Internet Addiction Disorder)

该词是英语来源词,回译即可。

呼吸税

【新义】因呼吸排放二氧化碳而征收的税。(例)最近在广州举行的中国森林城市论坛上,中国科学院院士蒋有绪呼吁,政府"可以考虑让市民每个月买 20 块钱的生态基金"。其理由是,市民作为地球上二氧化碳的排放者,应该为节能减排付出代价。有媒体将此称为"呼吸税"。(2008 年 11 月 26 日《中国青年报》)蒋有绪建议征收"呼吸税"的新闻在各大论坛传开后,立即引起轩然大波。(2008 年 11 月 21 日《郑

州晚报》)

【翻译】breathing tax

换客

【新义】指通过互联网交换物品和服务，并享受交换乐趣的人。（例）参加"乱换"活动的"换客"普遍认可这种方式，他们认为与普通"交换"活动相比，"乱换"活动具有更高的成功率，也是一种结识新朋友的好方式。（2007 年 4 月 30 日 新浪网）一段时间以来，随着物价上涨，"换客"活动在哈尔滨呈增多趋势，以物易物，各取所需，渐成时尚。（2010 年 11 月 27 日 新华网）

【翻译】swapper

黄标车

【新义】"高污染排放车辆"略语，指排放量大、浓度高、排放稳定性差的车辆。这类车环保部门只发给黄色环保标志，故名。（例）然而，汽车环保限行却使"二手车"市场滋生出一种怪象：有人专门低价收购"黄标车"，再转卖到没有实施限行的欠发达城市。（2010 年 11 月28 日 新华网）2009 年北京淘汰黄标车数量为 10.6 万辆，加上 2010年新淘汰的 50372 辆黄标车，目前，北京市总共淘汰 15.6 万多辆黄标车，这意味着黄标车淘汰数量已经达到参加年检数量的 85%以上。（2011 年 1 月 19 日《北京商报》）

【翻译】yellow labeled car (heavy-polluting vehicles)

"黄标车"一词形象生动，但由于它是隐喻映现，英语无此映现，为保持生动性并使其易于理解，故加注译其概念意义。

婚活族

【新义】"婚活"是"婚姻活动"的略语。"婚活族"指积极参与各种与结婚有关的活动，以求职的态度和决心寻找结婚对象的人。"婚活"这一概念由日本学者山田昌弘提出。（例）"婚活族"大部分都是女性，随着年龄的增长，她们为结婚而抓狂，一切围绕着结婚而经营。（2009年3月18日 腾讯网）从"婚活族"的行为可以看出他们对婚姻生活的积极渴望，如果适当努力，有准备有目标地寻找另一半，往往会更有安全感。（2010年5月13日《新闻晚报》）

【翻译】marriage hunter

"婚活族"意为"为结婚而忙碌的人"。他们为了寻求理想的婚姻，积极地做着各种各样的准备，目标明确，犹如捕捉猎物的猎人，因此译为"marriage hunter"，其中，"hunter"指"努力寻找某物的人"。这一译文译出了"婚活族"的文化语义。

混搭

【新义】源于英文"Mix and Match"，时尚界流行用语。指将不同风格、材质和价格的元素进行搭配，产生全新的个性化风格。（例）混搭的最高境界应当是不露痕迹，你可将某件千元的小吊带裙外面加一件便宜的牛仔夹克，让人眼前一亮。（2006年6月14日《现代快报》）时下，年轻人穿衣大玩混搭，既彰显了个性，又展示出穿衣技巧。（2010年5月14日《重庆商报》）

【翻译】mix and match

灰色技能

【新义】指不大符合社会一般道德原则，不太光明正大的社交技能。如陪酒、伴舞、找关系、陪领导打牌，等等。（例）为了在白纸黑字的应聘条件之外更显优秀，近年来，一些求职者开始有意识地培养"灰色技能"，也就是学习喝酒、打牌和如何处理人际关系。（2010年11月9日《中国青年报》）专业人士建议，毕业生在求职时还是对自身进行正确的定位，面对就业难题时找准自身存在的问题，而不是一味的责怪自己缺少"灰色技能"。（2011年1月17日《大连日报》）

【翻译】grey skills

"灰色"转喻为不光明、不公开，消沉、沮丧，甚至沉沦等概念，英语无此转喻；"技能"是委婉说法，也是转喻映现，英语也不存在这种转喻。为了保留原文化色彩，"灰色"译其概念意义，而"技能"则译其文化语义，以保证译文的可读性。

红楼选秀

【新义】亦称"红楼梦中人"，指由北京电视台推出的为重新拍摄电视剧《红楼梦》而进行的新人演员选拔活动。（例）最近由北京电视台等推出的"红楼梦选秀"活动，则为大众"红楼热"继续加了一把火。（2006年9月13日《南都周刊》）红楼选秀带动红楼热 网上红楼中文域名叫价99万（2006年12月18日 新浪网）

【翻译】contest show of Red Chamber cast

婚宴黄牛

【新义】指炒卖婚宴席位以获取利润的人。（例）由于今年是"奥运年"，具有不同一般的纪念意义，许多新人选择在今年完婚，婚庆市场异常火爆，婚庆"牛市"催生"婚宴黄牛"，不少"婚宴黄牛"预定了酒店好日子的婚宴席位，从中"炒价"并谋取利润。（2008年8月8日《法制日报》）婚宴黄牛提前一年垄断良辰吉日 倒手可赚四位数（2010年12月3日 搜狐新闻）

【翻译】wedding reception scalper

该词译法参见"返券黄牛"。

孩奴

【新义】"孩子的奴隶"的略语，指因生养孩子而倍感经济压力的父母。（例）先当房奴再当孩奴，对于80后的年轻夫妇来说不是新鲜事。近日，一群80后的年轻父母齐聚资深心理咨询师阿木主持的阿木夜话，诉说自己当孩奴的烦恼。（2009年12月10日 腾讯网） 心理专家认为，因为恐慌将要成为"孩奴"而得了抑郁症，这样的准妈妈心理包袱背得太重。（2010年7月1日《石家庄日报》）

【翻译】child's slave

婚嫁大年

【新义】指婚嫁较多的年份。在中国，2006 年被称为"婚嫁大年"。（例）当青藏铁路顺利通车的喜悦传向大江南北，当双春闰月的婚嫁大年喜成万千新人的婚礼。这成双成对的喜悦，似乎同样是天作之合地自然契合了"双喜"的品牌名称及文化内涵。（2006 年第 10 期《国际广告》）

【翻译】wedding year

黑屏事件

【新义】2008 年 10 月 20 日起微软在中国推出两个重要更新——Windows 正版增值计划通知（简称 WGA）和 Office 正版增值计划通知（简称 OGA）。届时，盗版 XP 专业版用户的桌面背景每隔 1 小时将变成纯黑色，盗版 Office 用户软件上将被永久添加视觉标记。这一事件被称为"黑屏事件"。（例）微软黑屏事件提醒我国民族软件产业要提高竞争力，增强自主研发和创新的能力。（2008 年 10 月 28 日 中央电视台《朝闻天下》）黑屏事件之所以能给人留下如此深刻印象，主要倒不在于打击盗版，而是让中国人惊出了一身冷汗。（2009 年 11 月 5 日 网易财经）

【翻译】Black Screen

婚荒

【新义】指由于人口性别比例失衡造成的男性结婚困难的现象。（例）1 月 3 日发布的中国社会科学院 2008 年社会蓝皮书表明，我国 20 周岁以下人口性别比例严重失衡，未来可能会有超过 2500 万人面临"婚荒"。（2008 年 1 月 4 日《中国青年报》） 所谓"婚荒"，即男性在婚姻问题上"未就业就已失业"。（2010 年 11 月 21 日《合肥晚报》）

【翻译】bride shortage

华裔军团

【新义】指参加体育比赛的外国代表团中的华裔运动员和教练员。(例)"华裔军团"参加的项目可用"百花齐放"来形容，乒乓球、羽毛球、跳水、体操等中国传统优势项目自不必说，就是在一些非中国优势项目上，华裔运动员也逐渐变成"非稀缺资源"。(2008年7月24日 中国新闻网)北京奥运会，将是"华裔军团"最大规模的一次回家。为了回家，他们竭尽全力争取北京奥运会的参赛资格，为了能在祖(籍)国的土地上圆奥运梦，各国奥运代表团中的华裔运动员们，正厉兵秣马积极备战。(2008年8月11日《人民日报·海外版》)

【翻译】foreign athletes of Chinese origin

婚嫂

【新义】指以与人假结婚骗钱为职业的妇女。(例)"婚嫂"在伦理道德层面无法让人接受。但是婚姻自由，对于"婚嫂"一而再、再而三地结婚与离婚，我们无权干涉。(2007年5月29日《新民晚报》)不要以为万先生是"钻石王老五"，令这些女子趋之若鹜，她们都是把与人假结婚骗取动迁费当作职业的"婚嫂"。(2008年4月16日《新民晚报》)

【翻译】sham marriage woman

换乘族

【新义】指善于利用公交优惠政策，通过换乘节省乘车费用的人。(例)网上现公交优惠换乘"一元攻略" "故意换乘族"现沪上(2009年4月22日 上海新闻)福州3成电摩族欲变"换乘族" 或增设两车停放点(2010年8月25日《中国日报》)

【翻译】transferring clan; commuters who change buses to save money

婚考

【新义】"婚姻资格考试"的略语，指为保障婚姻质量而设立的专门考试。参加考试且成绩合格者方准予结婚。此概念由女作家苏岑提出。
（例）苏岑还总结了婚考的内容，包括 5 个方面：家务劳动、情感耐受
力、危机应对力、家庭关系处理、子女教育问题。（2009 年 4 月 4 日
《广州日报》）日前，网上惊现雷人"录用老公考卷"，紧接着，女作家
苏岑提出这样的观点：中国应设立婚姻准入资格考试，不通过"婚考"
的人无权结婚。（2009 年 4 月 24 日《时尚女报》）

【翻译】marriage qualification exam

红牌专业

【新义】亦称"高失业风险型专业"，指连续两年位列全国失业率前 10
名或失业量前 10 名的学科专业。（例）专家建议，梳理热门和冷门专
业，建立预警机制，对红牌专业进行限制，对黄牌专业给予警示。（2009
年 12 月 28 日　腾讯网）最近国内一家调查机构推出了《2010 年中国
大学生就业蓝皮书》，在书中，大学本科和高职的 10 个专业因学生就
业困难而被预警，其中，动画、法学、生物技术、生物科技与工程、
数学与应用数学等 10 个大学本科专业因为就业困难被列为"红牌专
业"。（2010 年 5 月 17 日　广西新闻网）

【翻译】red card major

黄牌专业

【新义】指位列红牌专业之后，同时进入全国应届毕业生失业率和失业
量上升最快的前 25 名的专业。（例）专家建议，梳理热门和冷门专业，
建立预警机制，对红牌专业进行限制，对黄牌专业给予警示。（2009
年 12 月 28 日　腾讯网）　"黄牌"专业有 13 个，是指除"红牌"专业
外，失业量较大，就业率也持续走低，且薪资较低的专业。（2010 年
10 月 26 日《信息时报》）

【翻译】yellow card major

航天母舰

【新义】指一种巨型宇宙飞船，可以在离地面 3.6 万千米的太空与地球同步飞行。（例）据悉，美国现已设计出的一艘航天母舰可以配备由近百名宇航员组成的航天军，他们都受过专门的航天作战训练，善于在太空中刺探情报和打击敌方目标。（2006 年 10 月 25 日　星岛环球网）2009 年，中国争论了十几年的航空母舰话题，终于尘埃落定，激起社会上的阵阵欢呼。但笔者却深感忧虑，因为当中国的航母刚从头脑中跳到纸上，美国的"航天母舰"已经在浩茫的太空试飞成功。（2009 年 6 月 26 日《中国青年报》）

【翻译】space carrier

J

基民

【新义】"基金持有者"的略语。"基民"由"股民"转喻生成。(例) 2008 年,7 成基民期望的平均年投资回报仅是 20% 至 30% 左右。仅有 3 成基民热盼能够在 50% 以上。(2008 年 2 月 3 日《北京晚报》)"基民从最初不明白单位净值和累计净值,到现在学会进行基金的组合投资。"基金业经历这十年来的发展,在基金公司慢慢扩大和完善的同时,基民也在一起成熟着。(2009 年 8 月 2 日《21 世纪经济报道》)

【翻译】fund holders

"基民"即"投资基金持有者",因此译其概念意义。

急婚族

【新义】指为了利益或迫于父母压力而急于结婚的人。(例)"急婚族"的出现,是一种世俗社会的普遍现象,是社会转型期出现的金钱崇拜和家庭婚姻关系的异化,在某种程度上,是由于就业压力、生活节奏等社会原因造成的,但如此形成的婚姻关系能维持多久令人深思。(2007 年 2 月 5 日 搜狐新闻)在"急婚"之前,最好和孩子商量一下,尊重孩子的想法。否则,在相亲过程中很容易让对方产生不快或警觉,"急婚族"最终反倒容易成为"缓婚族"甚至是"短婚族"。(2007 年 10 月 30 日《洛阳日报》)

【翻译】wedding rusher

该新词的语义是指仓促结婚的人。"rusher"指"仓促、匆忙行事的人",

故译为"wedding rusher"。

寂寞党

【新义】指热衷于使用"哥……的不是……，是寂寞"这一网络流行语的人。（例）网络上的一张恶搞图造就了"寂寞"句式，并以病毒般的速度蔓延。"我发的不是帖子，是寂寞。""我呼吸的不是空气，是寂寞。"热衷于此的网友被称为"寂寞党"——继"贾君鹏"之后，引领着新一轮网络流行语的风向。（2009 年 7 月 28 日《中国青年报》）寂寞党的产生，可以诠释为网民的"群体无意识"状态。（2009 年 12 月 27 日 红网）

【翻译】online lonely clan

"寂寞党"中的"党"喻指某一群体，"寂寞"则译其概念意义。

假日经济

【新义】指人们利用假日集中购物、旅游等消费行为带动经济发展的综合性经济模式。（例）1999 年国家确立一年三个"黄金周"长假时，主要是基于当时内需不足，希望通过"假日经济"带动消费拉动内需。（2008 年 10 月 5 日《羊城晚报》）如今的二手车市场与往年已有不同，一方面季节性因素对二手车交易规模的影响越来越弱，各月份的销量都比较均衡，另一方面中秋节、国庆节等假日对二手车销量的促进作用有限，二手车市场不会出现明显的假日经济。（2010 年 10 月 8 日《中国汽车报》）

【翻译】Holiday Economy

"假日经济"并非中国特色，而是经济发展到某种阶段后的产物。西方发达国家也曾经历过假日经济浪潮，汉语中的假日经济概念源于英语的"Holiday Economy"。

加急时代

【新义】指生活、工作节奏过快的时代，反映了当前人们生存状态的特征——急躁、焦虑。（例）调查中，50.4％的受访者确信，像邓裕强这样"自我要求高，不甘人后"的状态，是"加急时代"的重要表现之一。（2007年7月2日《中国青年报》）从"加急时代"到"最着急、最没耐心的人"，连续创造十几年世界经济奇迹的中国人，在奥运会上摘金夺银、创造体坛奇迹的中国人，近日又连创"新纪录"，先是戴上"最拜金国家之一"的帽子，又成了"世界上最着急、最没耐心的人"，成了最不耐烦的"急之国"。（2010年8月16日《沈阳日报》）

【翻译】stress-laden era

"加急时代"强调当前人们生存压力大、竞争激烈、情绪急躁，用释意法译其概念意义。

交通协管员

【新义】指受雇于公安部门、帮助维持交通秩序的编外员工，协助交警管理交通及相关事宜。（例）交通协管员的诞生，固然壮大了交通管理队伍，更好地维护了交通秩序，但也有市民质疑交通协管员执勤到底是工作创新还是执法的不严谨。（2009年8月25日《南方日报》）此次培训时间之长、内容之多创历年来交通协管员培训之最，旨在打造一支业务能力强的交通协管员队伍。（2010年2月25日《包头晚报》）

【翻译】traffic warden

"交通协管员"英文为"traffic warden"。但英语中的"traffic warden"含义较窄，等同于我国的路段协管员，只负责处理违章停车、开具罚单等，使用该词时应予注意。

简单方便女

【新义】亦称"三不女"，指不做作、不拜金、不折腾，性情温和，会过日子的女子。（例）《蜗居》热播后，里面关于房子的渴望和纠结，引起空前的社会共鸣，使那些原本不起眼的"经济适用男"和"简单方便女"得到了热捧，女人纷纷将目光从"钻石王老五"转移到了"经济适用男"身上，男人也觉得"简单方便女"更省事、更实惠些。既然经济适用，简单方便，何乐而不为呢？（2009 年 12 月 31 日《广州日报》）男士"简单方便女"择偶标准引争议 被指"三从四德"（2010 年 8 月 30 日 广西新闻网）

【翻译】3W ladies (ladies characterized by wise consumption, wise decision, and wise comparison)

该词的文化语义鲜明，翻译宜体现这一语义特征，翻译应加注释。

嚼吧

【新义】①指设在高档写字楼内，面向白领，通过咀嚼口香糖舒缓压力和紧张情绪的新兴休闲场所。②箭牌咀嚼益处推广计划的一个主题活动。（例）此"嚼吧"活动是箭牌中国举办的系列校园心理减压活动，嚼吧中设置包括投篮机、打地鼠、WII 等等有趣的减压游戏。（2010 年 3 月 17 日《武汉晨报》）眼下，在杭州的职场人群中悄然兴起了一股"口香糖小歇"风潮，"职场一族"纷纷尝试借助咀嚼口香糖来舒缓、排遣工作压力带来的紧张情绪，一家写字楼甚至专门为此开设了"嚼吧"，供人嚼口香糖、放松心绪。（2011 年 1 月 13 日 中国健康网）

【翻译】①gum club ②take a gum break

"嚼吧"的翻译需要具体对待。当"嚼吧"指"通过咀嚼口香糖舒缓压力和紧张情绪的休闲场所"时，可翻译为"gum bar"；当它指"边嚼口香糖，边玩游戏的减压活动"时，可翻译为"take a gum break"。

胶囊旅馆

【新义】指客房面积微小的旅馆。客房通常分两层挨个陈列，犹如整齐撂放的"胶囊"，故名。（例）业内人士表示，由于目前国内低端住宿市场的先机已被客栈、青年旅社、招待所等不同业态所占领，并不是很看好"胶囊公寓"的发展前景。（2011 年 1 月 8 日《新闻晚报》）为了压缩成本，胶囊旅馆的安全保障主要交给摄像头。在更衣室、过道等区域，都有摄像头，以便前台监控。（2011 年 1 月 17 日《羊城晚报》）

【翻译】capsule hotel

该词源自日语的英译文，已为英语世界所接受。

胶囊公寓

【新义】借鉴"胶囊旅馆"的模式修建的"微型公寓"，每间面积不足两平方米，却可满足基本的生活需要。（例）黄日新是去年在报纸上偶然看到日本的"胶囊旅馆"后，萌发了自己建造"胶囊公寓"的想法。他表示建造这样的公寓不为赚钱，只想找到一种解决刚毕业大学生过渡房问题的办法。（2010年4月2日 中国新闻网）蓝色的被子、白色的毛巾、黑色的手机、几双运动鞋一字摆开，金黄色的湖人队的全家福"走"上墙壁，干净的衣服随意搭在铁杆上……打开厚厚的铁门，布置一新的"胶囊公寓"显得温馨而整齐。（2010年4月12日《北京日报》）

【翻译】capsule apartment

我国的"胶囊公寓"的想法源自日本的"胶囊旅馆"，二者虽然在建造目的与功能上存在差异，但都以房间面积微小，如胶囊一般而著称。由于 capsule hotel 是英语现存词，因此仿照"胶囊旅馆"的英译名，译为"capsule apartment"，以区别于日本的"胶囊旅馆"。

结石宝宝

【新义】专指中国因食用含有三聚氰胺的婴幼儿奶粉而患上"双肾多发性结石"和"输尿管结石"的病例的婴幼儿。（例）进入牛年，本寄望可以"牛转乾坤"、挥手彻底告别去年不堪回首的三聚氰胺事件的乳品行业，却因为新一拨"结石宝宝"的父母走出台前，而又重新陷入泥潭，各界的目光也聚焦在新添加的企业名单上。（2009年2月28日《羊城晚报》）"三聚氰胺"，一个李云员感到陌生的名字——这是所有"结石宝宝"的共同病因。（2010年4月9日 新华网）

【翻译】stone babies

该词文化语义突出，如译为英文则由于缺乏相应文化语境，读者可能费解，因此译其概念意义。

结构性减税

【新义】"有增有减，结构性调整"的一种税制改革方案，强调有选择地减税，于 2008 年 12 月召开的中央经济工作会议中提出。（例）财政部在 2010 年 12 月 31 日年度会议的公报表示，继续实行结构性减税是 2011 年积极财政政策的重要内容之一。（2011 年 1 月 4 日《第一财经日报》） 业内专家普遍认为，财政政策的适度扩张应该是通过结构性减税的方式而不是增加开支，这有利于"扩内需，保增长"。（2011 年 1 月 14 日《证券日报》）

【翻译】structural tax reduction

节奴

【新义】"节日的奴隶"的略语，指为重大节日消费、交际而饱受压力的人。（例）"节奴"何必愁过节 学会选择支付方式巧省钱（2010 年 9 月 16 日《中国日报》）民间自古有"过节如过关"的说法，逢年过节走亲访友，破费肯定是少不了的，再加上节日期间各商家打折促销诱人，不止年轻人，各年龄层次的人或多或少都沦为了"节奴"。（2010 年 10 月 13 日《大连晚报》）

【翻译】festival slave；a slave to the festival

该词的"奴"意为如奴隶一般，受制于各种假日的经济压力。"奴"(slave) 在英语中具有与汉语相同的概念意义，故以 slave 译之。

解说门

【新义】指 2006 年世界杯足球赛期间，中央电视台一解说员因口误而引发的事件。（例）解说门"让黄健翔名利双收，是'福'，不是祸"。（2006 年 7 月 20 日《法制晚报》）在今年夏天的世界杯"解说门"事件中，黄健翔的激情解说，引起轩然大波。（2006 年 11 月 24 日《南方日报》）

【翻译】commentary scandal

金融救市

【新义】源于英文"bailout",指政府采取财政措施帮助市场度过金融危机。(例)美参议院通过金融救市方案　总金额扩大到八千五百亿美元　(2008 年 12 月 2 日《新民晚报》)金融救市掀起第二波　多国相继出台新一轮计划(2009 年 1 月 25 日　中国新闻网)

【翻译】bailout

"金融救市"为英语来源词。

金融海啸

【新义】指 2008 年美国次贷危机引起的全球范围内的金融危机。(例)在全球化深入发展、"我们彼此相关"的今天,作为世界经贸大国的中国不会成为金融海啸中的"安全岛",中国青年的成长和发展不可避免地因此受到影响。(2008 年 11 月 14 日《中国青年报》)香港特区行政长官曾荫权出席亚洲金融论坛致辞表示,环球经金融海啸后,全球经济重心由西转东,香港藉中国增长及经济改革获庞大商机,并指香港正发挥东西之间的桥梁角色。(2011 年 1 月 17 日　财华社)

【翻译】financial tsunami

该词是英语来源词。由美国次贷危机引起的华尔街风暴,最终演变为全球性的金融危机。其过程发展之快、影响之巨,人们始料不及。其中"海啸"是隐喻映现,中英文化具有相同的映现,故回译。

金牌学历

【新义】指世界冠军被高校破格录取后经过学习获得的学历。(例)奥运冠军们的"金牌学历"熠熠生辉,其中很多人都是由大学破格招募而来,这更像是针对金牌的奖励和馈赠,也正是很多人对"金牌学历"颇有微词的根源所在。(2008 年 8 月 18 日《新民晚报》)金牌学历这个历久弥新的话题,不得不被人再次提起。(2010 年 9 月 8 日《成都商报》)

【翻译】gold-medal education

"金牌学历"并非指"优质教育",而是一些大学为吸引奥运冠军而提供的免费教育。在拥有"金牌学历"的奥运冠军之中,很多人都是由大学破格招募而来,这更像是针对金牌的奖励和馈赠,也正是很多人对"金牌学历"颇有微词的根源所在。基于以上分析,将"金牌学历"翻译为"gold-medal education",基本上反映了该词的文化语义。

禁塑令

【新义】亦称"限塑令",指中央政府关于禁止使用塑料袋购物的规定。(例)根据国家的禁塑令,从 6 月 1 号开始,禁止生产超薄塑料袋。(2008年 4 月 12 日 中央电视台《朝闻天下》)2008 年 6 月 1 日,中国国务院下发的《国务院办公厅关于限制生产销售使用塑料购物袋的通知》(简称"禁塑令")在全国实施,一年多来,塑料袋的生产、销售、使用并未得到有效的控制,白色污染仍在泛滥。(2010 年 1 月 26 日 新华网)

【翻译】ban on plastic bags

井喷

【原义】油气行业的专业术语。指地层中石油或天然气突然大量地喷出地面或流入油井或汽井中。

【新义】比喻经济爆发式增长。(例)新疆与中石油、中石化、中国化工等大型企业集团确定新疆石油石化发展战略规划,新疆石油石化产业呈"井喷"式发展。(2004 年 12 月 23 日《人民日报·海外版》)前两年的车市井喷使多数厂家都过高估计了今年的车市增长,面对汽车市场"过山车"般的一再探底,厂商们在年初争先恐后提出的雄心勃勃的销售目标,已经成了他们心中最深的隐痛。(2004 年 12 月 23 日《国际金融报》)

【翻译】skyrocket;increase exponentially

"井喷"是由隐喻机制形成的新词,将井喷的快速突然特征映射到股市、房市、车市等快速增长的状态。译为"skyrocket"或者"increase exponentially", 以传达其文化语义。

经济适用房

【新义】指已经列入国家计划，由城市政府组织房地产开发企业或者集资建房单位建造，以微利价向城镇中低收入家庭出售的住房。（例）未来经济适用房将主要满足国家重点工程搬迁、奥运建设搬迁、城区危旧房改造和文化保护区搬迁范围内的居民，由市政府统一分片、分区销售。（2005 年 9 月 10 日《21 世纪经济报道》）一路走来，经济适用房在一定程度上切实解决了一部分中低收入家庭的住房困难，然而却始终没有成为市场上的供应主体，而且屡遭质疑，饱受非议，走入尴尬境地。（2007 年 11 月 16 日《钱江晚报》）

【翻译】Economical Housing; residence houses for low-and-medium wage earners

虽然在发达国家也有类似我国经济适用房的住房制度，如美国的 "affordable housing"，但它们之间并不完全相同，"affordable housing" 主要用于租房者，而我国的经济适用房是购买的。经济适用房是一种制度安排，文化语义差异明显。为突出汉语的这一特征，采用新词翻译，以区别不同的文化语义。

经济适用男

【新义】亦称"经济适用型男"，简称"经适男"。指外貌与经济实力一般，但性情温和、有责任感、顾家的男人。（例）现在女孩子又流行找经济适用男，经济上过得去就行。（2009 年 4 月 21 日 北京人民广播电台《行家》）"经适男"比"奢侈男"经济略差，但在社会上仍具优势，关键是"视家庭为生命"的性格决定了他们会将大部分收入投到家里。（2009 年 2 月 28 日《北京青年报》）

【翻译】budget husband

"经济适用男"由"经济适用房"一词发展而来，所谓"经济"，是指此类男性虽然月薪不高，但花钱节制；所谓"适用"，是指他们有责任感，适合作丈夫。基于以上分析，可将"经济适用男"翻译为"budget husband"，其中，"budget"意为"花钱少的，有利于节省费用的"，而"husband"则点明其适合做丈夫的特点。

囧

【原义】光；明亮。

【新义】在网络中，"囧"被赋予郁闷、尴尬、无奈等新义。"囧"好似人面部双眉下垂，如悲伤、沮丧、郁闷的样子。从读音上看，普通话的"囧"与"窘"同音，容易让人联想到"窘境"、"窘况"、"窘涩"等词语。（例）爆笑喜剧电影《人在囧途》自6月4日全国上映以来票房一直蹿红，未到一周就已轻松突破千万元。（2010年6月9日 网易娱乐）范玮琪黑人忘记登记结婚 明星囧事大盘点（2011年5月21日《重庆时报》）

【翻译】①be sunk ②awkward; embarrassed ③awkward and helpless; totally powerless

该词语的语义源于汉语字形与人在前述情形下面部表情的相似性，是隐喻生成的文化语义。英语词没有类似的形态或读音，仅译其概念意义。对应该词的多个义项，分别翻译。

掘客

【新义】指在互联网上发掘信息、传递知识、分享快乐的人。（例）都说2005年是博客年，当朋友相见的流行语变为"今天你博了吗？"之时，一种新型的交流方式已悄悄在网友身边出现——那就是掘客。（2006年8月30日《钱江晚报》）在"掘客网"上就可这么干，那些热衷提交新闻和评价的网民被称为"掘客"，看到不错的文章就"掘"一下，让更多人来分享。（2008年3月24日《南方周末》）

【翻译】digger

"掘客"是引入的英语概念，回译原英语词。

江选

【新义】《江泽民文选》的略语。（例）《江选》不仅是各级领导干部学习的理论读物，也是普通群众阅读的生动教材。（2006 年 8 月 10 日 人民网）李长春：进一步把学好用好《江选》活动引向深入（2006 年 9 月 25 日 中国新闻网）

【翻译】Selected Works of Jiang Zemin

该词仿"毛选"、"邓选"而来，用释意法译其概念意义。

敬礼娃娃

【新义】①指在四川地震中被救援官兵从废墟中救出来后，以一个敬礼感动全中国的 3 岁小男孩郎峥。②贵州省的大山深处，很多常年走山路上下学的中小学生甚至学龄前儿童在经过公路遇到车辆时，都向过路车辆敬少先队礼，以达到让司机注意减速行驶的目的，这些孩子被称为"敬礼娃娃"。（例）被埋 178 个小时后成功获救的马元江和敬礼娃娃郎铮现在都被转移到外省治疗了，他们的情况治疗怎么样呢？（2008 年 5 月 27 日 中央电视台《新闻联播》）事实上，"敬礼娃娃"并不是黄平独有的现象。在贵州省的大山深处，很多常年走山路上下学的中小学生遇到车辆时，都被要求向车辆敬队礼，以达到让司机注意减速行驶的目的。（2008 年 10 月 15 日 新华网）

【翻译】Salute Boy; Salute Children

"敬礼娃娃"为中国特有的现象，译其概念意义。

金融危机宝宝

【新义】金融危机时期，职场女性借怀孕之机既可避开裁员，又可回家带薪休假。这期间生下的宝宝叫金融危机宝宝。（例）在一年前，她还曾经振振有词地声称绝对不扎堆凑热闹生"奥运宝宝"，结果担心被裁员的她还是匆忙怀上了"金融危机宝宝"。（2008 年 11 月 17 日 天津人民广播电台《打开晚报》）"金融危机宝宝"风 妈妈别乱跟（2009 年 3 月 27 日《广州日报》）

【翻译】Babies of Financial Crisis

禁娱令

【新义】指禁止党政机关工作人员违规参加营业性娱乐活动的政令。（例）党政机关人员"禁娱令"来得太晚了（2009 年 6 月 3 日 浙江在线）某省纪委、监察厅日前联合发出"禁娱令"：明令禁止党政机关工作人员违规参加营业性娱乐活动。（2009 年 6 月 9 日《新民晚报》）

【翻译】ban on entertainment

基础四国

【新义】指中国、印度、巴西和南非四国。因这四国的英文名称的开头字母可以组合成英文单词 BASIC（基础），故名。（例）11 月 27 日，国务院总理温家宝在北京中南海紫光阁会见参加中国、印度、巴西、南非"基础四国"气候变化部长级协调会的外方代表和七十七国集团的代表。（2009 年 11 月 28 日 中央人民广播电台《新闻和报纸摘要》）

【翻译】BASIC（Brazil, South Africa, India, China）

假捐门

【新义】指当事人公开承诺捐款实际却没有兑现的事件。（例）6 月 14 号，易中天又发表博文，调侃起了余秋雨和"假捐门"事件。（2009 年 6 月 16 日 上海广播电视台《新娱乐在线》）刚刚遭遇"泼墨门"、"小三门"、"换角门"的章子怡再一次面临事业危机——"假捐门"。（2010 年 1 月 31 日 四川在线）

【翻译】donation scandal

禁痰日

【新义】为倡导不随地吐痰而设立的节日。（例）据介绍，为提倡讲卫生的生活方式，根除部分市民随地吐痰的陋习，北京计划在年内将某日定为"禁痰日"，具体日期及相关内容正在商讨之中。（2008 年 2 月 29 日《羊城晚报》）如果只是倚重"禁痰日"这样的单一手段，甚至

扭曲为罚款经济，恐怕就只能适得其反——因为"心里的痰比口里的痰更可怕"。(2008 年 3 月 13 日《南方日报》)

【翻译】No Spitting Day

脚踏发电车

【新义】指一种自发电式健身车。健身者通过脚踏，经皮带轮带动发电机产生电能，通过健身车上的插座即时供电或储存在蓄电池中备用。(例)"脚踏发电车"是脚踏发电机与健身器械的结合体，车的上部有手摇、脚踏装置，下部配有相应的蓄电池。(2008 年 11 月 17 日《北京青年报》)近日，6 台"脚踏发电车"在东高地街道万源东里社区健身广场亮相，粉红色的新式健身器械立即吸引了爱好健身的社区老人们，大家纷纷骑上发电车体验体育健身和人力发电同步进行的乐趣。(2008 年 11 月 18 日《北京晚报》)

【翻译】pedal generator

家里蹲族

【新义】亦称"蛰居族"，指长期待在家中自我封闭，拒绝外出上学、工作的避世者。(例)日本德岛大学临床心理学教授木广境说，一些"家里蹲族"出于心理原因才拒不出门，如果接受适当治疗，有望回归正常生活。(2008 年 8 月 24 日《新民晚报》)目前日本的"家里蹲族"数量估计在数十万至上百万之间，保健所等机构虽然也提供咨询服务，但缺乏专业的咨询窗口。(2008 年 8 月 24 日 中国新闻网)

【翻译】hikikomori

源于日语"hikikomori"，该词作为英语单词被《牛津英语词典》收录。

结石门

【新义】因食用含有三聚氰胺的问题奶粉致使许多婴幼儿患肾结石的事件。(例)卫生部高度怀疑三聚氰胺污染、身陷"结石门"的石家庄三鹿集团股份有限公司声明，立即对 2008 年 8 月 6 日以前生产的三鹿婴幼儿奶粉全部召回。（2008 年 9 月 12 日 新民网）新一轮奶粉风暴席卷全国，多美滋深陷其中。但在媒体报道十余天后，多美滋"结石门"仍旧打着一个大大的问号。（2009 年 2 月 20 日《潇湘晨报》）

【翻译】stone babies scandal

家务甩手族

【新义】指雇用钟点工完成家务的人，主要是年轻人。（例）不愿做家务 依赖钟点工 80 后小夫妻成"家务甩手族"（2008 年 9 月 2 日《新民晚报》）本报记者就此在首府进行调查发现，做家务，这件和生活密不可分的事情却成了大多数独生子女的难题，他们以学习忙工作忙为借口，成了家务甩手族。（2009 年 3 月 30 日《北方新报》）

【翻译】housework-hands-off people

禁赛门

【新义】指国际足联对伊拉克议会解散足协的决定提出警告，并有可能对其作出禁赛一年处罚的事件。（例）全球禁赛令发出三天后，国际足联有条件地解除了对于亚洲新科冠军的"全球封杀"，伊拉克的"禁赛门"事件告一段落，他们也将继续参加之后的世预赛。（2008 年 5 月 29 日 腾讯体育）此封来信是伊拉克政府为改变"禁赛门"被动局面而迈出的重要一步，但这并没有完全解除国际足联对伊拉克政府欲控制伊拉克体育协会和伊拉克奥委会的担心。（2008 年 5 月 30 日 中央人民广播电台《体育天地》）

【翻译】Iraqi Football Association suspension incident

酱油男

【新义】指对公众事件淡漠或不愿发表言论的男性。由网络流行语"打酱油"衍生而来。（例）去年"艳照门"出来时，广州电视台记者到街上随机采访市民，当问到一大哥时，此兄一脸无辜两眼茫然：俺不知道，不关俺的事，俺就是出来打酱油的。由此"酱油男"一词在网络成为笑谈，甚至派生出了"酱油族"等网络用语。（2008 年 6 月 25 日《北京青年报》）易建联身先士卒全场狂砍 31 分、5 个篮板，创造了个人生涯得分新高、命中率赛季新高，彻底扔掉了赛场"酱油男"的恶名。（2010 年 3 月 28 日《重庆商报》）

【翻译】soy sauce man

汉语独有的现象，仅译其概念意义，在相应的语境中应加注释。

加分门

【新义】指考生通过伪造虚假信息获得高考加分而引发的丑闻。（例）在浙江"加分门"之后进入公众视野的重庆"加分门"事件，最终有 15 名相关领导干部受到行政处分，31 名违规加分考生被取消高考成绩。（2009 年 6 月 13 日《北京青年报》）在此基础上，坚决取消高考加分政策，真正杜绝金钱、权力购买及交换教育机会的行为，让千夫所指的"高考加分门"从此寿终正寝。（2011 年 1 月 6 日 华声在线）

【翻译】college entrance bonus point abuses

K

开胸验肺

【原义】指通过手术方式打开胸腔，以查验肺部所患是职业病"尘肺"还是普通肺病。

【新义】泛指当事人在无奈的情况下采取最直接的方式去验证某些事物状态的方法。（例）张海超开胸验肺的自救之路（2009年7月29日 中央电视台《新闻会客厅》）张海超被迫"开胸验肺"主要原因有两个，一是他所供职的企业没有向职业病防治机构提供职业病的有关材料，二是法律规定只有职业病防治机构有权认定工伤，而数家医院中恰恰只有郑州市职业病防治所没有认定张海超为工伤。（2009年7月25日 中央人民广播电台《新闻纵横》）

【翻译】proving innocent by hurting himself

就"开胸验肺"的概念意义而言，可以翻译成"the event of thoracotomy for open lung examination"。作为中国的一个新闻事件，其文化语义则表示当事人无助状态下的无奈之举，因此采用上述译法。

考霸

【新义】指那些频繁参加某种或多种考试且成绩优异的人。（例）各大媒体对四川南充考生张非四次参加高考，一次考进北大两次考进清华的传奇经历进行了热议，并送之以"考霸"的头衔。（2008年9月16日 《科教新报》）公务员"考霸"为何丧失创业激情？（2010年9月21日 《大河报》）

【翻译】master examinee

考奴

【新义】也叫"证奴"。即将毕业的大学生因准备连续的多种考试以取得各种证书，以此增加自己的就业机会，不得不在各种培训与考试中疲于奔命。（例）在北京小升初的沙场上，有多少优秀的孩子，背后就得有多少狠心的父母。今年轮我当"考奴"。（2009 年 3 月 4 日《中国青年报》）别让孩子成为考奴。作为家长，你肯定抱着"望子成龙望女成凤"的希望，所以你逼着他们不断参加各种"多余的"考试，比如小升初的择校考试、钢琴等级考试等等。但是别忘了，孩子小小的肩膀承载不起那么多期望。（2010 年 4 月 13 日 《楚天都市报》）

【翻译】slave of certificates

考试门

【新义】指与考试有关的丑闻。（例）中央音乐学院梁茂春考试门女主角邹佳宏照片，在 2009 年的博士生招生考试中，梁茂春接受女性考生邹某某大量财物。（2009 年 8 月 19 日 中国山东网）"考试门" 8 人受牵扯 成绩取消（2010 年 5 月 14 日 《国际旅游岛商报》）

【翻译】examination scandal

考碗族（考碗一族）

【新义】指全国各地通过公开考试谋取公务员岗位的高校毕业生，近年其人数已超过百万。由于各级政府机关公务员岗位被称为"金饭碗"或"铁饭碗"，因此这类人有此称谓。（例）《今日早报》说，"考碗一族"是指找工作专门参加公务员考试或事业单位招聘考试的，打死也不去企业，不考到"金饭碗"誓不罢休。（2007 年 4 月 11 日 中央电视台《第一时间》）现在，地方公务员考试马上就要开始了，不少考碗族们开始忙乎了。（2007 年 3 月 14 日 上海东方电视台《媒体大搜索》）

【翻译】gold-bowl seekers

"考碗族"以考取中央政府公务员岗位为主,而中央国家机关公务员职位被喻为"金饭碗"。"考碗族"故有此译法。

啃老族

【新义】又称"吃老族"或"傍老族",是指一些不升学、不就业的年轻人群体。"啃老族"年龄普遍在 23 岁~39 岁之间,有就业能力,且往往有工作机会,但仍靠父母供养。社会学家称之为"新失业群体"。(例)近年来随着社会生活方式的转变,年轻一代中的"啃老族"开始出现,这令延续了千年的"养儿防老"的传统观念开始动摇——子女不但不想或者没能力照顾父母,父母年迈的肩膀上反过来还要承担起子女的经济需求:从日常生活到买房结婚。(2010 年 12 月 1 日 《汕头日报》)以"啃老族"而言,就业难、CPI 走高、房价"发热"等在某种程度上造就了年轻的"啃老"一族。(2010 年 11 月 17 日《上海法治报》)

【翻译】NEET group

NEET 为英语来源词,全称是"Not currently engaged in Employment, Education or Training",最早使用于英国,之后在其他国家也逐渐使用。在英国英语中,"NEET"指啃老族的一员,"NEET group"指啃老族群体。美国英语则称之为"boomerang child/kid"。

啃薪族

【新义】指同时与多家物流企业达成就职意向,试用期结束后领取工资就离开该企业,并通过这种方式轮流在各个公司的试用期领取按劳动法规定的工资的人。(例)干线物流企业发展快,就业门槛低,因此员工素质参差不齐,其中不乏只瞄着薪酬的员工,企业把这种人称为"啃薪族"。(2008 年 9 月 3 日《新民晚报》)这样的"啃薪族"在物流行业中非常常见,他们不仅没给单位做任何贡献,也没有任何拿不到薪酬的生活压力,但却给公司带来巨大的人力成本损失。(2008 年 9 月 8 日 中国物通网)

【翻译】persons living on probationary period wage by deceit

啃薪族其实是通过欺骗行为骗取薪金，因此加入 by deceit，以表述其文化意义。

孔雀女

【新义】从小到大生活上顺风顺水，受父母溺爱成长的女子。内心单纯，衣食无忧，崇尚纯真爱情，但有的喜欢"开屏"，有意无意炫耀，爱慕虚荣，往往全身名牌。（例）有的"孔雀女"从来不知道金钱的重要性，择偶时，也不把男人的经济实力当作首要的考察内容。（2009 年 7 月 31 日《三江都市报》）"孔雀女"在城市长大，从小到大顺风顺水，没遇到"凤凰男"类似的家庭经济状况。（2009 年 7 月 23 日《沈阳日报》）

【翻译】silk-stocking lady

"孔雀女"强调受父母娇宠，因此英译文相应强调这点，故译为"silk-stocking lady"。

控

【新义】指极度喜欢某种事物的人。"某某控"的结构是从日语借来的，而日语中的这个"控"则源于英文单词"complex"（情结）。（例）欧洲游成"购物控"新宠（2010 年 11 月 3 日《温州都市报》）但由于"迷恋"微博，网友中出现一大批"微博控"，他们没日没夜地上微博，一上就是十多个小时，甚至放弃睡眠时间。（2010 年 12 月 10 日《辽宁日报》）

【翻译】complex

日语外来词汇。日语中"控"的读音与"complex"开头的音相近，日本人就用"控"来表示具有某种情结的人。用"控"对译"complex"（情结），既有读音的对应，又有意义的结合。

抠抠族

【新义】生活节俭或常常利用各种优惠券、折扣券消费的年轻人。（例）

"抠抠族"的出现，是对奢侈的摒弃，强调简洁、自然的生活。其本意就是把一切多余的东西全部拿掉，只留下最精华的部分。（2008 年 7 月 25 天津人民广播电台《理财百事通》）"抠抠族"会把富日子当穷日子，不要奢侈的浪费，而是要精打细算地过日子，"一分钱掰两半儿花"。（2010 年 9 月 30 日 《广州日报》）

【翻译】frugal clan

快闪族

【新义】"快闪族"是新近风靡国际的一种嬉皮行为，可视为一种短暂的行为艺术。简单地说，就是一群"闪客"通过网络约定一个指定的地点，在明确指定的时间内同时做一个指定的不犯法却很引人注意的动作，然后迅速散开。（例）下午 4 点 08 分，一声哨响，几十名"快闪族"集体拍手，朝不同方向离开，短短 10 几秒后，天一广场又恢复原状。（2009 年 11 月 3 日 《大江晚报》）随着一曲熟悉的《Beat it》响起，潮人们开始自觉形成方阵热跳 MJ 经典舞步。在聚拢的人群中，不断有观者加入共舞，转瞬间就聚集了近 200 名"快闪族"。（2009 年 8 月 30 日《南方都市报》）

【翻译】flash mob

英语来源词。"定格族"也可用这个译法，参见词条"定格族"。

L

垃圾轨道

【新义】指距地球表面约 800 公里处聚集着失效卫星等太空垃圾的轨道。（例）国防部新闻处发言人伊万诺夫解释说，距地球表面约 800 公里的太空轨道被称为"垃圾轨道"，那里聚集着各国的失效卫星。（2009 年 2 月 13 日 中央电视台《朝闻天下》）俄罗斯国防部新闻处发言人伊万诺夫 12 日对新华社说，此次相撞可能是美方卫星错误闯入太空"垃圾轨道"造成的。（2009 年 2 月 16 日 《21 世纪经济报道》）

【翻译】orbital debris

英语来源词。

赖捐

【新义】指企业或个人承诺向慈善机构捐赠，却迟迟不兑现承诺，或所捐款物与承诺不符。（例）正是由于没有透明度，才会有如许之多的企业人前买好人后赖捐；而当慈善部门一旦准备将赖捐企业公之于众之后，迫于透明的力量，那些赖捐者不得不作道义上的补偿。（2009 年 4 月 27 日 洛阳人民广播电台《大众传呼》）与慈善人物形成鲜明对比的是，一些承诺捐赠的企业或企业家，并没有捐出承诺的数额，但主办单位原本打算发布的"赖捐企业黑名单"因故放弃公布。（2009 年 5 月 4 日《中国青年报》）

【翻译】broken donation promise; unfulfilled charitable pledge

赖捐的主要问题是：捐赠人之前承诺作出的捐赠没有兑现。而此译意在强调这一点。

赖校族

【新义】既不深造，也不就业，而是继续待在学校的大学毕业生。（例）有子女毕业之后当"赖校族"的，家长无论主动支持还是被动接受，都应当要明白这样一个道理，不"断奶"的孩子是长不大的。（2006年3月14日 新华报业网）与那些既不深造也不就业，混在学校拒绝长大的"赖校族"相比，叶小颖这样的学生"赖校"更多是出于无奈。（2007年7月12日《上海青年报》）

【翻译】sticky graduate

"赖校族"一词中的"赖"不是依赖的意思，而是不想离开学校的意思，基于此，该词可译为"sticky graduate"，意为"已经毕业但依然赖在学校不走的学生"。

乐活族

【新义】有这样一群人，他们关心生病的地球，也担心自己生病，于是发起了一种新的生活运动。他们吃健康的食品与有机野菜，穿天然材质棉麻衣物，利用二手家用品，骑自行车或步行，练瑜伽健身，听心灵音乐，注重个人成长，这群人通过消费和衣食住行的生活实践，希望自己心情愉悦、身体健康、光彩照人。接受这样生活方式的人自称为"乐活族"。（例）与"炮灰团"一味地追求事业和更多的经济回报相比，"乐活族"就更贴近生活本源。他们追求的就是一种自然健康的、可持续的生活方式。（2010年7月30日 《羊城地铁报》）回归自然的理念受到了很多"乐活族"的追捧。（2008年6月27日《襄阳晚报》）

【翻译】LOHAS

英语来源词。英语中乐活是 Lifestyles of Health and Sustainability（LOHAS），专门指健康和可持续性的生活方式。目前在美国和欧洲分别有 1/4 和 1/3 的人属于"乐活"的大家庭，他们倡导并实践着向自然靠近，向身心解放靠近的生活方式。他们不仅做好事（Do good）支持环保，心情也好（Feel good），个人也真正健康，看起来有活力（Look good）。

雷

【原义】原指云层放电时发出的响声，或者军事上用的爆炸武器。

【新义】引申为看到某种奇怪、令人难以接受的事物，而受到如雷轰顶的惊吓。"被雷到"用来形容极度震惊、无奈、恐怖和恶心。出处源于江浙方言发音。在现代的网络语言中，"雷"可以指惊吓、被吓到了；也可以指看到某些文字，脑子里忽然轰的一声，感觉像被雷击中一样。

（例）什么是"雷"？就是被惊着，震到，像被雷打到那种头皮发麻、无语、吃惊、可笑等等的感觉，网上时兴这么说。（2008 年 7 月 10 日《北京青年报》）新华网近日又在首页再次挂出了《官话凶猛，没有最雷只有更雷》的文章：最具代表性的是最近几条，比如，重庆江津区区委书记王银峰的"跟政府作对就是恶"；署名慧昌的江西宜黄县官员那句"没有强拆就没有新中国"。（2010 年 10 月 20 日《中国青年报》）

【翻译】sensational

原义为云层放电发出的响声的"雷"的英语是"thunder"。此处译其文化语义。

雷词

【新义】借助于网络迅速传播的具有震撼力的词语。也说"雷词儿"。

（例）"雷词"在追求震撼效应的同时，也并不排斥幽默、反讽的力量，并以不动声色的"酷"作派体现出来，迎合了年轻人的猎奇心态和亲和需要。（2008 年 7 月 22 日《北京青年报》）黄集伟认为，这些被记忆并广泛流行的"雷词"中，蕴含着大众的爱憎和喜悲，并逐渐变成一种民族的公共记忆。（2008 年 7 月 21 日《中国青年报》）

【翻译】sensational word

雷剧

【新义】指在某方面出人意料、令人诧异的电视剧。（例）张纪中捧着邓超版《倚天屠龙记》于本周一登陆北京、云南、重庆、江苏四大卫视。因该剧是"武林盟主"张纪中的"最后一部金庸剧"，加之前有新红楼"领走""雷剧之冠"，不少观众、网友称"极尽淡定之力不拍砖"。（2010年7月17日《华西都市报》）尤小刚秘史系列第6部《杨贵妃秘史》自4月27日在湖南卫视开播以来，虽然被网友以台词雷人等诸多问题冠以"雷剧"称号，该剧依然收视飘红，当晚就以1.11%的收视率位居同时段全国第一。（2010年5月4日《大河报》）

【翻译】sensational TV series

雷民

【新义】热衷于"雷"事件的人。（例）互联网文化跳到"雷"这一步，你可以认为这反映了雷民们在现实世界中真实的溃败，面对社会矛盾的幻想式的和解。（2008年9月16日 中央人民广播电台《文化时空》）自然炸响的雷似乎已经满足不了人们足不出户便可尽览大千世界千奇百怪的需求，于是不甘寂寞的雷民们吹响了"造雷运动"的号角。（《新闻视野》第12期）

【翻译】persons who are addicted to sensational affairs

雷人

【新义】①形容令人惊讶、意外或感到震撼的。②也指说话做事出人意料、令人震惊的人。（例）在央视众多名嘴中，韩乔生是最为搞笑的，网上对他的点评也格外火热，还出现了"韩大嘴"奥运解说"雷人语录"供人一笑……（2008年8月22日《新民晚报》）和去年的官员雷言相比，一个让人沮丧的现实是，今年的官员官话的雷人程度，和去年相比基本没有什么大的改观。（2010年10月20日《中国青年报》）

【翻译】①sensational ②the person always making others shocked

雷人雷事

【新义】指出人意料、令人震惊的人和事。（例）这些雷人雷事折射出新时代网络主力 80 后、90 后对待现实世界的某种游戏态度——瞬间震撼和长久反讽与戏谑。（2008 年 9 月 16 日 中央人民广播电台《文化时空》）2008 虽然悲喜交加、风云激荡，但在一茬接一茬、层出不穷的雷人雷事面前，让我们以山寨精神，辞旧迎新，开创惊雷一般的新世界。（2008 年 12 月 26 日《广州日报》）

【翻译】the sensationals

雷文化

【新义】指"雷"以及由"雷"衍生的一系列新词语在网络上被广泛运用的现象。（例）今天如此海量和高密度的观念冲突、代际冲突和人际交流方式冲突，是雷文化真正的催生土壤。（2008 年 9 月 16 日 中央人民广播电台《文化时空》）但这个老头可不是"老古董"，他坚持每天看报看书 6 小时以上，掌握最新的时代信息和知识。如，他知道什么是"山寨文化"，知道年轻人的"雷文化"。（2009 年 12 月 13 日《广州日报》）

【翻译】Culture of Sensationals

雷语

【新义】令人震惊或受惊吓的话语。（例）无论是接受和传播这些网络流行语的大众，还是越来越看重网络民意的公权力，都理应从"雷语"中获得信息、吸取"教训"、强化崇尚公平正义和道德坚守的力量。（2008 年 7 月 22 日 《新民晚报》）中国的马路上最近"雷语"频现，更有愈演愈烈之风。（2010 年 11 月 3 日《萧山日报》）

【翻译】sensational words

冷妈

【新义】"冷妈"这一称呼体现的是现代生活中母亲们的新形象。有别于过度溺爱孩子的家长，这类母亲奉行"即便爱也要爱得深沉，即使疼也要疼得隐晦"的信条。她们不会无条件地给予孩子想要的一切，也不会始终保持脉脉温情，而是经常教孩子直面残酷的人生。这类母亲因此被称为"冷妈"。（例）事实上，"冷妈"奉行的是"即便爱也要爱得深沉"的信条，在她们冷酷的外表下，掩盖的却是一颗深沉热烈的爱子之心。（2009 年 7 月 21 日《金华晚报》）内地"80 后"母亲们愿在乐活中扮演着"冷妈"的角色。（2009 年 8 月 25 日《茂名晚报》）

【翻译】cold-faced mum

"冷妈"并非真的心肠冷酷，只是冷面慈心而已。英语中有"cold-hearted"一词，即"心肠冷酷"之意。借鉴该词的构词法，将"冷妈"译为"cold-faced mum"，以表"其面也冷、其爱也深"之意。

梨花体

【新义】谐音"丽华体"，因女诗人赵丽华名字谐音而来，其有些作品形式相对另类，引发争议，又被有些网友戏称为"口水诗"。梨花体，即赵丽华诗歌风格或模仿、具有赵丽华诗歌风格的诗歌。（例）3 年前，梨花体以恶搞方式，好歹让诗歌火上一把。（2009 年 12 月 22 日《深圳晚报》）由于近年裸体朗诵和"梨花体"等事件频出，使诗人成为出镜率颇高的负面形象，对此，武汉诗人不约而同地痛扁"梨花体"。（2008 年 1 月 24 日《长江日报》）

【翻译】Lihua style

临时性

【原义】与"临时"相近，即非正式的、短期的、暂时的。

【新义】"临时性"一词新义源于某法院判例用语。该法院审判一强奸案时使用了"临时性强奸"的说法，意即强奸者无预谋，临时犯罪。此说一出即被媒体戏谑，遂成为流行语。此后人们多用"临时性"词缀构成新词，甚至有人说流行词走出"被时代"走进了"临时性时代"。在这里"临时性"多含有为自己的行为推脱责任之意。（例）"临时性强奸"指向的批评对象，并不是这一新词，而在于：法院同意辩护律师关于"临时性的即意犯罪"一说，是否有为犯罪人开脱之嫌？（2009年11月3日《羊城晚报》）网友们在各大论坛发挥自己的奇思妙想对"临时性强奸"进行新的诠释。更有网友将这一词的用法进一步扩展，创造出"临时性结婚，谢绝负责"、"临时性恋爱，谢绝长相厮守"、"临时性离婚，谢绝分财产"等新用法。（2009年11月3日《天府早报》）

【翻译】temporary

犯罪嫌疑人总要试图为自己推脱责任的，但这里的问题是法院竟然以"临时性"为理由，从轻惩罚。用"temporary"更能反映法院做法的荒谬。

【合成词翻译】

临时性强奸　temporary rape

临时性建筑　temporary building

临时性恋爱　temporary love

流动性偏多

【新义】指一国经济中的现钞、可转让存款和短期定期存款等在市场上较易实现其全部价值或绝大部分价值的广义货币总量较大。（例）6月13日召开的国务院常务会议已提出，要努力缓解流动性偏多矛盾。（2007年7月6日　中央电视台《经济半小时》）与此同时，随着央行通过公开市场大力收缩流动性，使得流动性偏多局面在6月份获得暂时缓解。（2010年7月12日《上海证券报》）

【翻译】excess liquidity

"流动性偏多"英语表述为"流动性过剩"（excess liquidity），与汉语概念相同。

楼歪歪

【新义】指发生过度倾斜现象的楼房。（例）在最新的"楼歪歪"事件中，成都"校园春天"社区的两栋楼原有20厘米的间距，暴雨后成了

"脸贴脸，楼吻楼"。（2009 年 8 月 27 日《北京青年报》）10 月 6 日，这栋被网民称为"楼歪歪"的倾斜大楼出现变形加剧的情况，并于 9 日被鉴定为 D 级危房。（2010 年 10 月 14 日《华西都市报》）

【翻译】far-leaning building

楼裂裂

【新义】指出现裂缝的楼房。（例）今年 4 月以来，位于奉节县城永安镇施家梁地段的石马水泥厂和机械化公司宿舍楼，受其下方商品房工程施工开挖影响，发生严重墙体拉裂险情，上百户居民的安全受到威胁，此事曝光后引起人们热议，被称为"楼裂裂"事件。（2009 年 12 月 8 日《北京青年报》）市委、市政府高度重视"楼裂裂"事件，迅速委派由市国土、监察、移民、建委组成的联合调查组，赶赴奉节调查。（2010 年 9 月 2 日 《重庆晨报》）

【翻译】cracked buildings

路恐症

【新义】一种轻度的心理疾病，表现为在开车时无缘无故地出现烦躁、压抑的感觉，并且不自觉地会在开车的时候猛按喇叭、急速超车、嘴里不停骂骂咧咧等情况。（例）有车族遭遇"路恐症"（2008 年 2 月 28 日 《中国青年报》）心理学家称其为"路恐症"，主要症状表现为：不开车时一切正常；一旦开车，就容易碎嘴唠叨，说平常不说的粗话脏话，脾气坏，性子急，冲动易怒。（2008 年 3 月 7 日《四川科技报》）

【翻译】road fear

路怒

【新义】不开车时一切正常，一旦开车，就开快车、脾气大、说粗话脏话、冲动易怒。更极端的，遇到不满情况还会突然情绪失控等。（例）经济发展，机动车猛增，交通拥堵，司机心烦意乱——印度"路怒"现象增加，甚至闹出人命。（2010 年 12 月 29 日《新民晚报》）不遵守

交通规则也是引发"路怒"的原因。(2010 年 12 月 30 日《广州日报》)

【翻译】road rage

英语来源词。

裸奔

【原义】一丝不挂地奔跑。

【新义】①喻指没经过通常意义的安装或准备就运行,如计算机没安装杀毒软件就运行;汽车没上相关保险就上路;球队在没有任何资金赞助情况下参赛。②喻指不顾一切,如权力的裸奔。(例)永久免费的 360 杀毒软件发布后,大量原来"裸奔"的网民开始使用杀毒软件,这使得木马的生存空间被急剧压缩。(2009 年 12 月 30 日 人民网)新车到手还没挂牌,可以说是一段"空窗期",这段时间上路行驶,又被人们戏称为"裸奔"。(2010 年 8 月 4 日《扬州晚报》)冯前局长敢把权力"裸奔"到什么程度,放肆到什么程度,离谱到什么程度,对他的监督也几乎就薄弱到了什么程度。(2009 年 9 月 17 日《华商报》)

【翻译】① streaking (running naked) ; without insurance or protection
② unscrupulously

原义的裸奔可翻译成"streaking"。30 年前,"裸奔"(streaking)这个词第一次出现在英文中。新义的裸奔,当其意为"没有通常的安装或准备就运行"时,不管是裸奔的电脑还是裸奔的汽车,实际说话人想要表达的意思是"没有任何保障的运行",因此这一义项可译为"without insurance or protection";指"不顾一切"时,可译为"unscrupulously"。

裸官(裸体官员)

【新义】指配偶、子女在国外居住,且大部分家庭财产也随之转移到国外,而本人在中国大陆政府机关、国家机构或国有企业任职的官员。(例)前段日子,媒体将那些老婆孩子都在国外拿了绿卡,而自己单身一人在国内做官的官员称为"裸官",他们随时可以"裸奔"出国,一去不复返。(2008 年 11 月 10 日《扬子晚报》)"裸官"不一定是贪官,

但"裸官"却最有可能成为贪官。(2010 年 7 月 27 日《中国青年报》)

【翻译】"naked officials" (those officials whose family members all reside abroad)

裸婚

【新义】指结婚前不买房，不买车，不办婚礼，直接领取结婚证。大多数经历"裸婚"的人通常是缺少背景、经济不济的 80 后。他们到了适婚年龄却遭遇经济危机、公司裁员，"裸婚"也就应运而生。(例)迫于日益严峻的高房价和就业压力，"裸婚"无奈成为 80 后的尴尬选择。(2009 年 12 月 17 日 腾讯网)时下，越来越多的 80 后年轻夫妻加入了"裸婚"一族，让"裸婚"现象成为全社会关注的热议话题。(2011 年 1 月 5 日《今晚报》)

【翻译】naked marriage

【合成词翻译】

裸婚族 those couples who have chosen a naked marriage

裸捐

【新义】指把特定范围的个人资产全部捐出。全球首富比尔·盖茨在宣布退休时，将 580 亿美元的个人资产全部捐给自己和妻子名下的基金会，创造了"裸捐"之最。(例)中国富豪很难像美国富豪那样"裸捐"，固然是因为直到现在仍未出台遗产税，其实也与中国的社会保障制度跟不上有关。(2010 年 6 月 23 日《中国青年报》)如果说中国富翁对盖茨巴菲特式 "裸捐"无人喝彩，引发的争议都在"慈善文化"上，那么，范铭春夫妇这种中国式的平民"裸捐"，则在"慈善"之余，多了一点"自助"的意味，它再一次把养老困境摆到了我们面前。(2010 年 10 月 9 日《今晚报》)

【翻译】all-out donation

裸考

【新义】①在高考中什么加分都没有，仅凭考试成绩的人。②在没有做准备工作的情况下去参加考试。（例）报名时，他就知道自己肯定没时间准备，势必要去裸考。（2010 年 12 月 6 日 《城市晚报》）美术联考"裸考族"面临很大风险，必须引起警惕。（2010 年 12 月 2 日《楚天都市报》）

【翻译】①examinee without extra-mark ②to take an examination unpreparedly

第一义项指的是人，而不是事，为了表达其含义，故翻译成"examinee without extra-mark"。第二义项则翻译成"to take an examination unpreparedly"。

裸替

【新义】代替别人拍演裸体戏的演员。（例）到了 2008 年，就在大家已经渐渐淡忘了邵小珊时，又一部大片《画皮》将"裸替"这个名词再次拉到人们视线当中。（2009 年 10 月 22 日《城市晚报》）在娱乐圈，"裸替"是一个经常出现的词语。（2010 年 3 月 6 日《重庆晚报》）

【翻译】nude stand-in

裸退

【新义】指干部退休后不再担任官方、半官方或群众组织中的任何职务。（例）前国务院副总理吴仪在 2007 年 12 月 24 日参加一个商界会议宣布自己将在 2008 年 3 月两会之后完全退休，"我这个退休叫'裸退'，在我给中央的报告中明确表态，无论是官方的、半官方的，还是群众性团体，都不再担任任何职务，希望你们完全把我忘记！"（2007 年 12 月 25 日《南方周末》）与去年退休的国务院副总理吴仪一样，金人庆此次也是"裸退"，他既不是本届全国人大代表和政协委员，也没在其他任何机构担任职务。（2009 年 11 月 24 日《南方都市报》）

【翻译】completely retire and refuse to accept any post or title

"裸退"，有彻底抛开一切、真正退休的意思。这样翻译有助于完整充分表达其概念意义。

绿坝软件

【新义】指"绿坝—花季护航"软件。这是一款计算机终端过滤软件，其旨在保护未成年人健康上网。为了净化网络环境，避免青少年受互联网不良信息的影响和毒害，由国家出资垄断，我国政府供社会免费下载和使用的上网管理软件。（例）工信部对于预装绿坝软件的理由，在《通知》当中说，"此举有助于构建绿色健康和谐的网络环境，巩固整治互联网低俗之风专项行动的成果"。（2009 年 6 月 17 日 北京人民广播电台《博闻天下》）7 月 13 日有报道称"绿坝软件北京项目组因经费紧张遭遣散"，使"绿坝—花季护航"这款软件再次引起各界的关注。（2010 年 7 月 15 日《成都晚报》）

【翻译】Green Dam Youth Escort (software); Green Dam (software)

绿坝软件的品牌商标为"绿坝—花季护航"，即 Green Dam Youth Escort。

绿色噪音

【新义】指常常相互关联却又彼此相互矛盾的环保信息。这种信息给公众误导，做出一些其实并不环保的行为。（例）美国山岭俱乐部执行理事卡尔·波佩说，造成绿色噪音的正是环保商品推销员，他们大肆宣传的一些说法并非总是经过验证的。（2009 年 1 月 12 日 腾讯网）

【翻译】green noise

英语来源词。

绿色房产

【新义】即有较高绿化率的房地产。真正的"绿色"房产应具备六大特征：高绿化率，节约土地资源，节约水资源，选用新型建材，充分利用自然资源，对垃圾分类处理。（例）2010 年，交大"绿色房产"，值

得成都楼市和购房者期待。（2010 年 1 月 14 日《华西都市报》）一场
分抢"绿色房产"蛋糕的战斗已经打响。（2010 年 6 月 18 日《南方都
市报》）

【翻译】green estate

M

M 充值

【新义】新华埃姆科技公司（M 公司）推出的一种新型简便的手机话费充值方式。（例）业内人士认为，"M 充值"是对零售业促销方式的一个突破，这种方式因为快速便捷而能吸引更多年轻的预付费用户。（2008 年 12 月 17 日《新民晚报》）巨头联盟 推 M 手机充值：12 月 10 日，苏宁电器宣布与新华埃姆科技（北京）有限公司（M 中国公司）以及中国移动合作，共同在苏宁电器门店正式上线 M 技术。（2008 年 12 月 11 日 中国新闻网）

【翻译】M top-up

top up 是个动词，表示把一个容器填满，就是"续杯"的意思。现在这个词又扩大了应用的范围，比如给手机充值，或者给公共交通卡充值，等等。此处，取其名词 top-up。

马甲

【原义】①古代用于保护战马的专用装具，又称"马铠"。可分为两类，一类用于保护驾战车的辕马，另一类用于保护骑兵的乘马。②一种服装（方言）：背心，用于保护躯干或保暖的服饰。

【新义】为了让认识你的人猜不到，在常用的用户名外再注册的其他名字，叫穿马甲。马甲泛指同一个人的不同 ID。（例）一般论坛明令禁止使用马甲闹事，管理员等网络上的特权阶级可以查到用户的 IP 并查封。（2008 年 6 月 18 日《中国青年报》）即兴发言有文明底线，躲在

网络马甲背后大搞人身攻击是一种下作的行径。(2010年9月4日《北京青年报》)

【翻译】sockpuppet

就"马甲"的原义来讲,应翻译为"armor on horse"或"vest"。就新义来讲,应翻译为"sockpuppet"。"马甲"(sockpuppet)是网络社区中为了隐藏身份而注册的ID,就像手偶演员操纵手偶表演一样,因此将其翻译成"sockpuppet"。

麦时尚

【新义】用来描述低价、快速、少量多样的时尚消费品。麦时尚的经营哲学是"时尚是在最短的时间内满足消费者对流行的需要"。(例)而上款速度之快也意味着你一犹豫,就可能和它擦肩而过,这也是"麦时尚"的制胜秘诀。(2007年8月31日《钱江晚报》) 然而在西方,"麦时尚"的轰鸣成功也招致了批判。(2006年3月5日《21世纪经济报道》)

【翻译】McFashion

英语来源词。

慢活族

【新义】生活节奏较慢的人。相对于"快活族"而言。(例)讲究"慢半拍"的慢活族,对于生活节奏有着自己的定义。(2008年3月28日《新民晚报》)这类人就是"慢活族",他们倡导放慢生活节奏,从慢吃到慢聊,从慢慢购物到慢慢休闲应有尽有,让精神和身心都得到放松。(2009年8月18日《今晚报》)

【翻译】slow walkers

以象征的手法将该词译为"slow walkers"(行走步伐缓慢的人)。

槑

【新义】网络用字。原为"梅"的异体字。现指很呆、非常呆。从字的组合结构看,"槑"字由两个"呆"组成,所以该字新的指代意思是"很呆",用来描述人傻到家了。(例)"槑",梅花的"梅"的异体字,在网络上用来指不仅呆,而且很呆,呆了又呆。(2008 年 8 月 7 日 中央电视台《第一时间·马斌读报》)还有不少具有创新精神的"90 后"网友,开始拿"槑"字大做文章。(2008 年 7 月 12 日《新文化报》)

【翻译】double dull

"槑"因为由两个"呆"构成,所以有"加倍呆"的含义,因此翻译成"double dull"。

萌

【原义】①植物的芽。②发芽,开始发生。

【新义】①可爱,单纯。②指看到某物时不夹带任何杂质的美好的感情:喜爱、欣赏、使人感到愉快等。(例)这个"萌"用得很贴切,不用"萌"字,还找不出一个特殊的字比较合适,我们的大人扮小孩,流露出小孩的心理。(2009 年 6 月 21 日 北京人民广播电台《博闻天下》)"萌"之所以如此流行,得益于互联网的集纳功能,通过新闻、论坛、博客、微博以及各种即时交流工具,一些很"萌"的东西能够快速聚集眼球,使其成为网络流行话题。(2010 年 3 月 17 日《深圳晚报》)

【翻译】①simply lovely ②be completely fascinated by

萌女郎

【新义】参照漫画上美少女的样子来打扮自己的女性。(例)这个所谓的萌文化影响了很多的女性,有人起了一个名字,把她们叫做"萌女郎",这些萌女郎每天会花上大量的时间,按照他们的一些萌女郎的标准来进行着装打扮。(2009 年 6 月 21 日 北京人民广播电台《博闻天下》)随着这类"萌女郎"越来越流行,很多"萌商品"也如同雨后春笋般出现在市场上,例如猫耳朵帽、卡通背包等,久而久之,就形成一股"萌文化"。(2009 年 7 月 2 日《齐鲁晚报》)

【翻译】woman who makes up like a young cartoon girl

萌文化

【新义】指部分人群中流行的喜爱动漫中的美少女角色，并按照其特征来打扮自己的现象。（例）最近在一些都市的时尚女性当中，悄然兴起了一股文化，取名为"萌文化"。（2009 年 6 月 21 日 北京人民广播电台《博闻天下》）

【翻译】phenomenon that some women make up like young cartoon girls

萌系女孩

【新义】指常在日本动漫中出现的，穿着养眼，有着让人怜爱的无辜表情的少女。萌系女孩是动漫迷和宅男最喜欢的一种女孩，也称"萌女孩"。（例）"萌系女孩"成宅男最爱：无辜大眼睛加蕾丝穿着（2009 年 12 月 7 日 中国新闻网）我们卡通就是卡通，或者包就是一个包，他们就给你制造出一个概念，比如萌文化，还有一些概念，女孩叫做"萌女孩"，男的叫"正太"。（2009 年 6 月 21 日 北京人民广播电台《博闻天下》）在日本，因为找不到心目中的姑娘，有宅男甚至和虚拟萌系女孩结婚。（2009 年 12 月 22 日《楚天金报》）

【翻译】lovely girl looking like a showgirl

免费族

【新义】"免费族"并不贫穷，他们只是尝试着依靠现代社会的"废弃物"生活。他们希望以此推迟生态系统的崩溃，并通过自身实践证明：人类正在过度榨取资源。（例）美国的"免费族"因不愿看到很多能吃的新鲜食物被丢弃而从垃圾堆中翻找食物，这不是饥饿和贫穷所迫，而是一种信念和生活方式。（2007 年 12 月 11 日 新华网）这些理想与实践上的冲突已经导致一些人暗示说，免费族尽管在呵斥资本主义制度的不是，但又依靠它来生活，因而他们是虚伪的。（2007 年 7 月 16 日《生活周刊》）

【翻译】freegan
英语来源词。由"free"（免费）和"vegan"（严格的素食主义者）两词合成。

面了

【原义】“面”，在北方方言中用以形容人时，意指像面团一样被揉来揉去，有软弱无能、犹犹豫豫等含义。

【新义】“面了”由近年来部分应届高校毕业生找工作期间常用的口头语而来，意为“已经面试尚无结果”。（例）相对日益激烈的就业局势而言，有“了”这个语气助词的倾力配合，不仅保证了已成功面试者必要的谨慎，也为“面了”一夜之间变成“灭了”在语音学上打好伏笔……很复杂很单纯。（2008 年 1 月 21 日　新浪网）

【翻译】interviewed but no hope

秒杀

【新义】起先，“秒杀”只是电脑游戏中的名词，指在玩家 PK 或者是和怪物打斗时，对方过于强大，在玩家还没有来得及还手或者逃跑的情况下就被杀死。现在，“秒杀”指一种网络商品促销方式。店主预先在店里展示即将上架的商品款式和远远低于成本价的价格，并预告开始销售的时间。时间一到，等候在电脑前的顾客就可以抢购，往往百十件商品会在几秒内被抢购一空。（例）在网上购过物的朋友都听说过秒杀，也就是说，一些店铺会在一定的时间内拿出部分的产品进行促销。（2009 年 9 月 13 日　中央电视台《环球财经连线》）其次是“五元秒杀活动”，即每家影城每天拿出 20 至 40 张电影票，供观众“秒杀”。（2010 年 10 月 30 日《华西都市报》）

【翻译】seckill

每次的交易都是在几秒钟内作出的。英文是由“second+kill”缩合而成。

秒杀价

【新义】指商品的超低价。参见“秒杀”。（例）据介绍，秒杀价格为商品限量超低价，售完即恢复原价；以秒杀价拍下后，需 10 分钟内付款，否则视为无效订单，商家有权关闭交易。（2009 年 8 月 17 日《法制晚报》）此次比亚迪发动的"秒杀攻势"优惠多多，如 F3 舒适型秒杀价 4 .98 万，限量供应。（2010 年 4 月 29 日《南方都市报》）

【翻译】seckill price

秒杀门

【新义】指淘宝网为国庆 60 周年发起的"一元秒杀"抢拍活动没有正常进行的事件。（例）之前周年庆推出秒杀的购物网站，如今面对最多的争议却是"秒杀门"作假。（2009 年 12 月 10 日《文汇报》）但大多网友对声明的内容并不满意，甚至称"秒杀门"秒杀了肯德基的信誉。（2010 年 4 月 13 日《新京报》）

【翻译】seckill scandal

参见"考试门"的翻译讲解。

秒友

【新义】那些热衷和擅长"秒杀"的人的互称。参见"秒杀"。（例）一分钟后，从一个角落里传来一句大吼："我秒到了。"几十个人迅速围上去，将他团团围住。据说，这名幸运的"秒友"秒杀到的是一款笔记本电脑。（2009 年 10 月 7 日 中央电视台《第一时间·读报》）几期下来，已经积累了一拨铁杆秒友，几乎是每期必到，使得我们将踩楼高度也越设越高，但每期秒杀产品依然是转瞬即"失"。（2010 年 5 月 7 日《温州商报》）

【翻译】person who is good at seckill

民二代

【新义】①指农民工的子女。②指普通老百姓的子女。（例）这能够证明，相对于"官二代"，"民二代"在起点上即已不公平，他们很难进入官场，他们即使进入官场也很难有发展机会。（2009 年 8 月 25 日 新浪网）从去年开始，他走访了公安、法院等多个部门，调研外来务工人员孩子的违法现象，由此提交了关注"民二代"思想教育的提案。（2009 年 12 月 7 日　宁波网）

【翻译】①second-generation of migrant workers ②second-generation of ordinary family

民生博客

【新义】指政府官员开通的和人民群众交流的博客，旨在了解民意、关注民生。（例）对官员的"空壳博客"，人们应该理性看待。一方面，已经开博的官员应珍惜这一新型的联系群众的渠道；另一方面，人们也不应该对"民生博客"寄予过高期望。（2009 年 10 月 10 日《新民晚报》）"民生博客"一经推出，立即引起媒体的关注，叫好声一片。（2009 年 10 月 21 日　新华网）

【翻译】officials' blog focused on people's livelihood

墓产经济

【新义】墓产经济是指由于垄断造成殡仪行业的产业经济链。墓产经济的相关现象包括：殡仪馆垄断暴利、殡葬用品暴利、公墓业暴利、迷信业暴利等。（例）然而近日记者暗访发现，随着"墓产经济"日益盛行，在暴利驱使下，兰州一些公墓背地里存在"土葬"（埋葬遗体）现象，在榆中县和平镇附近一公墓，竟然还有面积达三四十平方米、价值近百万元的超豪华墓地，一些豪华墓地表面是骨灰墓，下面却是停放棺椁的"地宫"。（2006 年 4 月 4 日　《兰州晨报》）请问当地政府在这种"墓产经济"的繁盛过程中究竟又充当了什么角色？（2006 年 4 月 4 日《法制日报》）

【翻译】funeral-related economy

N

纳斯达克中国指数

【新义】指美国纳斯达克股票市场公司发布的有关在美国上市的中国公司的表现情况。它是追踪中国公司在美市场表现的一个重要衡量标准。(例)纳斯达克中国指数将由在纳斯达克、纽约证券交易所和美国证券交易所上市的 30 家中国公司组成，它们的总市值超过 6000 亿美元。(2007 年 4 月 5 日《北京青年报》)美国东部时间 5 月 7 日 9：30 分，随着纳斯达克开市，由在纳斯达克、纽交所和美国证交所上市的 30 家中国公司构成的纳斯达克中国指数（NASDAQ China Index）正式推出。(2007 年 5 月 9 日《第一财经日报》)

【翻译】NASDAQ China Index
英语来源词。纳斯达克（NASDAQ）是全美证券商协会自动报价系统（National Association of Securities Dealers Automated Quotations）的英文缩写。

脑残

【新义】①泛指不用脑袋思考便可以完成的事情。②特指喜欢非主流文化的青少年。③直接使用字面意思"脑袋残废"，用来网络谩骂攻击。(例)而从网友的留言来看，绝大多数网友都表示，韩乔生的"脑残足球队"一词相当给力，并表示赞同韩乔生的观点。(2010 年 12 月 15 日《长江日报》)家长有教育孩子的义务，成年人也有教育脑残的权利。让一部分人把歪曲的思想转变过来，继而形成健全的人格和正确的价

值观，可以说是每一个公民的权利和义务。（2010 年 6 月 20 日《南方都市报》）

【翻译】①easy thing ②the teenagers who love alternative culture ③idiot

【相关词语翻译】

脑残体：the alternative written style。脑残体是一种扭曲的书写形式，以火星文为代表。随着脑残体转换软件出现，脑残体大肆流行。

脑残症

【新义】指像得了脑瘫一样，说话做事都不符合行事逻辑的症状。（例）若将中国足球所呈现的种种闹剧，非常人所能接受的行事逻辑，来一一对比流行于网络的"脑残症"症状，结果一点不让人意外。（2008 年 12 月 26 日《华西都市报》）

【翻译】be against the logic

脑残族

【新义】指说话做事都不符合行事逻辑的人。（例）然而，这种"反智主义"虽是经"脑残族"放大，但他们却并非始作俑者——近几年来，通过主流形式、主流渠道或由主流群体所表演的反智行为，比比皆是，信手可拈，这或是"非主流"反智的根源。（2008 年 5 月 10 日 《新民晚报》） 网络上把脑残族直接称做非主流脑残族，那小城里的非主流们肯定不同意，他们只是向往窝居生活，绝非脑残。（2008 年 12 月 12 日《大理日报》）

【翻译】clan who are against the logic

鸟巢一代

【新义】"鸟巢"指 2008 年北京奥运会的主场馆，这里代指北京奥运会。"鸟巢一代"，狭义指北京奥运会上的志愿者，有评论也把充满自信和进取精神的中国新生代运动员称为"鸟巢一代"；广义则指以志愿者和运动员为代表的新一代中国年轻群体，多数为 80 后，甚至 90 后，与此前被视为"宠坏了的一代"截然相反。(例)《中国青年报》报道，北京奥运会期间，到处可见的热情洋溢、朝气蓬勃的青年志愿者，让国外媒体惊呼中国出现"鸟巢一代"。(2008 年 8 月 26 日 中央电视台《第一时间·马斌读报》)北京奥运会总计 170 万名志愿者，其中 7 万余名志愿者服务于竞赛场馆、训练场馆和服务场所，他们中大多是在校大学生。这些"80 后"的年轻人素养较高，奥运志愿者经历让他们更富爱心和社会责任感，他们也被称为"鸟巢一代"。(2008 年 9 月 23 日《北京晚报》)

【翻译】the Nest Generation

鸟笼一代

【新义】指困于政治、经济纷乱氛围中的台湾年轻人。(例)台湾的"鸟笼一代"被困在种种的不光荣感中，见不到典范，却处处可见错误的示范。在这样的大环境中，年轻人会如何成长，又能成为未来台湾社会什么样的主流，大概也不难想象。(2008 年 9 月 2 日 中国新闻网)文章说，相较于大陆的"鸟巢一代"，台湾"80 后"和"90 后"的年轻人成长于政治、经济及社会皆纷乱的氛围中，或可称之为"鸟笼一代"。(2008 年 9 月 2 日《环球时报》)

【翻译】young Taiwanese living like birds in a cage

捏捏族

【新义】指通过在超市捏碎各种食物来发泄情绪、缓解压力的人。(例)精神紧张、心情压抑、破坏欲强大概是"捏捏族"的通病。(2009 年 7 月 28 日《中国青年报》) 捏捏族，网上盛传的奇人异族，这伙人的行为特征是：心情不好或压力大时，到超市以捏方便面、饼干等或拧开饮料瓶等来释放心情。(2009 年 8 月 11 日《南方都市报》)

【翻译】package crumbling clan

牛奋男

【新义】指具有牛那种忠诚可靠、踏实肯干、执着奋斗的优点的男士。"牛奋男"是继"经济适用男"之后又一网络流行词。"牛奋男"的主要特点是：**暂时没有良好的经济基础，但有可靠的人格魅力和信得过的品质。他们在勤勤恳恳创业的同时希望伴侣能陪自己为将来打拼，共同为生活努力。**（例）越来越多的姑娘开始理智地转舵，放弃那些既不切实际又风险高的"钻石王老五"，转而向"牛奋男"眉目传情。（2009年7月21日《中国青年报》）这两年风靡国内的动画片《喜羊羊与灰太狼》中，灰太狼便是"牛奋男"的典型代表。（2009年8月29日《每日新报》）

【翻译】promising bull

bull 是公牛，又有雄性大动物的含义，此处喻指男性。"牛奋男"通过自己的勤奋努力、积极进取，未来可能看好，因此翻译成"promising bull"。此译指向该词的文化语义。

农二代

【新义】"农二代"指农民的子女。他们是 20 世纪 80 年代后期出生的户口在农村的一代人。他们和自己的父辈不同，虽同样作为农民，却没有了土地。一部分是因为进城，另一部分是因为土地流转。随着农村土地实现规模流转以来，他们这一特殊的群体便不断壮大。"农一代"是以家乡为参照物，"农二代"却是以城市为参照物。新生代农民尽管对城市有着更强的认同感，对城市的融入程度却反而更低。（例）现在所谓的城市人大多是"农二代"或"农三代"，对初进城时的种种不便和歧视有过切身的感受，对别人当时给予的哪怕是细小的帮助充满感激。（2008年1月16日《新华日报》）"农二代"的生活处于孤岛状态，远离城市居民，远离城市生活。（2010年6月2日《南方都市报》）

【翻译】the second generation of country people

P

趴网族

【新义】指的是衣食住行都依赖于网络的上网一族。(例)"十一"长假，商场里人山人海，旅游景点人满为患，不少放弃出行计划的"居家族"用自己的独特方式过起了国庆，网上学习、网上购物、网上旅游……网络逐渐成为众多居家"趴网族"假期生活的好伙伴。(2010 年 10 月 6 日《长沙晚报》)在家过节的"趴网族" 游戏、购物、充电很快乐（2009 年 10 月 8 日 北方网）

【翻译】computer geek

geek 指的是那些整天沉溺于电脑的人。出于对电脑的痴迷，上网便成为他们的全部生活内容。computer geek 表达了趴网族的概念意义。

拍客

【新义】拍客指的是通过手机、数码相机或数码摄像机来拍摄，并把拍摄的东西或经过后期处理的成品，以图片、视频、电子杂志等样式在网络和手机上传播的这样一个群体。(例)精彩瞬间主题摄影得到了众多拍客的响应，他们用相机展现了在不同时间、不同场合、不同视角下的美好瞬间和精彩时刻，用图片讲述了生活中的精彩与难忘的各种细节。(2010 年 10 月 31 日《楚天都市报》)为广大马拉松运动员留下精彩的冲刺瞬间,本次活动共征集 12 名拍客。(2010 年 12 月 22 日《厦门日报》)

【翻译】vodcaster

"播客"的英文是 podcast，也就是自助广播，人人都可以做，但基本是音频的。翻译时效仿 podcast，用 vodcast 来翻译中文的"拍客"一词。如果指从事 vodcast 的人，那么就用 vodcaster 就可以了。vodcast 主要是视频的传播。这里的 v 就是 video 的缩写。vodcast= video optional digital casting=视频 可选择的 数字 广播=视频自助广播=拍客。

排队经济

【新义】指目前生活中事事都要排队的现象所折射出来的一种经济形态。（例）上学排队、买房排队、购车排队，直到生孩子、看病，统统要排队。4月26日《现代快报》惊呼："排队经济时隔10年重回国人生活！"（2007年5月1日 《中国青年报》）有学者指出，"排队经济"背后的社会资源结构性失衡，在子女就学、居民购房等方面尤为突出。（2007年7月27日 《今晚报》）

【翻译】economy marked by omnipresent queues

排队日

【新义】指宣传、倡导人们在人流拥挤的重点公共场所自觉排队的日子。北京把每月的11日定为"排队日"。（例）据了解，自2月11日首个"排队日"活动开展以来，全市十多万志愿者走上街头、公交站台、商场等公共场所，成功引导了百万市民参与"排队"。（2007年3月11日 北京电视台《北京您早》）利用课余时间来到西客站宣传排队日的高中生张天石认为，作为北京市民要以身作则自觉排队。（2007 年 3月10日 北京人民广播电台《交通新闻》）

【翻译】Queue Day

泡吧

【新义】长时间地待在酒吧、网吧等场所（多指消磨时光）。"吧"是21世纪很流行的词，有陶吧、书吧、布吧，等等。"泡"有"沉浸"

的意思。（例）虽然辛苦赚钱，但他并不想买房，而是希望环游世界，去国外飙车、登山、泡吧、航海、晒太阳……（2010 年 8 月 29 日《华西都市报》）时下，以"泡吧"为主题的 QQ 群越来越多，颇受年轻人追捧，"不少都市青年将'泡吧'视为'夜生活'的首选内容"。（2010 年 1 月 5 日《中国青年报》）

【翻译】kill time in a bar（Internet or wine bar）

炮灰

【原义】炮弹打出后留下的灰烬。

【新义】无谓牺牲者；替罪羊；垫背的；做无用功。（例）面对通胀，老百姓如何避免本来就不够丰厚的财富成为炮灰？（2010 年 11 月 19 日《三湘都市报》）4 颗进口轰天雷一次引爆，多少国片将成一地炮灰？（2010 年 11 月 6 日《楚天都市报》）

【翻译】cannon fodder

炮灰团

【新义】指那些为了工作或更多经济回报而拼命加班，最后健康受损甚至丧失生命的工薪阶层。（例）现在随着压力越来越大，许多人的工作强度都非常大，为了获得更多的经济回报和保住"饭碗"，不得不拿"拼命加班"、"身体耗竭"来置换，上班族中的"白领炮灰团"已不再是少数。（2009 年 4 月 11 日《新民晚报》）拼命奔跑在经济线上，为适应公司效率需要，得到更多经济回报和"生存饭碗"，不得不"拼命加班"，结果却是让自己的生活和健康沦为"炮灰"……这就是白领"炮灰团"的尴尬写照。（2010 年 7 月 30 日《羊城地铁报》）

【翻译】white-collar cannon fodder

参见"炮灰"的翻译分析。

泡泡族

【新义】①指喜欢长时间泡在书店里看书的人。②指喜欢泡温泉的人。

（例）"泡泡族"是咖啡和豆豆对这个圈子的命名，这群自诩为"懒鬼"的白领女人，已经拥有多年的"泡史"。她们不常去健身房，怕长肌肉；不喜欢去美容院，怕麻烦；她们的健康心得就是：泡温泉。（2009 年 1 月 1 日 腾讯网） 7 月 28 日，中国青年报记者来到北京市西单图书大厦，看到书店"泡泡族"们或席地而坐，或倚墙而立，或以阶为凳，有的人身边还放着好几本书，看来要"泡"的时间不短。（2009 年 7 月 30 日《中国青年报》）

【翻译】①the people killing time in a bookstore ②the people who love spa

陪拼族

【新义】即陪着女士们在商场、专卖店血拼购物的男士们。（例）陪拼族，特指陪着女士们"血拼"的男士们，血拼即购物，从英语"Shopping"的读音转变而来。（2008 年 11 月 21 日《辽沈晚报》）

【翻译】shopping follower

"陪拼族"这个新词易引发歧义，被误认为是"陪着人去拼（卡、车、饭等）"。其实，"陪拼族"是特指陪着女士们"血拼"（shopping）的男士们（多是男友或丈夫）。一般而言，多数男士不情愿逛街，因此将没有主见，视"陪拼"为"浪费时间"的"陪拼族"翻译成"shopping follower"，以表述其文化语义。

劈腿

【新义】①感情不专一，脚踏两只船，更有甚者脚踏多只船。②多方面发展，如艺人多栖发展，或者白领跳槽，都可以说"劈腿"。（例）梅家人痛批华仔劈腿后，很快在网上成为焦点，网友纷纷跟帖评论，大部分人认为是梅家人借华仔炒作，也有很多网友表示"让逝者安息，生者责无旁贷"。（2010 年 1 月 5 日《汕头特区晚报》）汉字最可爱的地方在于，总能用最优雅和正义的方式表达最隐晦和恶俗的事物。比如，天才们发明了"劈腿"来定义偷情。（2010 年 3 月 13 日《温州都市报》）

【翻译】two-timing

two-timing 不仅可以指感情的不专一，而且也可以指多方面的发展。

拼保姆

【新义】指多个雇主一起雇用同一个保姆。（例）在回龙观社区网的亲子论坛里搜索"合雇保姆"或"拼保姆"，能找到最近的数个帖子。（2007年 5 月 17 日《北京青年报》）临近年关，家政业进入一年中最繁忙的时期，保姆市场又出现用工紧缺现象，为应对"保姆荒"，不少市民选择几个家庭一起雇佣保姆，这种"拼保姆"的方式正在凤城悄然兴起。（2010 年 12 月 28 日《潮州日报》）

【翻译】partakers who share a housekeeper

漂一族

【新义】①指从农村或者小城镇里出来，长期在城市里打工却居无定所，经常因生计而更换工作的年轻人群。②因为生活或工作压力而产生的漂一族，他们为漂流而漂流，一时间放下生活的沉重感、社会责任感，来获得一时的快感。③指家庭富裕而心里空虚落寞的年轻人，他们追求一种流动洒脱的生活，是一种非常自我的生活态度。漂其实也是一种个性引起别人注意的行为。他们追求流动，追求丰富多彩。（例）漂一族过中秋，就是为了给漂友们一个温馨的角落，一个感受节日气氛的机会。漂泊的心灵聚在一起，来自五湖四海的你我他，组成临时的家。（2010 年 9 月 8 日《山东商报》；2009 年 9 月 16 日 《楚天金报》）

【翻译】the drifting generation

"漂一族"有三个义项，可是无论是生活上的居无定所，还是心灵上的无所归依，都是一种漂泊。因此，the drifting generation 这个译法仅表达了第一义项的概念意义，而其他义项及相关的文化语义则需借助相应语境才能有所体会。

【相关词语翻译】

北漂一族 the drifting generation in Beijing

西漂一族　the drifting generation in Xi'an
校漂一族　the On-campus Drifting Group

拼爹

【新义】"拼爹"的"拼"是指比拼。"拼爹"拼的是"爹"的地位和实力。"我爸是李刚"、"我叔是金国友",都是典型的"拼爹"语言。这类词语的流行,反映的是大众对社会不良现象的不满情绪。(例)在我看来,"拼爹"时代拼的主要还是权力,现在讨论的"官二代"其实就是权力世袭。(2010 年 12 月 14 日《沈阳日报》)遗憾的是,面对家长所怀疑的"拼爹游戏"、权钱交易、漏题买题等说法,校方最终采取了"谁投诉谁举证"的"鸵鸟政策",称目前没有掌握切实证据,欢迎社会各界向学校举报。(2010 年 12 月 13 日《辽宁日报》)

【翻译】competition of family background

"拼爹"指的是当今青年在上学、找工作、买房子等方面竞争的不是自己的能力,而是借助各自父母或各自家庭的各种社会关系、背景,因此翻译成 competition of family background,以表达其概念意义。

【相关词语翻译】

拼爹门　Family Background Scandal

拼卡

【新义】就是指两人或多人合办一张卡、共用一张卡,也可以是各自不同的 VIP 卡相互借用,比如购物卡、游泳卡、健身卡、美容美体卡等。由于这些卡一般都有使用期限,一个人很难在规定的期限内用完。几个人合用一张卡,就可以降低每个人的成本。(例)律师提醒市民,在享受"拼卡"优惠的同时,应当注意保护自己的个人信息,在"拼卡"过程中多长个"法眼"。(2010 年 12 月 23 日《潮州日报》)成都美眉朱女士在一个私人企业当行政,每次出去购物、吃饭前都习惯上网搜一下,看有没有人持购物店或者饭店的会员卡等待拼卡。(2010 年 12 月 24 日《消费质量报》)

【翻译】sharing a card (by two or more persons)

拼客

【新义】指的是几个人甚至上百上千人通过 AA 制消费，集中在一起共同完成一件事或活动。其目的是分摊成本、共享优惠、享受快乐，并可以通过这种方式结交朋友。目前常见"拼客"方式有拼房（合租）、拼饭（拼餐）、拼玩、拼卡、拼用、拼车（顺风车）、拼游（拼团或自助游）、拼购（团购），等等。（例）在物价飞涨的今天，很多精明的"拼客"都在采用这种方式，用最少的钱，买最实惠的商品。（2010 年 12 月 30 日《长江日报》）如今，拼客不仅是一种理财方式，也是一种新型的交友方式。（2010 年 12 月 8 日《青岛日报》）

【翻译】partaker; sharer; participant; pooler

"拼客"即共同参与某项活动的人。在英语中，动词"partake"有"参与"之意，该词英译增加表该动作主体的词尾"-er"，变为"partaker"，以表述其概念意义。但 partaker 多见于书面语，更通俗的备选译法是sharer，participant 和 pooler。

贫二代

【新义】指穷人的子女。又称"穷二代"，与"富二代"相对。（例）清华大学新闻与传播学院陈昌凤教授认为，"贫二代"学生确实在生活、工作、学习中处于相对的弱势。他们的资源稀缺，比如物质的、社会关系的，甚至自信心。（2009 年 9 月 2 日《中国青年报》）时下，"穷二代"家里没钱、没权、没势，也没任何可倚靠的背景，要想出人头地显得尤为艰难。（2010 年 5 月 27 日《南方都市报》）

【翻译】second-generation of having nots

"贫二代"表现了穷人子女生活的艰难和奋斗的艰辛，因此将其翻译成second generation of having nots，意在表述其文化含义。

普京模式

【新义】普京任俄罗斯总统期间，为了政治经济转轨和国家振兴所采取的模式。（例）《普京八年：俄罗斯复兴之路（2000—2008）》由政治、经济和外交三卷组成，卷帙庞大，内容丰富，详尽和系统地分析了俄罗斯政治经济转轨和国家振兴时期的"普京模式"。（2008 年 12 月 31 日《中国青年报》）对于普京和他的国有巨头来说，2009 年不是一个好年头。俄罗斯实体经济遭金融危机重创，普京和他缔造的"普京模式"被媒体批评应该为此承担责任。（2010 年 3 月 1 日《潇湘晨报》）

【翻译】Putin Mode (the management style Putin took as a president)

Q

气候门

【新义】指 2009 年 11 月多位世界顶级气候学家的邮件和文件被黑客公开的事件。邮件和文件显示：一些科学家在操纵数据，伪造科学流程来支持他们有关气候变化的说法。（例）在哥本哈根气候会议召开的关键时刻，"气候门"的爆出无疑给全球气候变暖的科学依据打上了问号。（2009 年 12 月 9 日《光明日报》）尽管"气候门"并不影响人们对全球气候变化的重视，但许多科学家还是呼吁气候变化研究需要更加透明和严谨。（2009 年 12 月 9 日《科技日报》）

【翻译】Climate Gate

千人计划

【新义】2008 年底中国政府启动的一项计划。该计划旨在吸引海外高层次人才回国创业、做科学研究。根据该计划，围绕国家发展战略目标，中国将在未来 5~10 年引进千名海外高端人才，故称为"千人计划"。（例）中国科协在梳理即将举行的年会新特色时，第一条就异常醒目：与贯彻落实中央"千人计划"、"海智计划"密切结合起来，邀请海外高层次人才回国交流考察，积极为海外科技工作者服务国家经济社会发展牵线搭桥。（2009 年 9 月 2 日《中国青年报》）"千人计划"专项办公室透露，2010 年将进一步加大海外人才引进工作力度，计划分 3 批引进 500 名左右海外高层次人才。（2010 年 4 月 10 日《人民日报》海外版）

【翻译】the one-thousand-talents scheme

中国独有的现象，翻译其概念意义。

潜水

【原义】在水面以下活动。

【新义】以匿名的姿态躲藏在暗处，隐藏自己身份。做动词使用。常用于网络之中，指不上线或者隐身登陆及不发表言论的行为。(例)他们比夜行侠更行踪诡秘，比神龙教主更一呼百应——他们，指的是那些披着自己的 ID，终年潜水在论坛深处，偶尔发言，便让无数粉丝激动万分的潜水明星。(2009 年 9 月 15 日 大河网) "潜水族"不张扬、不激烈，有了"潜水"的经历，到了真正说话的时候，一言九鼎，游刃有余。(2005 年 12 月 28 日《华商报》)

【翻译】lurk

就原义而言，"潜水"为 diving。就其新义而言，作为网络用语，"潜水"使用其文化语义，翻译时相应地考虑其文化语义。

钱学森之问

【新义】指中国科学家、航天工程的组织者和参与者钱学森提出的一个关于教育的问题——为什么我们的学校总是培养不出杰出人才。(例)这两天，在大师钱学森远去之际，"为什么我们的学校总是培养不出杰出人才"的"钱学森之问"，一夜之间成为中国教育界关注的焦点。(2009年 11 月 14 日《中国青年报》) "钱学森之问"是一个沉重的命题。如何催生"独立之精神、自由之思想"，怎能让创新之花盛开、创新之树常绿，不容学界有半点回避。(2010 年 11 月 14 日《中国教育报》)

【翻译】Qian Xuesen's Question

枪手

【原义】经常用枪射击的人。

【新义】①专指那些为别人写文章的人。随着时代的发展，枪手被赋予了许多新的含义：凡是那些以别人的身份来顶替别人做事的人，都可称之为枪手。②现多指代替别人参加考试并获取相应报酬的人。（例）不少人购车前都有个习惯：逛逛网上各大汽车论坛，看一看其他车友的评价。殊不知，网友却总被论坛上厂商聘请的"枪手"煽情用车体会所蒙蔽。（2010年1月26日《扬子晚报》）事实上，舞弊集团为枪手的安排非常严密，去外地替考，必要时可以安排飞机，如果需要请假，还可以安排医院为替考枪手开具急诊病历，而最重要的，也是和以往枪手需要冒险替考不同的是，舞弊集团可以为他们办理所有必需的考试证件，枪手所要做的只是考试。（2010年6月17日《深圳特区报》）

【翻译】①ghostwriter ②substitute examinee

就其新义而言，指的是"为别人写文章的人"时，选用 ghostwriter，该词意指代人撰写文章的人。而如果使用"代考"这一义项，则直接翻译其概念意义 substitute examinee。

墙脆脆

【新义】指因建筑质量差，而出现脱皮、裂缝或坍塌问题的墙壁。（例）市住房和城乡建设委同建设单位住总集团进行现场检查后，发现墙壁的材料和混凝土配比都存在问题。限价房项目出现"墙脆脆"，引起社会普遍关注。（2009年10月20日《北京青年报》）"墙脆脆"牵动了常营两限房业主的心，他们特意给开发商写了一封带有表扬、鼓励以及警示等多重含义的信，并贴到了工地外墙上。（2009年9月3日《法制晚报》）

【翻译】Cracked Wall

桥裂裂

【新义】指因质量问题而出现裂缝的桥梁。（例）把"桥裂裂"用胶水粘上，不仅欺骗了老百姓，还糊弄了上级、糊弄了法律、糊弄了公信力。（2009年12月15日 山东人民广播电台《山东新闻》）"优良工程""桥裂裂"为何无人被问责——浙江衢州一抗百年一遇洪水大桥不到十年出现严重质量问题调查（2010 年 7 月 19 日 新华网）

【翻译】Cracky Bridge

清华简

【新义】指清华大学收藏的一批战国时期的竹简，是具有重大学术价值的珍贵文物。（例） 10 月 22 日，清华大学对外宣布，经过权威专家鉴定，于今年 7 月收藏的这批竹简（现简称为"清华简"）"为中国战国时期的重要文物，大多在迄今已经发现的先秦竹简中还没有见到过，其涉及中国传统文化的核心内容，是前所未见的重大发现"。（2008 年 10 月 24 日《西安晚报》）近期，在清华大学，一批被当代历史学家命名为"清华简"的战国竹简，注定了在其"出生"大约 2300 年后，将"洗去"一些历史的"铅华"，"清算"一些历史的"糊涂账"。（2009 年 5 月 3 日《中国教育报》）

【翻译】Tsinghua bamboo slips

轻熟女

【新义】25 到 30 岁的未婚女性。"轻"，意指年轻；"熟"，意指内心成熟，谈吐得体。（例）风衣总会有个好处，当它掩埋你的时候，你也能掩埋别人的视线，轻熟女不就这么回事么？（2010 年 9 月 23 日《羊城晚报》）"轻熟女"少了年轻女孩的浮躁和盲动，更独立，更坚强，不需要依赖别人，有自己的独立空间和丰富生活，但"轻熟女"又不会是一潭死水、无动于衷。（2011 年 1 月 7 日《深圳特区报》）

【翻译】young mature lady

求学房

【新义】学校，尤其是名校周边的房产。（例）老板说，每次一有这样的房子挂出来，不到一个月，总会被为了孩子入学的家长买走，这样的房子，被业内人士称做"求学房"。（2006 年 9 月 13 日 四川在线）

虽然"双考"刚刚结束，距离新学年开始还有两个多月的时间，但市区的"求学房"租赁已经悄然热起来了。（2008年6月20日《宜兴日报》）

【翻译】housing near school

求职红包

【新义】指某些高校为鼓励学生去外地找工作所发的求职补助。（例）上海交大的领导在吃年夜饭时，向即将赴外地求职的毕业生发放"求职红包"，鼓励他们走出上海就业。（2009年2月2日《光明日报》）针对校区远离市区的情况，上海海洋大学设立了10万元"求职红包"，毕业生可凭面试通知、录用证明和交通票据，向学院申请获得100元～500元不等的上海以外地区求职补贴。（2009年2月27日 新华网）

【翻译】bonus for graduates who seek non-local employment

求职街

【新义】为毕业大学生提供求职、创业、培训、住宿等服务集中区域。（例）明年五六月，应届大学生即将毕业的高峰期，一个集求职、创业、培训、住宿等一门式服务的"求职街"将出现在杨浦区世界路135号。（2008年12月18日《新民晚报》）针对大学生求职中突出的住宿、交通问题，学校、社会从不同方面支持，杨浦打造本市首条"求职街"。（2008年12月18日《上海青年报》）

【翻译】a series of services for the job-seekers

求职街并非一条街道，而是一个区域，准确地说，是为方便求职者而提供一系列服务的机构聚集地。翻译其概念意义 job-seeker services concentration。

去杠杆化

【新义】指公司或个人减少使用金融杠杆的过程，是把原来通过各种方式"借"到的钱"退还"出去的潮流。（例）这次次贷危机爆发、金融企业深化的过程中，我们叫"去杠杆化"，过去它在放大，现在在收缩。（2008 年 9 月 27 日　中央电视台《经济半小时》）自危机以来，欧美各国的金融、居民、企业乃至政府部门都在全面"去杠杆化"，美国建立在杠杆基础上的消费模式将面临持续调整，欧洲国家消费去杠杆化情况则更难乐观。（2010 年 7 月 20 日《上海证券报》）

【翻译】deleveraging

英语来源词。

去核化

【新义】这是"朝鲜核设施去功能化"的简称。要求朝鲜消除其所有核设施具备的基本功能，使之不能发挥作用。（例）（朝鲜被冻结资金转账）已经开始进行，从现在开始我们将进入去核化阶段。（2007 年 6 月 15 日　中央电视台《今日关注》）韩国外交通商部一名发言人说，韩国、美国和日本已开始制订朝鲜半岛去核化路线图。（2009 年 12 月 8 日《海峡都市报》）

【翻译】denuclearization

英语来源词。

去智化

【新义】扮傻，即有智慧的人装作没有智慧。指一种艺术潮流。（例）近日，一个名为"扮傻游戏"的艺术展在北京展出。策展人杨小彦接受本报专访称中国当代艺术"去智化"潮流愈演愈烈。（2008 年 11 月 15 日《广州日报》）喜欢营销的商人当然喜欢微博，因为营销往往需要掩盖真相；喜欢打造广告平台的人也喜欢微博，因为他们又看到一个大号的"聚宝盆"。但这些，却是以牺牲信息有效性为代价的，其最终效果是大众的去智化。（2010 年 4 月 30 日《环球时报》）

【翻译】trend that a wise person pretends to be foolish

这种"去智化"实际是一种艺术潮流，故以释意法译其概念意义。

圈子

【新义】指具有相同爱好、兴趣或者为了某个特定目的而联系在一起的人群。(例)《费加罗报》由此得出结论：法国已重回中国圈子。(2009年4月29日 新华网)韩国是个盛行成立各种社团组织的社会，有数千个社团组织，每个社团实际上都是一个圈子。韩国人几乎都生活在多重圈子中。(2009年11月27日 《福州晚报》)

【翻译】circle

【相关词语翻译】

圈子就业 jobseeking confined to a certain type of employers

圈友 Internet social networking, exclusive circle member

圈外人士 people out of the loop

权二代

【新义】指拥有较高权力的人的子女。(例)"贫二代"大学生求职，好比是百人拼抢一个职位，"权二代"、"富二代"求职，则好比是一百个职位拼抢一个人，再没有比这种强烈对比更让人气馁不安的就业不公了。(2009年9月5日《北京青年报》)若无一代飙权二代怎敢飙车。(2010年10月20日《山西法制报》)

【翻译】the second-generation of powerful and privileged people

"权二代"的语义特征是因其父母在社会生活很多方面享受特权的人，用释意法译其概念意义。

群殴门

【新义】指篮球、足球等比赛中球员打群架的事件。(例)上海西洋男篮昨晚在主场以114比96击败"群殴门"冤家云南红河队。(2008年12月20日《新民晚报》)国际篮联中巴"群殴门"处罚"轻描淡写"(2010年12月15日《潇湘晨报》)

【翻译】gang fights scandal

群租

【新义】群租是指把毛坯房子分割成一个个独立的房间，再简单装饰装潢一下，然后以便宜价格把房子出租给很多人的现象。（例）专家在接受《国际金融报》记者采访时表示，严禁群租的出发点是对的，但很难真正得到落实。（2010年12月21日《国际金融报》）没有人甘于贫困，也没有人乐于群租。（2010年12月16日《华西都市报》）

【翻译】group-oriented leasing

"群租"是指房主把房子租给多人的租赁形式，直接翻译其概念意义。

R

惹火

【原义】触犯他人的爱好或成见，使其不快、愤怒。

【新义】主要指女性的身材或服饰性感、妖媚，散发出健康而令人遐想的诱惑，给人火辣的视觉冲击。（例）相比擅长歌喉的女明星，用惹火服装取胜，"舞后"们则可以用热辣舞蹈施展性感。（2010 年 12 月 30 日《华商报》）在冯小刚导演的亲自安排下，舒淇、姚晨、安以轩三位美女将葛优簇拥在中间，做出各种惹火姿势让媒体拍照。（2010 年 12 月 29 日 中国新闻网）

【翻译】hot

"惹火"一词现有多个译文，如："sexy and attractive"、"seductive"、"inviting"等，这些译文只传达了原词的概念意义，而没能体现其文化语义，而"hot"的文化语义则与该词的文化语义更为接近。该词在中文中属于口语语体，"hot"一词在英文中也属同类语体。

热裤

【新义】该词源自美国，原指紧身超短裤，后主要指女性穿着的，可显露臀部曲线的低腰短裤。（例）爱美的美眉是否烦恼穿热裤时被人看到自己的"象腿"？（2010 年 12 月 27 日 新浪网）随后梁咏琪每唱两三首歌就换一身衣服，跳热舞时穿着黑色热裤，弹吉他时穿着橘红色花苞裙，她甚至还将繁杂复古的水晶灯装饰在脖颈附近，每一身都相当抢眼。（2010 年 12 月 25 日《北京晨报》）

【翻译】hot pants

"热裤"现有多个译文,如:"tight pants"、"tight-fitting short pants"等,虽然这些译文能够传达原词语 "紧身"和"极短"两种属性,概念意义与原词基本相同,但需要注意的是,"热裤"一词源自美语,因此回译即可。此外中、英文中的"热"和"hot"的概念意义和文化语义比较接近,一是其本身适合在最热的夏天穿,二是给人火辣辣的视觉冲击,三是指其热门和受关注流行程度。

人肉搜索

【原义】借助互联网人工进行信息搜索。

【新义】指多人借助互联网提供信息,这种搜索可以覆盖网络无法触及的地方。使用人因提供相应有用的信息而获得相应赏金。(例)人肉搜索起源于论坛,尤其是在"周老虎事件"中为社会所普遍熟悉,其影响也日益显现。(2010 年 6 月 8 日 《新民晚报》)在中国网民都觉得"人肉搜索"这个新兴的网络工具的便捷,而不太关注其引发的道德法律问题时,不妨看看美国是如何对待类似问题的。(2010 年 8 月 9 日《北京日报》)

【翻译】manpower search

有人将"人肉搜索"翻译成"human-flesh search",没有译出 "人肉搜索"一词的文化语义。英文中的表达"crowdsourcing"无法体现"人肉搜索"与一般搜索的不同之处。因而,建议译出"人肉"的文化语义"人力"——"manpower","搜索"一词译其概念意义——"search",最终形成文化语义和概念语义的复合意义。

【合成词翻译】

人肉,"cyber manhunt",作动词,译文能够表示"通过互联网来寻找人"这一文化语义。名词"cyber manhunter",指参与人肉搜索活动的人。

肉友,"cyber manhunter",是进行人肉搜索的人的互称。

人肉门，"manpower search gate"，指由于人肉搜索引起的事件。

人肉营销，"network marketing"，即"淘客推广"，一种按实际成交金额计算推销者佣金的网络销售模式，与传统意义上的网站联盟没有实质上的差异，仍然是网络联盟的一种形式。

让票区

【原义】让票指某人已经购买了火车票、飞机票、电影票等，但后来因某种个人原因，通过某种方式按照协商的价格转售他人，从而避免退票带来的损失。

【新义】火车站设立的允许乘客间按票面价格交易火车票的区域，以区分正常退票的乘客与"票贩子"。（例）让票区的设立是件好事，是区分退票的好人和倒票的坏人的有效办法。（2006 年 2 月 9 日《中国青年报》） 为了解决个别旅客无法退票和购不到车票的困难，西安铁路警方设立"让票区"，无疑是一个值得称道的好事。（2006 年 2 月 9 日《中国青年报》）

【翻译】ticket-transfer zone

"让票区"是中文语境下的特有概念，翻译其概念意义。"让"是"转让、交易"的意思，"让票"即"车票转让"，译成合成名词"ticket-transfer"。在英语中，具有某种特别目的的区域往往用"zone"，将"ticket-transfer"作为"zone"的前置定语。

人球

【原义】指足球比赛中的运动员和足球，也指电脑游戏中的一个怪物。

【新义】意指无人同情、无人照顾、被遗弃的可怜人，被如球般踢来踢去。（例）1983 年，美国的马勒可夫先生及太太，以 1 万美元作为代价，委托史迪华太太作为代母，诞下小男孩，但婴儿旋即被发现受到细菌严重感染，可能导致失明、失聪及弱智。相信任何人都可以想象到，孩子顿时成了双方互相推诿的"人球"。（2010 年 12 月 2 日 南方网）台北市"议员"根据一份对市政媒体记者的调查结果，指马英九的 8 年施政，以内湖科技园区发展、悠游卡的推动最受肯定，而最需改进的是市场改建及邱小妹医疗人球事件等。（2006 年 9 月 15 日《中华日报》）

【翻译】kick-out

"人球"如果将其按字面译成"man-ball"或"ball-man"，则相当于增加一个英语新词，译文读者理解难度增加。"kick-out"一词有"踢出界"、"解雇"的意思，译"人球"一词时借用"kick-out"，在相应的语境下其语义扩展为"被踢出去不想要的人"。

【合成词翻译】

小人球，"kid shuffled between parents; kicked-out kids"，常指一个小孩，父母离异，并且都不想要他。

医疗人球，"patient shuffled among hospitals; kicked-out patients"，指医院对寻求治疗救助的病人拒绝接受，病人像皮球一样被踢来踢去，这样的病人就叫"医疗人球"。

国际人球，"person shuffled between two countries"，如果一个人的护照已经过期或没有护照，飞到一个国家，不允许入境，然后被迫乘飞机回到出发地，结果又不能入境，这样来来回回像球一样被踢来踢去的人就叫国际人球。

入户育婴师

【新义】指在婴幼儿家中为家长和婴幼儿提供专门性、特殊性服务的人，其服务包括照料生活起居、教育培养以及性格塑造等，往往以"一对一"为主要服务形式。（例）而入户育婴师的收入更可观。育婴师入户为婴幼儿和家长提供服务，按小时收费，每次服务一般在 1.5 小时以上，收费的标准一般从 30 元/小时起，对于经验丰富，且知识特别过硬的教授级高级育婴师，每小时收费甚至可达 300 元。（2008 年 8 月 25 日《广州日报》）作为入户育婴师，她第一次到婴儿家里，主要根据孩子的年龄段、身心发育、家庭环境等，制订个性化目标和方案。

（2008 年 1 月 4 日《北京晨报》）

【翻译】home infants' nurse

"入户育婴师"直接翻译其概念意义，可用"nurse"（照顾、养育婴儿的人）一词来表示该职业的大类别，具体的照顾对象是婴幼儿，因此在前面加上定语"infants'"，进行照顾的地点是在婴幼儿家中，所以附上"home"作前置定语。

润滑经济

【新义】知识经济的一种，也称"智力经济"，其概念率先由日本提出。以低消耗、高产出为主要特点，通过应用先进润滑技术，减少能耗，提高能效，实现巨大经济效益。（例）我国应当抓住润滑经济发展带来的契机，关注培养以润滑经济实现低碳排放为特征的新的经济增长点。（2010 年 5 月 21 日 人民网）引导企业大力开展先进润滑技术的应用，最大限度地推动资源的循环利用和生态环境的持续改善，实现绿色润滑经济发展，促进我国加快经济发展方式转变，实现社会和谐健康高效和可持续发展。（2010 年 5 月 21 日 人民网）

【翻译】lubrication economy (intellective economy)

润滑经济也称"智力经济"，因此也可以翻译成"intellective economy"或"intellectual economy"。润滑经济是知识经济的一种，因此也可以用其上位概念"knowledge economy"来翻译。但是，这两个译文都无法体现该经济活动产生经济效益的方式是应用润滑技术，因此建议译为"lubrication economy (intellective economy)"。

【相关词语翻译】

润滑技术 lubrication technology

润滑管理 lubrication management

肉食女

【原义】以肉食为主的女性。

【新义】这是一个来自日本的新词，是针对另一个网络新词"草食男"

而提出的,用于形容那些主动追求男性的女性。与"草食男"在爱情上表现出的被动、懒惰、不愿承担责任的特征相反,"肉食女"更加主动地追求爱情。(例)于是剩女们也开始学会反思,开始尝试改变,部分剩女们冲破传统的思维定势主动出击,成为了新兴的"肉食女"。(2010 年 12 月 7 日 环球网)仅有 11.6%的女性认为自己是积极争取与男性恋爱的"肉食女"。(2010 年 1 月 11 日 人民网)

【翻译】"carnivore" woman

由于这类女性具有食肉动物的攻击性属性特征,因此利用相应的英文"carnivore"翻译,但应加上双引号,表示使用的是其隐喻意义。

【相关词语翻译】

草食男,"'herbivore' man","草食男"来自日语,指具有草食性动物特征的男性。他们的性格与温顺的食草动物有相似之处,温文尔雅,异性缘十分好,但又只限于与异性保持些许暧昧的关系而不去进一步发展,对爱情采取被动的态度,温和,缺乏激情,也称"食草男"。与"肉食女"的翻译想法类似。

肉食男,"'carnivore' man",指具有肉食性动物某些属性的男性,他们对爱情采取积极主动的态度,浪漫多情,不甘寂寞,也称"食肉男",跟"草食男"相对。

草食女,"'herbivore' woman",指具有草食性动物某些属性的女性。她们对爱情采取被动的态度,温和,缺乏激情,也称"食草女"。

软抱怨

【新义】以较为婉转、隐晦的方式表示不满,使对方在较为和缓的情境中体察怨艾。(例)一起来学学"软抱怨"的方式:指出自己的需要但不责怪或者攻击对方。(2008 年 12 月 10 日《新民晚报》) 只要抛弃"硬批评",而学会"软抱怨",爱情沟通就能让幸福如愿!(2008 年 12 月 12 日《新民晚报》)

【翻译】soft complaint

翻译"软抱怨"借鉴了"软实力"一词的英文说法 "soft power",译为"soft complaint"。

【相关词语翻译】

软罢工,"soft strike",指态度消极地工作,不作为。

软人才,"managing talents",意为管理人才,与技术人才相对。

软新闻,"soft news",以生活方式、人物、家庭、教育之类内容为主的新闻。这类新闻形式上通俗,注重趣味性,娱乐受众,一般无时效性。

软收入,"soft revenue/income",企业或个人在自己的主营产品之外所得的其他正当收入。企业的软收入翻译成"soft revenue",个人的软收入翻译成"soft income"。

润物女

【原义】润物是"滋润万物"之义。

【新义】与"干物女"(崇尚懒散生活、放弃恋爱、将空闲时间用于睡眠的年轻女性)相对,是由"干物女"(himono onna or dried-fish woman)一词衍生而来。指那些信仰爱情,理解感情,对爱情充满向往,经常参加读书培训、健身、美容及不断丰富自身生活的白领女性。(例)为了减轻来自职场的压力,她们只有在自己家中,没有外人能看到的地方,才能彻底地放松身心,做回真正的自己,她们看似干巴巴、懒洋洋的居家生活,其实正是一种节奏缓慢的"润物女"生活。(2008 年 2月 21 日《中国青年报》)李小味(化名)今年 42 岁,未婚,是某大型外企高管,自己买了房子独居。见记者时素面朝天,但看上去仍像刚过 30,衣着优雅的她长相酷似周慧敏,自称是"润物女"的代表。(2008年 11 月 11 日《生活新报》)

【翻译】self-nourished woman

"润物女"曾被译为"woman with active life",此译文只传达了这类女性生活丰富多彩这一属性特征,但"润物女"一词的附加意义更为丰富。建议用英文"self-nourished"来翻译"润物",因为"self-nourished"表示自我滋养、自我补充养分的意思,其概念意义与原词"润"的"滋润"之义吻合。

肉松男

【原义】肉松是用牛、猪等的瘦肉加工制成的绒状或碎末状的食品,干而松散。

【新义】"肉松"指肌肉松弛。多年职场打拼和琐碎的家庭生活使部分男人到一定年龄后变得臃肿、懒散,精神状态和保养情况如"肉松"般松懈、散漫,这正好和"干物女"(dried-fish woman)有相似之处。(例)鱼干女,请别错过爱你的肉松男。(2007 年 11 月 7 日 新浪网)

【翻译】man with muscles like dried meat floss

"肉松男"曾被译为"dried meat floss man",但由于这一译法没有给译文读者提供足够的语境,因此读者无法将"dried meat floss"(食品肉松)的属性特征映射到男性肌肉松弛这一目标域。若将"肉松男"一词翻译成"man with flabby/flaccid muscles",其概念意义清楚明白,但在英语文化中,原词中"肉松"的属性特征与肌肉松弛的男子概念之间缺乏联系。"man with muscles like dried meat floss"这种释意法译文似乎可使相应隐喻机制得以对应。

热码

【新义】该词产生于广大彩民摸索彩票中奖规律的过程之中,指彩票中奖率较高的号码,尤指近十期内出现频繁的号码,与"冷码"相对。(例)对于连出 5 期的热码也应"该出手时就出手",大胆排除。(2004 年 10 月 28 日 中彩网)本期蓝球开出了热码 01,也就是说该号码在最近 10 期中曾出现过。(2010 年 12 月 29 日《潇湘晨报》)

【翻译】hot number

热码实为"热门的号码"之义,因此译其概念意义,其中"hot"表达"热门"之义。

【相关词语翻译】

冷码，"cold number"，指出现频率比较低甚至没有出现的号码。

温码，"mild number"，指最近五期中奖号码中介于热码和冷码之间的号码。

人气

【原义】指人的意气、气质、感情等；人体的气味或人的气息；人的心气、情绪。

【新义】指人或事物受欢迎和受关注程度。（例）组织文化演出，增强市场活力。根据农村实际，组织各种形式的文化演出，丰富经营户和群众业余生活，凝聚市场人气，增强市场活力，推动市场发展，利用农闲时间，邀请山东梆子剧团来市场演出，获得了群众广泛好评。（2010年12月30日 中国共产党新闻网）2010，黄金牛气没有停歇，从年初的不到"千一"，到年尾激战"千四"，随着其他市场的动荡不定，黄金的人气急剧上升。（2010年12月28日《河北日报》）

【翻译】popularity

"人气"一词在英文中恰好对应着"popularity"（受欢迎，流行）一词，而且词性相同，都为名词，直接使用英语中的这个现有词汇。

【相关词语翻译】

"人气"可以与其他词一起构成名词短语、形容词短语、动词短语等，在翻译时要根据具体语境和语法要求来处理。

最具人气的，"hottest; most popular"。

人气旺，人气高，"hot; a hit (+ n.); with strong popularity; a big/smash hit; enjoy great popularity"。

争取人气，"win popularity"。

人气指数，"popularity index"，指持欢迎或支持态度的人的数量，成为用来测评事物的一个优劣标准，最明显的莫过于娱乐圈、体育界和商界。

人肉炸弹

【新义】指恐怖分子将炸弹事先绑在身上，到达目的地后引爆炸弹，与目标物同归于尽。（例）人肉炸弹已成为巴勒斯坦人在这场不对称战争中的新武器。（2004 年 4 月 7 日《联合早报》）惊天动地的巨响，血肉横飞的惨状，频仍的"人肉炸弹"带给以色列的不仅仅是人员、财产的损失，更多的是心灵上的阴影和创伤。（2003 年 7 月 17 日《中山日报》）

【翻译】suicide bomber; suicide bombing

"人肉炸弹"为英语来源词。

热炒

【原义】用热油炒制，用较高的温度、较大的火力炒制菜肴；热腾腾的、现炒的菜肴。

【新义】意指为扩大某人或事物的影响，通过媒体利用捏造、夸大、推测等手段进行夸张的宣传，目的在于制造噱头，引起广泛关注。（例）按照往年的经验，年报预披露时间排名靠前的公司往往会被市场热炒。（2010 年 12 月 31 日《证券日报》）而今，他又担任了建党 90 周年献礼片《建党伟业》的总策划，这部将在 2011 年 6 月上映的、被媒体热炒的片子，目前仍在拍摄之中，这部片子究竟有着怎样的幕后故事？（2010 年 12 月 30 日 中国共产党新闻网）

【翻译】hype; speculate

"热炒"根据使用的语境、所指的对象不同，有两种译法。

通常的媒体宣传、广告宣传等语境下，"热炒"一词可以翻译成"hype"，该词既可作动词，也可作名词，含义为"to publicize or promote, especially by extravagant, inflated, or misleading claims"（大肆宣传，特别是指通过天花乱坠的、夸大其辞的、误导性的言辞进行宣传或推销），符合汉语"炒"的文化语义。

"热炒"用于投资语境下，指投机性地炒卖股票时，可以翻译成

"speculate"。

热风

【原义】具有高热和低相对湿度特征的风的一般术语,例如夏季沙漠地区的风或极端的焚风,也指感觉暖和的风。

【新义】喻指某项活动热烈开展的情状,或某种言论、潮流积极传播的发展态势。(例)同期《十面埋伏》、《投名状》借助电影热风席卷网游。(2010 年 12 月 17 日 人民网)值得关注的是,在一系列重头会议召开之前,北京悄然刮起了一股"经济热风",官方频繁解释新政、智库推出调研报告、专家热议经济走势,透露出当局开始为新一年经济决策作铺垫和预热。(2010 年 11 月 24 日 中国新闻网)

【翻译】hot wind

"热风"一词的新义是原词的隐喻意义,翻译成英语时同样可保留此隐喻形式,用气象学中表示热风含义的"hot wind",因为英语中"hot"一词有"受关注程度高的,受欢迎的"的含义,英语读者可以产生与原词读者相同的联想。

热辣

【原义】比喻言语、文辞尖锐而富有刺激性。

【新义】意指身姿、服饰等热烈性感而充满激情。(例)看看时尚杂志、品牌眼中最热辣性感也最符合他们口味的"坏女孩"吧。(2010 年 12 月 31 日 YOKA 时尚网)"舞后"们则可以用热辣舞蹈施展性感。(2010 年 12 月 30 日《华商报》)

【翻译】hot

"hot"和"热辣"两词的概念意义和文化语义对应,其多个义项分别指食物辛辣,言辞尖锐辛辣,人或事物火辣、有激情。

人脉

【新义】意指社会中因不同人际关系而形成的关系网络,具体指个人拥有的各方面的社会关系。该词是来自日语的外来语，日语将中文"关系"译为"人脉"，该词又回译成中文。（例）为推动项目环评工作进度，文登市环保局充分利用自身的信息优势和人脉资源，积极主动地为企业出点子、想办法、解决实际困难。（2010 年 12 月 31 日《中国环境报》）另外他原先供职于俄罗斯空军，在俄罗斯军界也有广泛的人脉，所以当他从事军火交易时，能够与俄罗斯军方打成一片，获取到他所需要的军火。（2010 年 12 月 30 日 人民网——人民电视《环球七日谈：2010 国际人物谁"最给力"》）

【翻译】personal connections

有人将"人脉"一词译成"personal network"（人与人之间的网络关系），能够传达原词的概念意义。但英语中"connections"一词有"people who you know who can help you by giving you money, finding you a job, etc."的含义，该词易为英语读者理解。

【合成词翻译】在翻译由"人脉"构成的合成词时，要考虑具体语境下的具体含义，可能采取不同的译法。

人脉经营；脉客 man keep

人脉广 extensive network

人脉资源 network resources

人脉关系 personal connections

人渣

【新义】主要用来指称那些品行败坏低劣、道德卑污、令人不齿的人。有的时候也用在气愤的语境中，表示对别人的歧视。该词语可经常见于港台片中。（例）法院经过长达多半年的调查取证，绝不会"冤枉"这个人渣的。（2010 年 12 月 27 日 人民网强国论坛）如果金水区城市管理行政执法局的领导不是一个喜欢暴力、习惯于使用暴力的人，怎么可能容留这种人渣，重用这种人渣。（2010 年 11 月 10 日 人民网强国论坛）

【翻译】riff-raff

"人渣"可以翻译成"riff-raff",其含义为"an insulting word for people who are regarded as noisy, badly-behaved, disreputable, worthless or of low social class",能够在语义内涵和感情色彩(贬义)两个方面体现原词的意义。

日历哥

【新义】是一位因拍摄真人日历走红的网友,他身着熊猫服,根据纪念日做出不同的姿势,拍成照片后用电脑进行后期制作,加上镰刀、斧头、针管、电话、牛奶等,形成了一张张生动、形象的日期照片。"真人日历"源自一美国网站的创意,用真人照片取代日历上的日期,从而形成一种整体的行为艺术。(例)源于美国的"真人日历"如今开始在北京流行起来,同时"日历哥"这个名字也开始成为最新网络红人。(2010年8月26日《北京晨报》)身着熊猫服,根据纪念日做出不同姿势的"日历哥"的感染,成为了不少网友津津乐道的话题。(2010年8月26日《北京晨报》)

【翻译】Calendar Boy

"日历哥"因拍摄真人日历而走红,是中国特有的现象,译其概念意义。

S

散粉

【原义】散着的粉，底妆的一种，其专业名称是"定妆粉"。

【新义】网络意为分散的"粉丝"，即未加入歌友会等特定组织或不专一喜爱某一特定明星的"分散性"粉丝。（例）"散粉"要追星，需要知道时间、地点，需要有机会近距离接触，但这些他们自己做不到，就必须找"职粉"。（2010年12月10日《天府早报》）除了"职粉"，那些真正的粉丝通常被称为"散粉"。（2010年12月10日《天府早报》）

【翻译】chameleon fans

"散粉"同时崇拜很多明星，一会儿是这个明星的粉丝，一会儿又是另一明星的粉丝，崇拜对象多变，这一属性与英语"chameleon"（变色龙）颜色多变的属性相似，故用此译。

散养儿童

【原义】"散养"指分散饲养，是一种饲养动物的方法，多指禽畜的饲养方式。

【新义】"散养"现通常指孩子节假日或周末无课业负担，在更为健康、自由、快乐的生活环境中成长。"散养儿童"意指从家长那里得到更多自由的孩子。（例）与会的教育专家就号召转变幼教观念，将传统的"圈养"改变为"散养"，即由"封闭式教学"转变为"开放式教学"。（2010年6月2日 中国教育网） 关注幼儿身心健康养成，教育专家提倡幼儿园"散养"生态。（2010年6月2日 中国教育网）

【翻译】free-range kid

翻译"散养儿童"时，借用"散养"的英文构词方式。"free range"是指把鸡、鸭、牛等家禽、家畜放出去，让它们自己觅食。"散养鸡"的英语说法就是"free-range chicken"，散养鸡（或鸭）下的蛋则是"free-range egg"。因此，"散养儿童"译为"free-range kid"。

剩女

【新义】意指现代城市中年龄较大且尚未婚配的单身女性。她们往往具备高学历、高收入、高智商、生活独立、条件比较优越等特征，正因如此，其择偶要求通常比较高，成婚率较低，极易最终成为"剩女"。（例）"愁嫁"、"剩女"是时下使用频率很高的两个词，特别针对 30 岁左右还未结婚的女人。这样的女人有一个共同的特点：学历高、收入高、气质好。（2010 年 12 月 30 日 人民网）时下，冠以"族"的流行语似乎多了起来，比如，没老婆的叫光棍族，没老公的叫剩女族，没住处的叫无房族，农民工叫打工族，等等，这些群体往往容易引起人们的同情与关注。（2010 年 12 月 29 日 人民网强国论坛）

【翻译】3S lady (single, seventies, stuck)

"剩女"译为"3S lady"，其中"lady"一词表明了她们的社会地位。三个字母"S"分别表示：Single（单身）、Seventies（大多数生于 20 世纪 70 年代，即年龄 30 岁以上，属于大龄）、Stuck（被卡住了，是指其在寻找结婚对象的过程中遇到了困难）。

扫货

【新义】指大量买进商品或股票期货等。一般情境下，特指女性在每年的打折季大量购入自己心仪的服装、饰品、化妆品等，往往带有非理性消费的寓意色彩。（例）二人又被拍到在香港中环超市扫货，十分温馨。（2010 年 12 月 31 日《广州日报》）事实上，早已过了只有到新年才能添衣购物的物资缺乏年代。但年底仍然是所有人扫货的旺季。（2010 年 12 月 31 日《羊城晚报》）

【翻译】buying spree

有人将"扫货"一词直译成"goods sweeping",虽然能够传达原词中"大量购入商品"的含义,但英语词汇"buying spree"指大量狂乱购物,直接借用此说法,易为目的语所接受。

晒

【原义】把东西放在太阳光下使之干燥;人或物在阳光下吸收光和热;方言,置之不理,慢待。

【新义】泛指将自己的特殊经历、所有物及技能等通过媒体平台展示给别人的行为。该词在网络中被频繁使用,网友将各自生活遭遇、消费体验、工作感受、工资收入、情感况味等,发送到网络上与人分享,由人评说。(例)青岛开发区市政总公司工程公司党员王永君的话,道出了许多基层党员为什么愿意将自己的承诺"晒"在网上的原因。(2010年12月30日《大众日报》)从半遮半掩的笼统罗列到干净利索的"全裸"晒出,政府账本晒出的是人民政府的诚信,晒出的是对公民知情权的尊重,晒出的是信息公开的广阔天地和无限潜力。(2010年12月29日《人民日报》)

【翻译】share

"share"是英语来源词。

【合成词翻译】翻译"晒"一词构成的合成词时,需要考虑具体语境和语义侧重点。

晒工资,"expose one's salary online",是指将自己的工资收入、年终奖金公布在网络上。

晒客、晒友,"Internet sharer",指在网络上,特别是博客中,与网友分享自己的资源(包括自己的想法及生活方式等)的人。"晒客"的实质就是与他人分享(share),晒客的活动往往以网络(Internet)为载体。

晒卡族,"card number sharers",就是把自己的各种打折卡或会员卡等卡号公布出来，供大家使用，同时为自己增加积分的一类人。对于求卡者来说，这无疑为他们带来了实惠；而对于提供卡的人来说，除了无偿供大家使用外，有些可以积分的卡也为自己带来了便利，因为到年底的时候，很多卡是可以用积分换购一些商品的，这体现了互利互惠的原则。

晒黑，"darkness exposure"或"dark side exposure"，是指通过网络将社会上不可告人的隐秘公之于众。根据这一含义，"黑"是"黑暗面，阴暗面"的意思，"晒"是"揭露"的意思。

晒黑族，"darkness exposers"或"dark side exposers"，指热衷"揭黑"，一旦了解到社会上的不平事，即通过网络详细披露，以警示其他网民的人。晒黑族的一个口号就是："只有不想晒的，没有不能晒的。"晒黑族把力量单薄的个体汇聚起来，形成更大的集群力量对抗侵权行为，这更有利于降低侵权行为发生的几率，消费者是十分欢迎的。翻译时将"晒黑"一词变为指人的名词短语即可。

山寨

【原义】在山中险要处设有防守的栅栏的据点；山区设有围墙或栅栏的村庄，绿林好汉的营寨，代表那些占山为王的地盘，有着不被官方管辖的意味；中国西南山区里的村落。

【新义】初指以抄袭、模仿、恶搞等为主要特征，带有反主流意味的社会现象，后泛指模拟、仿造等活动，往往意指仿造高端商品的商业活动。（例）紧接着，网络上开始出现山寨网站，其中最出名的恐怕要算山寨网络搜索引擎了。（2008 年 12 月 8 日《新民晚报》）文章说，默认山寨现象，其实是混淆了一条界限：如果不以获取利润为目的，自娱自乐，引人哈哈一笑，再怎么山寨也无可厚非；可是一旦超越这一界限，自然就涉嫌非法和侵权。（2008 年 12 月 8 日　中央电视台《朝闻天下》）

"山寨"一词源于香港粤语。20 世纪 70 年代香港经济起飞，香港木屋区涌现许多制造轻工产品的家庭作坊，由于简陋的木屋沿山坡构筑，港人戏称这些小规模经营的工厂或家庭小作坊为"山寨厂"。这个俚语中的"寨"是粤人对经营场所的蔑称。"山寨厂"出产的产品也被港人讥之为"山寨货"。在粤语中"山寨"一词也含有"不正规"或"不正统"的意思。"山寨厂"和"山寨货"也可简称为"山寨"，可作名词也可作动词。由于"山寨厂"生产的"山寨货"多为仿制和假冒产品，故"山寨"的文化语义为"模仿"、"翻版"、"冒牌"。

【翻译】Shanzhai (cheap and shoddy copy)

"山寨"一词流行以后，出现了多个译文，如"copycatting"，"cheap copy"，"copy & piracy"，"backstreet piracy"，"counterfeit"，"fake"等。这表明，"山寨"一词尚无广泛认同的英语对应词。前述翻译共同的问题是，仅仅表述了原语概念意义的某一义项，且文化语义的表述不充分，因而应该代以新的译文。新译文必须最大限度地表述原语文化语义。现有的英文词语难以达到这一要求，因此应根据该词语的不同义项分别译出，音译，再辅以解释性词语以最大限度地保留该词语的语义。

【合成词翻译】随着"山寨"一词在网络等媒体上的流行，其应用范围不断扩大，合成词层出不穷。

当"山寨"一词在合成词中语义所指较为宽泛时，可采取音译策略，如：山寨文化，"Shanzhai culture"或"anti-mainstream culture"，指模仿主流文化而形成的一种草根文化现象。"山寨"的精神层面，即我们理解的狭义的一种精神文化现象。其中包括了山寨行为所折射出的主体行为者乃至当前大众的社会心理、审美取向以及社会思潮的涌现、价值体系的新建等。可采取音译策略，翻译成"Shanzhai culture"，或者用语义所指更加具体的译文"anti-mainstream culture"。

山寨现象，"Shanzhai phenomenon"，指经济领域中的仿制、假冒现象和文化领域中的模仿现象。

山寨经济，"Shanzhai economy"，指一种以仿制为特色，将贸易、生产和投资紧密结合，并以贸易为主导的草根经济形态。

山寨潮，"Shanzhai trend"，指社会上兴起的仿冒、伪造、模仿等现象的风潮。

山寨族，"Shanzhai followers/enthusiasts"，指接受山寨文化或选择使用山寨产品的人。

寨友，"Shanzhai pals"，是热衷山寨产品的人的互称。

如"山寨"构成合成词，其文化语义相对较为具体，其翻译应根据具体语境选用不同词汇，采用更为具体的译法，如：

山寨帮，"copycat gang"，指从事仿冒、伪造、模仿等行为的群体。因为"山寨"一词可以用"copycatting"一词表示，此处可借用过来翻译表示人的"山寨帮"。

山寨明星，"copycat celebrity"或"pseudo star"，指因相貌酷似某个演艺界明星而被商家邀请去参加演出、接拍广告、做形象代言人等活动的人。该词中的"山寨"指单纯的仿冒，可用"copycat"或"pseudo"来翻译，其有"假的，冒充的"之意，如："山寨周杰伦"译为"pseudo Jay Chou"。山寨版，"cheap copy"或"anti-official version"或"self-made/homemade"，指商品制造领域或非商品领域中的"仿冒、伪造、廉价"的版本。"山寨版"单独使用，译为"cheap copy"或"anti-official version"；作定语，用于形容家庭作坊式产品时，则译为"self-made/homemade"，意为"自创的"或"自制的"，如："山寨版《红楼梦》"译为"self-made version of *The Story of the Stone*"。

山寨产品，"counterfeit products"，"山寨"的物质层面，逃避政府管理，通俗地说就是盗版、克隆、仿制等，一种由民间 IT 力量发展起来的产业。其主要特点表现为快速仿造、面向平民，主要表现形式为通过小作坊起步，快速模仿成名品牌，涉及手机、游戏机等不同领域。这里的"山寨"强调"仿造，假冒"。

山寨手机，"a fake of cell phone"，指一些小的手机厂商依靠模仿并加以创新，以极低的成本模仿主流手机品牌产品的外观或功能，并稍加改造，最终在外观、功能、价格等方面全面超越这个产品。这里的"山寨"实质上侧重"仿造"之意。

山寨取款机，"fake ATM"。

山寨厂，"a shoddy factory"。

闪

【原义】天空的电光；忽隐忽现；突然显现；侧转体躲避；因动作过猛，筋肉拉伤疼痛。

【新义】网络用语，也说"闪人"，意为突然、迅速地躲避、走开。（例）他接过钱一句话都没说，直接闪人。（2010 年 12 月 29 日 环球网）蔡英文念完稿就闪人，留下秘书长吴乃仁回答记者提问。（2010 年 11 月 29 日 人民网）

【翻译】pop off

该词曾译为"leave suddenly"或"leave unexpectedly"，这虽然可以表达原词的概念意义，但其文化语义表述不充分，英语中"pop off"这个短语在较大程度上可以弥补这一缺憾。

【合成词翻译】

闪跳族，"habitual job hoppers"，用来形容工作不到一年就换工作的人。闪跳族频频跳槽，动辄跳槽，一不高兴就走人，以"80 后"为明显。"闪"强调频率之高，已成为一种习惯。英语中跳槽为"job hopping"，跳槽者即为"job hopper"。

快闪族，"flash mob"， 原本互不相识的人，通过手机或网络，在特定时间、地点聚集后，在同一时间做出令人意想不到的"行为"，然后迅速分散。"快闪族"最早起源于 2003 年 5 月的美国纽约。

闪孕，"quick pregnancy"，指一些白领为躲避经济危机中的裁员风险，将"生子计划"提前，突击怀孕。

闪婚，"闪电式结婚"的简称，"lightening marriage"，青年男女闪电相识，爱情速配，已成为一种时尚。

闪离，"闪电离婚"的简称，"lightening divorce"，有些青年男女结婚短则一个月左右，长则一年左右，就因为小事打得不可开交，直至离婚。

闪居族，"lightening cohabiters"。"闪居"即"闪电同居"的意思。英语"cohabit"表示"同居"，"cohabiters"表示"同居族"。

闪客，"Flasher"，是网络新文化一族。所谓"闪"就是指"Flash"（本意是指闪光、闪现，此处指一种叫 Flash 的软件），而"客"则是指从事某事的人，那么，"闪客"就是指做 Flash 的人，他们用一种 Flash 软件，把隐藏在心里那些若隐若现的感觉做成动画，并将这些作品传播到网上。如今，"闪客"已经与"黑客"、"博客"等概念一起，构成了网络亚文化浪潮。

闪闪族

【新义】指在文艺演出或体育比赛过程中，随意使用闪光灯进行拍照、摄像，或滥用激光笔从看台投射红色光束，制造"光线污染"的一类人。（例）"闪闪族"的身影不仅仅出现在流行歌手的演唱会上，在上海一些高雅艺术演出场所内，经常就会出现手持相机、热情过头的艺术爱好者，他们在剧场内不听劝阻地拍摄，严重影响了演出的进行，更招来了艺术家们的反感。（2008 年 9 月 23 日《新华网》）比起垃圾，这些用光线来制造"污染"的"闪闪族"，不仅影响了演出场所的秩序，更影响了上海市民的形象。（2008 年 9 月 23 日《新闻晨报》）

【翻译】flickerers

"闪闪族"中的"闪"指光的闪烁，用动词"flicker"加上"-er"词尾表示这一行为的主体。

师奶杀手

【新义】"师奶"一词来自粤语，指已婚女子。"师奶杀手"则是指令少妇倾倒的男子。（例）虽然他的长相并不符合人们心目中"浓眉大眼"的美男标准，但他还是凭借着金边眼镜、浅浅微笑的儒雅气质赢得了

"师奶杀手"的称号，粉丝群下到十几岁上到七十岁，着实壮观。（2010年12月29日 秀美女性网） 虽然老濮有点阴柔气，但其还是充满内涵和气质，因此被人称为"师奶杀手"也不为过。（2010年11月19日凤凰网）

【翻译】housewife killer

有人将"师奶杀手"译为"lady killer"，这种表达是很地道的英语，因为英语口语中"lady killer"用来指很容易令女人着迷、倾倒的男人。但原词中的"师奶"强调已婚女性而且多为中年女性，有戏虐味道，因此可用"housewife"一词来替换"lady killer"中的"lady"，将"师奶杀手"译为"housewife killer"。这种译法既保留了该词的文化语义，也保证了目的语的接受性。

实体店

【新义】是与网络"虚拟店"相对应的名词，指建立在一定的硬件设施基础上、地点相对固定的、以营利为目的的商业机构。它的商品既可以是实物，也可以是虚拟商品。"实体店"是网络购物后出现的名词，虚拟店铺，即"网店"，在现实中相对应的店就称之为"实体店"。（例）首先是在上市之后所有实体店中的 iPhone 4 都被一扫而光，随后苹果公司开放的在线预订也被立马挤得网站瘫痪。（2011年1月2日 人民网通信频道）据了解，一般的网络店铺有的虽然也有实体店，但由于规模所限，实质上只能做好一个渠道。（2010年12月31日 人民网通信频道）

【翻译】real store; brick-and-mortar store

"实体店"是"虚拟店铺"的词义扩展，翻译时用"虚拟店"或"网店"的英文反义词。"虚拟店"的英文为"virtual store"，因此"实体店"译为"real store"。"网店"的英文为"online store"，与网络（Internet）相反的英文是"brick-and-mortar"，因此"实体店"也译为"brick-and-mortar store"。

试客

【新义】一般用来指称网络购物中"先试后买"的特殊网民群体。此类人通常在购物前先从互联网上免费索取相关商家的使用赠品，经过仔细试用，并与该群体其他用户相互交流后才决定是否购买。由于他们在购买前都有"试用"这一共同特征，因此被称为"试客"。（例）目前试用网已经能为试客提供涵盖吃、穿、用、玩各个方面数十个品牌的多种商品。（2007 年 10 月 24 日《北京青年报》）该款产品情侣版已经在支付宝上进行免费试用宣传，得到了消费者的广泛关注，不少的试客蠢蠢欲动，提交了试用申请。（2010 年 12 月 8 日 大洋网）

【翻译】free product/service testers

"试客"其概念意义为"free product/service testers"（免费产品或服务试用者）。

熟女

【原义】泛指年龄在 30 岁至 50 岁之间的成熟女人。

【新义】指拥有丰富的人生阅历，气质优雅，温柔体贴的女性。（例）陈奕迅饰演的偷腥宅男与林嘉欣演绎的都市熟女偷尝爱情禁果。（2010 年 12 月 31 日 人民网娱乐频道） 年底她又风光跳槽至环球音乐，转型熟女初获成功。（2010 年 12 月 31 日《新京报》）

【翻译】cougar

"熟女"曾译为"sophisticated lady"，该译文只体现了"熟女"阅历丰富一个特征，原词的文化语义传达得不够完整。可考虑译为"cougar"。"cougar"一词早在 1774 年就出现在英语中，其词义与"panther"和"puma"相当，均指美洲狮。"cougar"为旧词新义，意为"与年轻男子约会的中年女子"。目前"cougar"一词新义的使用越来越多。如：2007 年的电影 *Cougar Club*（《熟女俱乐部》）、时下当红的美剧 *Cougar Town*（《熟女镇》）和真人秀节目"The Cougar"（《熟女》）。

耍大牌

【新义】指自以为在某一领域中具有较高地位和声望，因而自命不凡，高傲自大，看轻他人的傲慢态度。常被用于形容一些名人、明星目空一切的骄横气焰。（例）过去总有媒体报道说哪个明星耍大牌什么的，我们这个片子的演员都没有这些情况。（2010 年 12 月 31 日 中国共产党新闻网）范冰冰是"话题女王"，生活中"绯闻"缠身，演电影被指为"花瓶"，公开露面"耍大牌"三个字常伴左右。（2010 年 12 月 29 日《华商报》）

【翻译】put on airs; high-maintenance

"耍大牌"要译出其文化语义，需根据不同义项分别译出，如强调该词"高傲自大"这一属性，则译为"put on airs"（摆架子）；若强调"挑剔"，则译为"high-maintenance"，意为"难伺候"。

三不女

【新义】"三不女"指称对象常为年龄在 25 岁以上的未婚女性，她们在感情上不善良、不等待、不言败；在生活上不逛街、不盲目、不攀比。"三不女"不像"剩女"那样凄凄哀哀，不像"拜金女"那样势利虚荣，不像"败家女"那样奢侈浪费，也不像"宅女"那样慵懒自闭，她们往往有独立收入，自信且聪明，善于调节自己的生活。（例）如今，这些在生活中"不逛街、不盲从、不攀比但喜欢网购"的"三不女"，被不少人视为"好女人"的代名词。（2009 年 6 月 16 日《中国青年报》）在网民中掀起"嫁人当嫁经济适用男，娶妻当娶三不女"的呼声。（2009 年 5 月 4 日《钱江晚报》）

【翻译】3W lady (lady characterized by wise consumption, wise decision and wise comparison)

翻译"三不女"时，借鉴"剩女"（3S lady）和"3F 女人"（3F lady）（Fun，Fearless，Feminine）的翻译，仿译为"3W lady"。

三失

【新义】是对失去某三种立身重要依据或准则的一类事物或人的统一称呼。如：三失青年，三失老人。（例）"三失"青少年成为学生犯罪团伙的"主力"。（2010 年 12 月 22 日《广州日报》）在社会转型期，部分政府官员失德、失言、失行。法制的严明、法制的公正，还是要在治理这三失现象上下功夫，做到法律面前人人平等，法律必须取信于民。（2010 年 12 月 6 日 中国共产党新闻网）

【翻译】"three losings"

"三失"直接翻译其概念意义——"3 losings"。

【合成词翻译】"三失"的合成词，则要具体说明失去的对象。

三失老人，"'three losings' elderly people (losing intellect, losing competence and losing reliance)"，指失智、失能、失依的老人。

三失青年，"'three losings' young people (losing school, losing job and losing control)"，指失学、失业、失管的青年。

三失女青年，"'three losings' young girls (losing school, losing job and losing virginity)"，指失学、失业、失身的女青年。

三手病

【新义】"游戏手"、"鼠标手"、"手机手"，俗称"三手病"。现代社会中，人们过度依赖电脑、手机等科技产品，使拇指或腕部长期、反复、持续运动，从而引起指、腕损伤，统称为"三手病"。（例）"三手病"患者近期呈现低龄化倾向，在学生、白领人群中大有蔓延之势。（2006 年 8 月 4 日 人民网）

【翻译】repetitive strain injury

"三手病"中的"三手"虽然包含"游戏手"、"鼠标手"和"手机手"三方面内容，但译其概念意义则过于罗嗦。英语中的"repetitive strain injury"（重复性劳损），指由于重复进行有限数量的身体活动而导致的腱、神经或其他软性组织损伤，与汉语原词概念意义吻合。

三限房

【新义】指在商业住房土地出让时，限制套型，限制房价，限制销售对象。也指经济适用房、限价房、廉租房的总称。(例) 对于一些急需人才，可以由政府主导推出微利的"三限房"，以"半买半租"、"分步购买"或者全租赁的方式，提供给职场新人。(2009 年 1 月 16 日《东方早报》) 对于超出经适房收入标准，但买不起商品房第二类"夹心层"，提案建议，不妨开发一种由政府主导的"三限房"，价位介于经济适用住房和商品房之间。(2008 年 12 月 31 日《东方早报》)

【翻译】commercial residential buildings subject to three restrictive measures

"三限房"是对商业住房土地出让的限制，因此译为"commercial residential buildings subject to three restrictive measures"。

"三限房"的另一种含义，翻译为"three kinds of housing (economically affordable housing, limited price housing and low-rent housing)"。该词反映了中国独有的现象，可用释意法翻译概念意义。

三支一扶

【新义】指大学生在毕业后到农村基层从事支农、支教、支医和扶贫工作，简称"三支一扶"计划。(例) 在编制少、人员紧缺的情况下，每个乡（镇、街道）确定 2 名专兼职新农保经办人员，同时分配 2 名"三支一扶"大学生协助办理业务，并在村级组织确定了 1 名新农保协管员，专门从事新农保工作，稳定了经办队伍。(2010 年 12 月 27 日 人民网宁夏频道) 并坚持大中专毕业生面向基层就业，通过组织分配、公开考录、招募"三支一扶"人员等，共有 1600 余名各类大中专毕业生安排在乡镇基层工作。(2010 年 12 月 27 日 中国共产党新闻网)

【翻译】three supports and one assistance

翻译汉语此类数字加实词的缩略词语时，通常保留其缩略形式，翻译实词的概念意义。"三支一扶"中，"支"字有"支持、支援"之意，译为"support"，而"扶"字则有"扶持、帮助"之意，译为"assistance"。

试药族

【新义】指为了经济利益为药厂试用新药的人。（例）"试药族"所说的"同学拉进来"，是大学生"试药族"形成的主要路径之一。（2008 年 9 月 25 日 聚合网）拉人的同学往往就是"试药族"的组织者，有同学称之为"药头"。（2008 年 9 月 25 日 聚合网）

【翻译】drug-test subject

"试药族"概念意义对应英语词"drug-test subject"。

手机幻听症

【新义】本质上是强迫症的一种表现，明明没有人打来电话，可耳朵里经常听见自己手机响，产生"幻听"。（例）"手机幻听症"是无线时代最恼人的副产品之一，这种"手机老在响"的幻觉其实是频繁使用手机导致的一种心理问题。（2010 年 9 月 30 日 新华网）手机是都市人形影不离的通讯工具，随着手机接听频率的增多，如今患有"手机幻听症"的人也是越来越多了。（2009 年 4 月 10 日 人民网）

【翻译】ringxiety

"手机幻听症"曾被译为"ringing cellphone hallucination"、"cellphone auditory hallucination"等，这样的译法固然可以表达原词的概念意义，但不够简洁、形象、口语化，可用英语中已有的"ringxiety"来翻译，该词是采用拼缀法由"ringtone"和"anxiety"构成的。

手机手

【新义】因操纵手机而导致的手指关节的劳损或炎症，病症为手指僵硬，疼痛难忍。（例）除了电脑，手机也是现代人缺少不了的工具，尤其是对青少年来说，用手机发短信，是一天中不可缺少的一件事情，而他们每天发的短信都不下几十条，有的甚至发上百条，这样一来，"手机手"的患者也就出现了。（2008 年 9 月 28 日 新华网）由于长时间发短信，手掌总是不时有神经性疼痛，但自己并不知道这是"手机手"的症状，所以一直没有注意。（2008 年 9 月 28 日 新华网）

【翻译】repetitive strain injury

"手机手"是"三手病"中的一种，因此可用其上位概念"repetitive strain injury"来翻译。

熟年

【原义】丰年。

【新义】"熟年"一词来自日本，泛指年龄介于 45 岁至 64 岁之间的人群。他们拥有自主消费的能力，勇于追求新鲜时尚的事物，但又面临工作、退休、身体健康、家庭婚姻、性生活等问题或危机。在现代中国，30 岁以上即被称为"熟年"。这一类人往往经历了从贫穷到富裕的过程，普遍受过良好的教育，经济条件不错，却一直单身，很懂得享受生活。（例）洋洋旅行社总经理李宜家则建议，可以开发"熟年"粉丝追星行程，例如费玉清、江蕙、凤飞飞等资深艺人在东南亚相当有人气，若能搭配他们的演唱会，规划另类追星行程，相信也会有卖点。（2009 年 7 月 23 日 中国新闻网）日本正面临百年一遇的金融危机，鸿池正面临熟年离婚的危机。（2009 年 1 月 15 日 中国新闻网）

【翻译】the ripe aged

"熟年"不是指一年龄段，而是指该年龄段的人。"成熟"译为"ripe"比"mature"更恰当，因为"mature"一词侧重"成年"的含义，而"ripe"指"成熟"，附加意义是心智方面的成熟，与原词概念意义更加贴近。英语中用定冠词"the"加形容词的形式表示某一类人，因而"熟年"译为"the ripe aged"。

睡眠博客

【新义】部分网友开设博客后疏于打理，更新速度极慢，博客常常处于无人管理、无人问津的状态，这种博客被称为"睡眠博客"。（例）截至 8 月底，中国博客作者规模已达 1750 万，3400 万博客空间。这其中有 7 成以上的是平均每月更新不到一次的"睡眠博客"。（2007 年 6 月 7 日《通信信息报》） 博客实名制是手机实名制和网游实名制的一种生搬硬套，一旦实施，将使更多的博客成为"睡眠博客"。（2007 年 3 月 7 日 人民网网络传播）

【翻译】dormant blog

"睡眠博客"是英语来源词。

手撕袋

【新义】商家提供给顾客自助使用的塑料连卷袋。因用手一撕即可取用，故得名。（例）《广州日报》报道说，限塑令实施以后，虽然各大商场超市塑料购物袋用量明显减少，但超市手撕袋的用量剧增。（2008 年 6 月 12 日 中央电视台《第一时间·马斌读报》）根据相关文件，从 10 月 1 号起，手撕塑料袋除了明确禁止当作购物袋使用外，还要求袋上必须打上"食品用"字样和"QS"等标志，无标识的空白手撕袋只能使用到 9 月 30 号。（2008 年 7 月 17 日 天津电视台《财经视界》）

【翻译】plastic bags on roll

"手撕袋"的中文描述其使用方式，而英语则关注其存放状态，概念意义一致。

刷博

【新义】指利用软件集中大批次点击浏览某人博客，以增加其访问量，抬高其人气，从而达到吸引他人注意的目的。其本身是一种弄虚作假的行为。（例）有位知情人士告诉记者，很多艺人、明星在开博客的时候都会找他们这样的刷博高手，先把点击率刷上去，然后四处宣扬自己的博客点击率高。（2008 年 5 月 9 日《华西都市报》）有一点不可否认，那就是如今网上"刷博"现象已十分猖獗，广告繁多，琳琅满目。（2008 年 5 月 12 日《新民晚报》）

【翻译】professional blog clicking

"刷博"是反复点击某人博客的行为，其目的不在登陆浏览（browse），而在"点击"(click)本身,通过提高博客点击率,以达到沽名的目的。根据这一含义,"刷博"除包含"博客点击"(blog clicking)的语义外,还有利用软件自动点击或雇专人点击的"专业性"这一含义。从这一层意义上考虑,可将该词译为"professional blog clicking"。

双抢族

【新义】指处于就业压力背景下,不得不同时参加研究生和公务员两项考试的高校毕业生。(例)已经加入到"双抢"族中的毕业生,如果很勉强,只是跟风攀比,则完全没有必要。(2007年12月6日 《大众日报》)在省内各大高校里,还有一批特殊的人群"双抢族",他们一边准备研究生考试,一边还报考了公务员,用他们的话说,考研是"抢种",为以后继续学习准备,考公务员是"抢收",大学期间的努力很可能就在这时收获。(2007年12月4日 河南报业网——大河报)

【翻译】contenders for dual opportunities

"双抢族"中的"抢"在就业压力巨大的背景下,应理解为"抢夺"、"争夺",火药味比较浓烈,可用表示"竞争"、"争夺"的"contend",参与竞争的人译为"contender"。他们所抢夺的是双重机会。

三个代表

【新义】前国家领导人对中共执政理念的概括表述,即:中国共产党要始终代表中国先进生产力的发展要求,代表中国先进文化的前进方向,代表中国最广大人民的根本利益。(例)我们要全面贯彻党的十七大和十七届三中、四中、五中全会精神,以邓小平理论和"三个代表"重要思想为指导,深入贯彻落实科学发展观。(2011年1月1日 新华网)在2011年这个伟大的开局之年,让我们紧密团结在以胡锦涛同志为总书记的党中央周围,坚持以邓小平理论和"三个代表"重要思想为指导,深入贯彻落实科学发展观,既珍惜机遇、抓住机遇、用好机遇,又认清挑战、应对挑战、战胜挑战,以更大决心和勇气全面推进各项改革和建设事业。(2011年1月1日《人民日报》)

【翻译】Three Represents

"三个代表"是由数字加实词构成的缩略词语,翻译时通常保留其缩略形式,注意实词的概念意义。根据"三个代表"含义的具体解释,此处"代表"是动词。

三农

【新义】指农村、农业和农民。"三农"这一概念由经济学家提出,后进入中共中央的正式文件。(例)该网站依靠《农民日报》等媒体在各省市会员单位的采编力量发布信息,让广大农民通过互联网及时迅速地了解三农问题的最新法规政策及重要信息。(2004 年 8 月 12 日《人民日报·海外版》) 三农问题,早在今年 3 月份的两会期间,就是重中之重。(2004 年 10 月 11 日《中国汽车报》)

【翻译】rural areas, agriculture, and farmers

"三农"是由数字加实词构成的缩略词语,但因为实词"农"有三个含义,因此翻译时不能用其缩略形式。

【合成词翻译】

"三农"问题 issues of rural areas, agriculture, and farmers

"三农"政策 policies on rural areas, agriculture, and farmers

杀熟

【新义】利用欺骗手段哄骗熟人钱物。(例)赵刚、席丽夫妻二人,均为无业人员,他们见朋友李某有一辆摩托车,二人密谋要"杀熟"。(2004 年 2 月 20 日《京华时报》)据信诚人寿朱加麟总经理介绍:"这些人没有被保险业的一些短视心理污染,不会急功近利地拉保单,杀熟。"(2004 年 8 月 30 日《江南时报》)

【翻译】affinity fraud

"杀"文化语义为"欺骗"(cheat),"杀熟"似可翻译成"cheat the acquaintance"。但英语中有一个短语"affinity fraud"专指利用亲密关系而进行的欺骗行为,因此可以用该词来翻译。

失语症

【原义】大脑言语中枢病变引起的言语功能障碍。症状表现为不能说话，说话有错句、错音或自己虽有说话能力，却对别人的话完全或部分不能理解。

【新义】喻指某一社会群体没有表达自己意见或自身要求的能力。（例）西方出版物的汉译本筑就了今日中国的学术语境，不管你认同不认同，在当今中国文论界、批评界，"失语症"已成了一个客观存在。（2005年4月1日《长江日报》）中国制造患上了"品牌失语症"。（2006年2月24日《世界财经报道》）

【翻译】"aphasia"

"失语症"可用该词的医学术语加上双引号来翻译，提示该词用其隐喻义。

手模

【原义】按在凭证上的指纹，即手印。

【新义】指手模特，其通过手部的演绎展示来表现商品特性，多从事广告拍摄，有时也参加 T 型台表演。（例）昨日，12 双成都最美的手齐聚一堂，成都市首届手模培训班在省教育学院正式开课，通过手模大赛选拔出来的 12 名女孩开始接受全面的形体、审美训练。（2004年8月8日《江南时报》）在此广告中，用户可方便地通过手机任意调整手机广告里"手模"的肤色，寻找到与自己肤色最接近的"模板"，然后即可通过广告里提供的色盘或者指甲油的编号来选择不同颜色的指甲油，直至达到自己最满意的搭配效果。（2010年12月2日 人民网传媒频道）

【翻译】hand model

【相关词语翻译】

局部模特　body parts model

平面模特　still model

广告模特 ad-model

时装模特 fashion model

脚模 foot model

唇模 lip model

发模 hair model

腿模 leg model

三讲

【新义】指中国共产党对其成员的政治要求，包括"讲学习"、"讲政治"、"讲正气"三项内容。"讲学习"，主要是学理论、学知识、学科技；"讲政治"，包括政治方向、政治立场、政治观点、政治纪律、政治鉴别力、政治敏锐性；"讲正气"，就是要继承和发扬中国共产党在长期革命和建设事业中形成的好传统、好作风。（例）结合实际开展"讲党性、讲品行、讲纪律，比学习、比干劲、比贡献"为主要内容的"三讲三比"行动。（2010 年 12 月 29 日《青海日报》）"三讲"教育是一次党内集中教育活动，是在社会主义现代化建设新时期创造的党的建设的新形式。（2010 年 12 月 25 日《前线》）

【翻译】three emphases (to stress theoretical study, political awareness and good conduct)

"三讲"是由数字加实词构成的缩略词语，翻译时通常保留其缩略形式，注意实词的准确含义。此处"讲"的含义是重视、强调，"三讲"是三个方面的强调，因此译为"three emphases"，如要进一步说明"三讲"的具体内容，则加注释"to stress theoretical study, political awareness and good conduct"。

桑拿天

【新义】指气温高、湿度大、令人体感不佳的天气状况。"桑拿天"是引进的新词，"桑拿"（sauna）隐喻闷热，浑身汗水浸透。（例）虽然这两天的气温又稍微高了些，但是已经没有"桑拿天"带给人们的闷热不适之感。（2004 年 8 月 19 日《京华时报》）但是，在向"桑拿天"挥手作别的时候，我们不应淡忘这样的事实，那就是继"水荒"、"油荒"和"煤荒"之后，日益凸显的"电荒"。（2004 年 8 月 26 日《人民日报》）

【翻译】sauna-like weather

"桑拿天"是隐喻映射，喻体具有普遍性，因此保留之。

商品房

【新义】以赢利为目的而建设并销售的房屋。（例）美国政府有一个让美国人都有住房的计划，并把商品房生产作为支柱产业来带动社会经济发展。（2010 年 12 月 26 日《中国福建省委党校学报》）同时，要坚持房地产市场调控不动摇，综合采取财税、金融、土地、市场监管等联动措施，继续抑制投机投资性需求，增加普通商品房供给，努力使人民群众住有所居、安居乐业。（2010 年 12 月 30 日 新华网）

【翻译】commercial housing

"商品房"一词译其概念意义。

【相关词语翻译】

经济适用房 economically affordable housing

限价房 limited price housing

廉租房 low-rent housing

手潮

【原义】手心出汗。

【新义】形容刚刚学会开车就上路的新手，因紧张而手心出汗，故称。后泛指刚接触某一行业或技术的新手。（例）某位手潮的司机临时下车时不仅没熄火，竟然还忘了挂驻车挡，也没拉手刹，结果导致车辆自行移动对一位行人进行了反复碾压，影响极其恶劣。（2010 年 11 月 5 日《南方日报》）省城的"80 后"车主小王是个新手司机，开车"手潮"的他总是受到一些老司机"挤兑"，让他很是郁闷。（2010 年 5 月

21 日《齐鲁晚报》)

【翻译】green (hand)

有人将"手潮"译为"novice"、"beginner"等表示"新手"、"生手"概念，但这些词均用概念意义替代原词的文化语义。而英语词"green hand"与原词一样也是隐喻义，因此用它译之。

素质教育

【新义】一种教育模式，目标为提高受教育者诸方面的素质，重视人的思想道德素质、能力培养、个性发展、身体健康和心理健康教育，与"应试教育"相对应。（例）胡锦涛总书记在全国教育工作会议的讲话中提出素质教育之一是着力提高学生服务国家服务人民的社会责任感、勇于探索的创新精神、善于解决问题的实践能力。（2010 年 12 月 31 日中国共产党新闻网）提高义务教育质量，深化素质教育，使义务教育总体水平在均衡发展过程中得到提升。（2010 年 12 月 31 日《四川日报》)

【翻译】quality-oriented education; education for all-around development

"素质教育"可以译其概念意义，特别需要注意的是"素质"一词的翻译。"素质教育"强调的是"以素质培养为导向的教育"，"素质"一词概念意义的对应英文是"quality"，故将"素质教育"译为"quality-oriented education"。"素质教育"也强调"学生德、智、体、美、劳全面发展的教育"，因此也可译为"education for all-around development"。

三俗艺人

【新义】过分迁就迎合受众的庸俗情趣，从而在表演中加入庸俗、低俗、媚俗内容的艺人。（例）连日来，传统媒体的"板砖"如雨纷纷，对"三俗艺人"的批评不留情面，音像制品惨遭下架。（2010 年 8 月 10 日《楚天金报》)文艺工作者，不是在台上出洋相，更不是卖笑的。三俗艺人不可取。（2010 年 8 月 9 日《新京报》)

【翻译】entertainers being vulgar, distasteful and fishing for cheap popularity in their performance

"三俗"是由数字加实词构成的缩略词语，但因为实词"俗"有三个含义，因此翻译时不能保留其缩略形式，而要将三个跟"俗"相关的概念意义分别译出。

T

掏空族

【新义】指因职场工作繁重，原有知识、能力、创意渐趋匮乏，而又无暇"充电"，工作渐失动力，行将被社会淘汰的人。(例)保持好工作和生活的平衡能够使"掏空族"的生活更上一层楼，而如果有终身学习的规划，他们就一定能够摆脱被"掏空"的命运。(2010 年 3 月 1 日 中国日报网英语点津)都市"掏空族"之所以产生，主要在于职业人群在巨大的工作压力下打拼和竞争时，迫不得已地持续付出相应的体力、精力、情感，以对其工作起到维持作用。与此同时，这一群体的内耗又长期得不到及时补充，习惯性地"入不敷出"最终导致他们身心俱疲，丧失斗志和激情，对生活的态度也变得消极起来。(2007年 5 月 1 日新华网)

【翻译】over-drained clan

有人将"掏空族"中的"掏空"翻译成"emptied"，该词的概念意义相似，但文化语义缺失，而原词中的"掏空"使用的是其隐喻义，指精力、智慧、激情等"内存"被耗尽，因此建议译成"over-drained"。"drain"一词的含义是"to deplete gradually, especially to the point of complete exhaustion"，即逐渐耗尽直到完全枯竭，该词有隐喻义，即文化含义，可用于智慧、知识的耗尽，因此"掏空族"译为"over-drained clan"。

贴吧

【新义】2003 年 12 月 3 日上线的、结合搜索引擎建立的、基于关键词的主题交流社区，在线交流平台可以让那些对同一个话题感兴趣的人们聚集在一起，展开交流和互相帮助。（例）金山公司发现有人在百度贴吧里宣称 360 监控大量用户个人信息，并公布"来自 360 服务器的日志文件"。（2011 年 1 月 1 日　人民网）在《让子弹飞》的贴吧中，询问有关情节的帖子比比皆是。（2010 年 12 月 31 日《潇湘晨报》）

【翻译】post bar; themed site

"贴吧"一词可译其概念意义"post bar"，也可译其文化语义"themed site"，以突显贴吧是供对同一话题感兴趣的人们聚集在一起交流的在线平台的概念。

透视装

【原义】透视指在平面或曲面上描绘自然物体的空间关系的方法或技术；利用荧光学方法的检查；比喻清楚地看到事物的本质。

【新义】指现代女性一种衣着风格，内衣短少而外衣质地轻薄，隐约可见身体曲线。（例）于是，很多明星选择走在露与不露之间，要不穿透视装秀性感，要不内衣外穿玩出位。（2010 年 12 月 22 日　人民网）据悉，剧中饰演大明星的张馨予现场以一袭低胸透视装加黑丝出席，还时不时撩动迷人秀发，性感逼人。（2010 年 12 月 20 日　人民网）

【翻译】see-through look

"透视"是从其他人而非穿衣者本人的角度而言，指其他人可以透过外面的衣服看到里面的身体，因此译为"see-through"，"装"是指装束、流行的穿衣方式，而不是服装（dress），因此译为"look"，"透视装"则译为"see-through look"。

吐槽

【新义】字面意思为"往人家碗里面吐呕吐物"，引申意为在对方面前故意说实话，揭穿场面话或大话，不给同伴或朋友任何面子。不过在很多时候，带有相当的戏谑和玩笑的成分。该词原指日本漫才（类似于中国的相声）里的"突っ込み"，相当于中国相声中的"捧哏"。台

湾地区根据闽南语的习惯表达将其译作"吐槽",大陆地区受其影响也
开始使用。最接近的词是"抬扛"、"掀老底"、"拆台"。(例)吴宗宪
与侯佩岑在拍摄短片现场也展现绝佳默契,只是吴宗宪当起"宁采臣"
时,自嘲自己像个"员外",立刻被侯佩岑吐槽:"什么员外?是店小
二吧!"让现场大家笑翻了。(2010 年 12 月 23 日 人民网)周美青说
话简洁、率真、毫不客套,甚至冲着马英九频频开炮,以幽默的口吻
"吐槽"马英九成为周美青的"风格"。(2010 年 11 月 19 日 人民网)
【翻译】debunk
"吐槽"一词的文化语义强调当面揭穿,因此译为"debunk"。

推手

【原义】古代礼节作揖时的动作;琵琶弹奏指法之一;也叫"太极对手",
是太极拳运动中的一种双人徒手练习,有单推手、双推手等多种形式。
【新义】有力的推动者,能够看到人或事物的潜力,并向其他人推荐,
使之众所皆知。(例)像金石堂、何嘉仁书店的排行榜,是将台湾书籍
商品化的重要推手之一。(2010 年 12 月 31 日《人民日报》)以生态旅
游建设为推手,将太行山大峡谷景区策划推介为"东方地质奇观"、"北
方山地花园"、"中原生态氧吧"以及"中国第一情峡"。(2010 年 12
月 27 日《山西日报》)
【翻译】pusher; driving force
若"推手"用于指起推动作用的人时,可以翻译成"pusher"。若"推
手"用于指某一因素、条件等具有推动力时,则可以翻译成"driving
force"。

托儿

【新义】从旁诱人上当受骗的人。"托儿"本是北京方言,出现在 20
世纪 90 年代初,最初指一个或几个人受雇于商店或是路边摊贩,假装
成顾客,作出种种姿态,引诱真正的顾客购买其产品。卖的是什么东
西,就叫什么托儿,如卖布的叫"布托儿"。 现在人们开始把商业社

会中新兴的这种特殊的"中间人"一概称之为"托儿",看病时会遇上"医托儿",求学有"学托儿",坐车有"车托儿",上酒吧有"吧托儿",就连吃饭都会遇上"饭托儿"。(例)大二学生黄蓓蕾,下学期想修当下校园最热的计算机板块,选课前,她就打探了一圈身边朋友的选课情况,准备找几个"托儿"帮自己打新,增加中选几率。(2010年12月31日《钱江晚报》)如此暴利诱惑,也就难怪个别卫视会不顾及媒体的诚信,拿国际大腕当托儿,博取宣传噱头。(2010年12月30日《北京青年报》)

【翻译】shill; capper

有人将"托儿"按其概念意义翻译为"fake customer",但不符合汉语原词口语化的语体,可用英语中的"shill"或"capper"来翻译,既译出了概念意义,而且这两个英文词都是俚语,符合汉语原词的语体。

【合成词翻译】

车托儿,"shill in car related business",指专门负责代办车辆检测或牌照手续的人。

房托儿,"shill buyer in real estate",指踊跃排队买房制造楼市繁荣假象的人。

话托儿,"shill speaker in talk show",指谈话节目现场安排的踊跃发言的人。

婚托儿,"shill for matchmaking agency",指婚姻介绍所雇来专门与人约会相亲的人。

腐败托儿,"middleman between bribee and briber",指为受贿人和行贿人牵线搭桥的人。

学托儿,"schooling shill",指为他人小孩上学牵线搭桥的人。

医托儿,"hospital scalper",就是医疗骗子,经常出没于医院挂号处、医院大门附近、地铁口、火车站、汽车站、各大网络论坛、健康交流网站、正规医院及周边旅馆的人,他们用欺骗的方法引诱患者及家属误入歧途,把患者骗到一些无医疗资格的小诊所去看病,对患者进行恐吓、敲诈，甚至抢夺财物。

饭托儿，"shill eater in restaurant"。

她经济

【新义】指随着女性经济和社会地位提高，围绕着女性理财和消费而形成的特有的经济圈和经济现象。（例）有着 10 年互联网工作经历的一位业内人士认为，网购市场上，最吸引风险投资将有 2 大领域，一是火爆的"她经济"，另一大受风险投资青睐的则是"拉风型"商品。（2010年 8 月 24 日 浙商网）从目前来看，"她经济"的市场开发仍欠力度，女性的消费方式已从满足温饱向提升和体现生活品质的转变，而消费者对于网购女装廉价、低质的印象是否能转变是新网商取得突破的关键。（2010 年 8 月 17 日 大洋网）

【翻译】she-economy

"她经济"一词的翻译可以借鉴英语的构词方式。比如，在英语中，人们往往把"母狼"叫做"she-wolf"，类似的构词还有"she-dog"（母狗）、"she-goat"（母山羊）等。基于以上所述的英语构词习惯，与女性有关的"她经济"译为"she-economy"。

【相关词语翻译】

她世纪，"she-century"，女性世纪，形容中国政界越来越多女性登上政坛，女性高官增多的现象。

痛快吧

【新义】为学生提供以暴力方式发泄情感、排解内心郁闷的场所。（例）根据心理学研究，宣泄疗法有很多种，可以向朋友倾诉，可以听音乐、高声唱。从小小的一声叹气，到大声痛哭、疾呼、怒吼以及打球、散步、聊天等都可以起到宣泄作用。这些方法要比"痛快吧"里的暴力宣泄好得多。（2010 年 5 月 22 日 新浪网）"痛快吧"的出现，体现了学校对学生心理状态的日益重视。（2010 年 5 月 22 日 新浪网）

【翻译】relief club

"痛快吧"中的"痛快"是情感剧烈发泄之后的结果,是以结果喻本义的转喻,翻译时侧重本义,即宣泄、发泄,因而"痛快"译为"relief",意为"痛苦或郁闷的减缓或解除"。另外,有人将"吧"译为"bar",而"bar"在英语中的原意是指旅店、酒类及其他饮料饮用处或商店的购物柜台,汉语借其意亦产生了"网吧"、"氧吧"、"话吧"、"凉吧"等词,虽在汉语语境中被国人接受,但由于翻译后语境变化,其文化语义随之变化。基于以上考虑,建议将"痛快吧"译为"relief club"。

图书漂移

【新义】一个分享图书的过程,指把书放到公共场所任人取读,任其流落。图书漂移活动源于 20 世纪 60 年代的欧洲,书友将自己不再阅读的图书贴上特定的标签,投放到公园长凳、茶馆、商场等公共场所,其他人便可"偶遇"自己感兴趣的书。拾取的人阅读之后,根据标签提示,再以相同的方式将该书投放到公共环境中去,同时拾取图书的人有义务在阅读完毕后将自己的感受以日志、趣闻、阅读笔记等形式记录下来。(例)在南开大学,一场被寄予美好期望的图书漂移活动,出现了发人思考的转折:140 余本贴有"图书漂移"标签的图书不翼而飞——它们的读者显然并未遵守"阅后请放回原处"的游戏规则。(2006 年 4 月 27 日《光明日报》)也许,会有不道德的人让图书漂移的脚步停下,那么让我们大家一起监督。(2006 年 4 月 27 日《光明日报》)

【翻译】book drifting

"图书漂移"可按其概念意义译为"book drifting",同时保留了其隐喻义。

土腐败

【新义】与"洋腐败"(跨国公司的商业贿赂行为)相对应,指没有外方参与的、本土企业的商业贿赂行为。(例)灰色的商业环境,包括市场信息不够透明,政策法规随意性强,"洋腐败"与"土腐败"互相勾

结等。（2010 年 4 月 6 日　《第一财经日报》）

【翻译】corruption in local enterprises

"土腐败"中的"土"在该词中指本土企业，与外资企业相对，英文是"local enterprises"，"土腐败"译为"corruption in local enterprises"。

囤房捂盘

【新义】指房地产商为谋得更高利润，而对进行公开销售的房屋暂停出售，以哄抬房价的行为。（例）调查中居民对开发商囤房捂盘、哄抬房价等违规行为深恶痛绝。（2010 年 6 月 29 日　人民网）虽然西方房地产的泡沫最终都破裂了，但中国的情况有些不一样：政府调控能力强，能够通过税收、银行放贷、国家建设保障房、打击囤房捂盘等方式，最终引导房价降下来。（2010 年 3 月 19 日《国际金融报》）

【翻译】property hoarding and price rigging

"囤房捂盘"按其概念意义所强调的两个方面"推迟销售应该公开销售的房屋"和"哄抬房产价格"译为"property hoarding and price rigging"。

托业

【原义】赖以成就功业；借此以为治生之业。

【新义】即 TOEIC，中文译为国际交流英语考试，由美国教育考试服务处（ETS）设计，是针对在国际工作环境中使用英语交流的人们而设定的英语能力测评。（例）一些机关、事业单位对求职者是否有大学英语四六级证书感兴趣，而托业考试等证书更受企业尤其是外企重视。（2010 年 12 月 2 日　人民网）我考过计算机三级、托业，但最后应聘中发现，最有用的还是大学 4 年在社团管理中锻炼的能力。（2010 年 10 月 28 日　人民网）

【翻译】TOEIC (Test of English for International Communication)

"托业"一词是英语"TOEIC"一词的音译。

淘客

【新义】指网络购物者，他们在互联网上数以亿计的商品信息中寻找自己感兴趣的商品，进行网络购物，因为商品信息海量，所以称之为"淘"。（例）对于很多淘客来说，首先要淘实惠。（2007 年 9 月 11 日 北京电视台《北京您早》）许多有经验的"淘客"会在打折季开始后，每天盯着海外代购店铺上新打折的大牌包。（2010 年 12 月 14 日 人民网）

【翻译】"treasures" searcher

因"淘客"指在海量商品信息中寻找自己感兴趣的商品，因此该词的翻译可借鉴英语"名词宾语+谓语动词+-er"新词构词方式。这种"找"是在大量信息中进行筛选、比较，与搜索引擎（"search engine"）的工作有些类似，所以"淘"译为动词"search"，而"淘"的人，即译为"searcher"，"淘"的对象，即"search"的宾语，是感兴趣的商品，这些商品在他们看来当时是"宝贝"，因此"淘客"译为"'treasures' searcher"。

淘惠族

【新义】指利用年终节庆商场、超市打折促销之机，不辞辛劳起早赶晚地采购便宜商品的特殊消费人群。（例）一些消费者瞅准时机，哪家优惠就去哪家，他们更是不惜起早赶晚专挑超市便宜货，这些消费者把自己称为超市"淘惠族"。（2008 年 12 月 1 日 新华网） 超市"淘惠族"的出现，折射出人们消费讲求实惠的观念，也反映了全球金融危机形势下，消费者购物更趋谨慎。（2008 年 12 月 1 日 新华网）

【翻译】discount seeker

"淘惠族"的概念意义是商家优惠打折促销活动的追随者，其翻译借鉴"求职者"的英文"job seeker"，译为"discount seeker"。

铁漂

【新义】现代社会中，相当多的年轻人因工作压力或职业发展而离开所居城市，连接他们家庭与工作地之间的多为铁路，火车成为他们往返两地间的主要搭乘工具，这群人因此得名"铁漂"。（例）网友跟帖暖热"京石爱情线" 漂泊者希望不再"铁漂"（2008 年 12 月 5 日 新华网）更便捷的交通，将会扩大"铁漂"的族群，但我衷心地希望有情人终成眷属，铁路线两头的人们可以早日结束漂泊。（2008 年 12 月 26日 腾讯网）

【翻译】weekend-train commuter

在英语中，经常往返于两地之间的通勤者叫"commuter"，该词恰好与"铁漂"一词所描述的奔波于两地的上班族含义吻合。"铁"字是说明这些人往返于两地之间所搭乘的交通工具，即火车，而且是周末的火车班次，即"weekend-train"，所以"铁漂"译为"weekend-train commuter"。

铁的

【新义】指城际铁路轨道交通列车，因乘坐这种列车方便、快捷，如同"的士"，故称。（例）苏州往返上海打"铁的"上班，既省房租又省时间。（2007 年 11 月 19 日《新民晚报》）

【翻译】high-speed train taxi

"铁的"一词将高速的城际铁路列车比作的士，翻译则借此隐喻译为"train taxi"，但为了帮助译文读者更好地理解这种隐喻，建议在"train"之前加上限定语，来说明"火车"与"的士"的相似之属性，即"高速"，因此"铁的"译为"high-speed train taxi"。

探班

【新义】影视工作者的家属或朋友去拍摄地探视。（例）每周都有相关部门的领导前往拍摄现场观看，这么高的探班频率，是过去没有过的。（2010 年 12 月 31 日 中国共产党新闻网） 这名男子是朋友介绍认识的，从国外来的"ABC"，近来还和一群友人到剧组探班林依晨。（2010年 12 月 30 日 西部网）

【翻译】visit

"探班"一词强调的是探视,英文是"visit",该词通常与某人、剧组、拍摄地一起使用,如:"探某人的班"译为"visit somebody","探班某电影的拍摄"译为"visit the shoot of a movie"。

特长生

【新义】指在某些方面(如:音乐、体育、绘画等)具有优于常人的特殊专长、技能的学生。(例)初中校长可根据学生综合素质和发展特长,推荐本校优秀学生和特长生升入四星级普通高中。(2010 年 12 月 31 日 新华网) 扩大高中招生自主权,允许市区热门四星级普通高中按照招生计划的一定比例,自主招收优秀生和特长生。(2010 年 12 月 31 日《无锡日报》)

【翻译】student with special talent

"特长生"一词是中国的特有概念,用释意法译其概念意义"student with special talent"。

替考

【新义】考场中的一种舞弊行为,指用各种欺骗手段假以他人身份代为参加考试的行为。替人代考的人就是所谓的"枪手"。(例)所有被抽查者一律不得请假,不得缺席,不得替考。(2010 年 12 月 27 日《中国青年报》) 比赛或测试组织不规范,替赛、替考现象严重。(2010 年 12 月 27 日《中国青年报》)

【翻译】imposture in examination

"替考"是一种冒名顶替的欺骗舞弊行为,英文"imposture"具有相同的概念意义。

脱线

【原义】指火车脱离了铁路线路。

【新义】脱离常规,不符合常规。(例)在电影中,他饰演时常"脱线"的爆笑河盗独孤鸿,戏里搞笑逗乐,戏外和蔼可亲,上演了一出欢乐又温馨的河盗正传。(2010 年 11 月 30 日 人民网)逗趣的情节、脱线的台词、主持人们的不惜"毁容"的颠覆之作,引得现场观众爆笑连连,掌声不断。(2010 年 10 月 9 日 中国新闻网)

【翻译】have a screw loose

"脱线"的新义是在其概念意义基础上的隐喻,因此不宜译其概念意义"derail"。英文习语"have a screw loose",其含义"to be a little bit crazy, or to act abnormally"恰好与原词的文化语义相符,英文中用"螺丝松"的形象(When a screw is loose, things will fall apart. So a person who has a screw loose is falling apart mentally.)隐喻人行为疯癫,脑子脱线,失魂落魄。因此,其译文的文化意义与原文大致对应。

团奴

【新义】指无明确打算、明确目的,只图折扣,为团购而团购,缺乏理性,最终沦为团购奴隶的人群。(例)然而疯狂囤了一堆团购券后,有人发现,与传统的需求式购物不同,团购有种"被迫消费"的感觉,有人因此称自己变成了"团奴"。(2010 年 12 月 28 日《中国青年报》)2010 年网购一族的生活里出现了一种新鲜的团购消费,他们不必发起组织一次团购,不必去找商家谈判砍价,只需打开电脑登录团购网站便可轻松实现。(2010 年 12 月 27 日 健康网)

【翻译】slave of group purchase

"团奴"用释意法译其概念意义。

【相关词语翻译】

团购学历,"group purchase of diploma",是互动百科网友创造的流行语,用来形容那些集体购买学历的行为,和流行的团购网站一样,团购学历,有人发起,有人跟随。

W

伪娘

【新义】伪：不真实，假。娘：少女，女子。"伪娘"是一个 ACG 界（动画、漫画、游戏）名词，通常指的是容貌秀丽，着装衣饰、行为举止等有女性气质的青年男子。（例）《非诚勿扰 2》里，他是去韩国整容后的"伪娘"建国。（2010 年 12 月 31 日 人民网）没有海选的新闻轰炸，没有"伪娘"、"凤姐"的恶意炒作，有的却是啧啧称赞的口碑和节节攀升的收视率。（2010 年 12 月 31 日 人民网）

【翻译】cross-dressing man

"伪娘"曾译为"pseudo-girl"，不能准确表达原词的文化语义，因为"伪娘"还是正常男性，只不过由于其拥有女性的美貌，穿上女性服装后，可以以假乱真，因此建议译为"cross-dressing man"，其中"cross-dressing"的含义是异装，也就是穿着异性服装。

微访

【新义】指现实生活中与朋友短暂的会面，或与某人打招呼、简短地闲聊，其情景如同网络间的访问微博，故得名。（例）如今又有个词叫"微访"，它可不是什么"微服私访"的简称，而是从"微博"中延伸出来的一个新词。（2011 年 3 月 17 日《环球时报》）

【翻译】microvisit

"微访"一词来自英语"microvisit"。

微博

【新义】即微型博客的简称,因其谐音亦被俗称为"围脖",是一个基于用户关系的信息分享、传播以及获取平台,用户可以通过 WEB、WAP 以及各种客户端组件个人社区,以 140 字左右的文字更新信息,并实现即时分享。最早也是最著名的微博是美国的 twitter。相比传统博客,以"短、灵、快"为特点的"微博"几乎不需要很高成本。(例)四川省委书记刘奇葆通过微博向全国人民和海内外友人恭贺新年。(2011 年 1 月 1 日 四川在线) 党委新闻发言人可创新沟通方式,采用留言板、微博、Q 群等形式,可以更加及时地释疑解惑,澄清误解,引导舆论。(2010 年 12 月 30 日《南方日报》)

【翻译】microblog

"微博"一词来自英语"microblog"。

微表情

【新义】心理学名词,是人在试图隐藏或者控制某种情绪时不自觉地表现出来且持续时间很短的一种面部表情。(例)剧情中"微表情"的运用和莱特曼博士测谎能力"淋漓尽致"的表现。(2010 年 12 月 24 日《新京报》)研究微表情,可以作为沟通的技巧,但不要去以此判断人与人之间是否真诚、忠诚,不要借此去试图揭露谎言。(2010 年 12 月 24 日《新京报》)

【翻译】micro-expression

"微表情"翻译其概念意义,可采用"micro+中心名词"的形式,译为"micro-expression"。

外貌协会

【新义】指在婚姻感情世界中,单纯以貌取人,将对方外貌的美丑作为交往的关键标准的一类人。此类人多以女性为主,其对另一半的外表要求很高,并十分在意对方是否有品位,只对面貌非常帅气抑或美丽的人动心。(例)有很多男生,虽然口头上表示找女朋友当然是看性格,但其实他们都是外貌协会的，女朋友若是身材走形，不再符合他们的审美标准，那么他们就会把女朋友一脚踢开了。（2010 年 12 月 30 日 pclady.com.cn）我不是"外貌协会"的，对外表没什么特别的要求——可以沟通、可以交流、可以分享心情很重要。（2010 年 12 月 7 日 新浪娱乐）

【翻译】good-looks club

"外貌协会"译其概念意义，但要注意此处的"外貌"实际指的是具有姣好外貌的人，因此译为"good-looks"，"协会"也并非真正意义上的一个民间组织，因而译为"club"。

玩具男

【新义】指的是韩国新兴的一代男性，他们的形象反传统，内心敏感，充满诗意，对待女性温柔体贴，却奉行独身主义。（例）"玩具男"这一说法取自韩国 20 世纪 90 年代一个流行音乐组合"玩具"，乐队因歌词伤感且富有诗意吸引了众多女"粉丝"追捧。（2009 年 5 月 25 日 搜狐新闻）

【翻译】toy man

由于"玩具男"一词源自一名为"玩具"的乐队组合，因而译 "玩具男"的概念意义。

玩票

【原义】起源于中国传统的戏曲艺术，特别是京剧艺术，指戏剧业余爱好者业余演戏。

【新义】该词现泛指非专业人员在某类专业舞台所进行的表演活动，多带有反串意味。（例）一次"玩票"似的亮相让观众看到了他的主持天赋。（2010 年 12 月 29 日 人民网）此角也让这位电视剧演员在几乎"玩票"的过程中就稳稳地赚了一回人气。（2010 年 12 月 29 日 玩家网）

【翻译】dabble in; just for fun

"玩票"一词根据其使用的语境不同、词性不同、语体不同,可以灵活地采取不同的译法。若在正式语境中作动词,则译为"dabble in",其英文含义为"把……作为兴趣、爱好尝试一下",与汉语原词"客串、玩一下、不认真"的含义相符。若在口语体中作名词,则译为"just for fun"。

【合成词翻译】
玩票族,"amateur stage fever",是对某些热衷于舞台艺术的非专业人士的称谓,他们有稳定的工作,但却痴迷于艺术,喜欢通过组织、策划和导演业余演出来实现并传播自己的艺术理念。

网恋
【新义】即网络恋爱,指男女双方通过现代社会先进的网络媒介进行交往并恋爱。(例)作为一种网络游戏,"网婚"似乎已经成为继"网上交友"、"网恋"之后的又一"新时尚"。(2011年1月1日《光明日报》)揭开浮华面纱,透视网吧背后,却看到一幕幕网瘾少年的悲惨结局,一个个花季少年因陷入网恋,走向岐途。(2010年12月28日 人民网)
【翻译】cyber love
"网恋"译其概念意义,"网络"可用英文"cyber"一词来翻译。该词在构成合成词时,表示"与计算机和计算机网络有关的",因此"网恋"译为"cyber love"。

网络钓鱼
【新义】指利用互联网假称来自银行或其他知名机构,向用户群发送大量虚假信件,骗取账号、密码、身份证号码等个人关键信息的欺诈行为。(例)网络钓鱼"假日效应"显著,以今年9月为例,伴随中秋、国庆双节的来临,旅游、票务类网站一跃成为当月钓鱼网站投诉处理前三。(2010年12月13日《中国经济日报》)
【翻译】phishing
"网络钓鱼" 早期的案例主要在美国发生,来自英文单词"phishing",

与"钓鱼"一词的英语"fishing"发音相同。"phishing"一词最早出现于 1996 年,自 2000 年开始逐渐出现在各种媒体中。至于它的词源,一般的观点都认为该词是"fishing"(钓鱼)一词的再拼形式(respelling),是"fishing"和"phone"的综合体,由于黑客始祖起初是以电话作案,所以用"ph"来取代"f",创造了"phishing"。当然,它也符合英语新词造词过程中用"ph"代替"f"音的规律。根据这种规律创造的英语词语还有"phreaking"(非法利用电子装置打免费电话,盗用电话线路)、"phat"(性感的)等词。

【相关词语翻译】

短信钓鱼,"smishing",利用短信窃取用户信息以达到诈骗目的,是手机版的"网络钓鱼"。"smishing"一词是拼合词,结合了"SMS"(短信服务)和"phishing",它最早出现在媒体的时间大约是 2003 年。

蜗居

【新义】可作名词比喻窄小的住所;也可作动词,意为在狭小的房子里居住。著名作家六六以此为题,于 2007 年出版长篇小说《蜗居》,小说围绕住房问题讲述了现代都市青年的情感故事,描写了年轻人在城市中的挣扎,徘徊在理想与现实中的无奈和困惑,以及像蜗牛一样带着脆弱的保护壳在狭小的生存空间里生活的状态。(例)我也知道所谓"蜗居"的滋味,因为我从小学到离开家的时候,全家五口人只有 9 平方米的住房。(2010 年 12 月 27 日 中国共产党新闻网)当今社会科学技术日新月异,各种新问题层出不穷,如果依照老经验、老办法,那么我们就永远是思想层面的"蜗居者",永远是别人后面的"爬行者",就不足以领导科学发展。(2010 年 12 月 15 日《湖南日报》)

【翻译】pigeonhole; a nutshell of a house

"蜗居"一词的概念意义是"poky room"、"humble abode"、"dwelling narrowness"等,删去了原词中的隐喻源域"像蜗牛壳一样狭小的地方生活",显得过于单调、直白。英语中 "蜗牛"(snail)一词只有"缓慢"这一属性突显，而"狭小"的属性则是汉语文化关注的一个属性。英语中类似的小得可怜的房间叫做"pigeonhole"，其文化语义正与"蜗居"相同，因此"蜗居"一词英译为"pigeonhole"。另一种译法，可以借鉴英语隐喻常用的结构"a+名词1+of+a+名词2"，其中"名词1"为喻体，"名词2"为本体，"蜗居"一词译为"a nutshell of a house"，"nutshell"的本义是"坚果壳"，其隐喻义为"窄小的住所"。类似的隐喻结构还有"an angel of a man"（完美无缺的人）、"a saint of a man"（圣人般的人物）、"a peach of a cook"（一位出色的厨师）、"an oyster of a man"（很少讲话的人）、"a whale of a man"（大块头男子）。

【合成词翻译】

蜗居族，"pigeonhole dwellers"，像蜗牛一样在狭小的生存空间里生活的人们。

蜗蜗族

【新义】指目前中国社会中担负巨大压力，努力追求，拼命工作，但最热爱玩乐、喜爱户外运动的族群。这一族群有三大主要特征。首先，他们以网络为主要交际媒介，交友、购物甚至求偶都通过网络进行；其次，在拼命工作的同时懂得享受生活，为自己减压，注重自己的薪酬及未来的发展空间，重视身体健康，是户外运动的狂热分子。第三，他们绝对另类，彰显自我与个性，喜欢享用"我就喜欢"的麦当劳，喜欢"要爽由自己"的可口可乐，喜欢用"我的地盘听我的"的动感地带。（例）"蜗蜗族"，他们是一群职场上搏命，玩乐时拼命的族群。（2010年11月17日《佛山广播电视周报》）

【翻译】woo-woo

"蜗蜗族"是一个勇于追求、能干能玩的群体，鉴于英语中的"woo"一词有"执着追求"之意，与"蜗蜗族"的文化语义有相似之处，因此该词译为"woo-woo"，既含"追求"之意，又与原词谐音。

我一代

【新义】指出生于 20 世纪 80 年代的这一代人，他们多为独生子女，比其父辈接受到更好的教育，有较高文化修养，有更广阔见识，但往往凡事以自我为中心，考虑问题、处理事务时常显露"自私"本色，故被称为"我一代"。（例）目前，美媒又创新词"我一代"用以形容中国 80 后，认为由于独特的性格特征及社会环境，"我一代"将使中国离婚率升至新高。（2010 年 11 月 9 日《重庆晚报》）八名少女本月 15 日穿上印有"我一代，不是富二代"字样的 T 恤，协助交警维持秩序，并分发宣传文明驾驶的传单，传单上就包括了上述语录。（2009 年 8 月 28 日 中国新闻网）

【翻译】Me Generation

"80 后"这个话题不只在我国国内闹腾得沸沸扬扬，喜欢创造新词的美国人居然也对它感兴趣了，甚至还以自己短暂的文化历史为依据，给中国的"80 后"起了个美国人一看就懂的词"Me Generation"，翻译过来应该是"以自我中心的一代"或"自我中心一代"。如果用简单的网络化语言表述，就干脆译成"我一代"。

网晒

【新义】指网友在网络间与他人分享自己喜爱的物品或生活琐事乃至情感经历等，其目的主要在于沟通交流，是非物质利益的情感经验与情感传递。"晒"的过程是一个认识自己、听取意见、学习他人的过程，"网晒"已成为一种个人寻找群体的联络方式。（例）除了执法部门纪监部门强化工作责任感和把准法律政策外，把约谈对象、约谈问题及处理结果及时进行网晒也是很有效的一条。（2010 年 12 月 21 日《中国青年报》）90 后大学生网晒开销，诉每月只有 600 元怎样活。（2010 年 11 月 6 日《华西都市报》）

【翻译】share on Internet

"网晒"根据其在网络上与他人分享的含义，译其概念意义"share on

Internet"。

【相关词语翻译】

网络晒衣族，"Internet clothing shaker"，是晒客的一种，多为女网友，将自己的衣服拍成图片发到网上，与人交流搭配心得。"网络晒衣族"实际上就是利用网络"捣饬"衣服的晒客，这种把不同的衣物颠来倒去不断搭配的做法，与英语中"shake"（摇晃摆弄）的行为相近，而且"shaker"一词与"晒客"也有谐音之妙。

威客

【新义】指通过互联网把自己的智慧、知识、能力、经验转换成实际收益的人，他们在互联网上通过解决科学、技术、工作、生活、学习中的问题从而让知识、智慧、经验、技能体现经济价值。"威客"一词最先来源于"witkey"，是一网站的名称（witkey.com），该词是由"wit"（智慧）和"key"（钥匙）两个单词组成，也是"the key of wisdom"（打开智慧之门的钥匙）的缩写。（例）互联网在经历了博客、威客、拍客、闪客等多个"客"之后，"切客"兴起。（2010 年 12 月 21 日《中国青年报》） 众多威客网站一味跟风，在对自身和市场缺乏思考和了解的情况下，贸然涉足威客领域。（2010 年 12 月 20 日 人民网）

【翻译】witkey; witkeyer

"威客"一词来源于英文单词"witkey"，或按照英文表示人的构词法，在其后加上后缀"-er"，译为"witkeyer"。

【相关词语翻译】

博客，"blogger"，写博客的人。博客最初的名称是"weblog"，由"web"和"log"两个单词组成，按字面意思就是网络日记，后来喜欢新名词的人把这个词的发音故意改了一下，读成"we blog"，由此，"blog"这个词被创造出来。在中国大陆有人往往也将"blog"本身和"blogger"（博客作者）均音译为"博客"。而在台湾地区，则分别音译成"部落格"（或"部落阁"）及"部落客"。

播客，又被称作"有声博客"，"podcast"，用户可以利用"播客"将自己制作的"广播节目"上传到互联网上与广大网友分享。"podcast"一词来源自苹果电脑的"iPod"与"broadcast"（广播）的合成词。

维客，也称为"维基"，"wiki"，它其实是一种新技术，一种超文本系统。这种超文本系统支持面向社群的协作式写作，同时也包括一组支持这种写作的辅助工具。也就是说，这是多人协作的写作工具。而参与创作的人，也被称为维客。"WikiWiki"一词是来源于夏威夷语的"weekeeweekee"，原意为"快点快点"。

拼客，"mass bargainer"，近年来出现的新兴群体，这里的"拼"不是指拼命、拼抢，而是拼凑、拼合。"客"代表人。狭义的"拼客"指为某件事或行为（如：旅游、购物），素不相识的人通过互联网，自发组织的一个群体。

印客，也称"IN客"，"Inker"，指通过一些提供自助印刷服务的网站，按照自己的需求，将所画的、所写的或拍摄的事物制成具有保存价值的个性化印刷品的人，这些印刷品包括台历、相册、书籍，甚至是 T 恤，印量不多，花费也不高，大多属于自娱自乐。

切客，"checkin"，就是用户借助智能手机，每到一个地方，就发一条微博，随时随地向好友报告自己的行踪，分享该位置的信息。

文化低保

【新义】指构建为最广大的普通百姓日常生活所需的"最低文化生活保障线"，具体指通过政府投入，保障和实现低收入居民、残疾人、老年人、少年儿童等特殊群体，尤其是山区农民的基本文化生活需求和基本文化权益。（例）文化中心、文化俱乐部、文化户等，为"三下乡"活动的深入持久开展提供了广阔舞台，并涌现出南安"文化低保"、长乐"半小时文化圈"等一批先进典型。（2010年12月23日《福建日报》）为了满足农民的基本文化需求，让生活在同一片蓝天下的人们共享文化发展成果，山西晋城市进行了积极的探索，由政府买单，在农

村实施"文化低保"。(2010 年 11 月 26 日《农民日报》)

【翻译】non-material allowance for vulnerable groups

所谓"文化低保",意为"在文化生活方面对某些弱势群体给予保障",因此译其概念意义。

文替

【新义】指文戏替身,为加快拍戏进度,剧组经常分 A、B 两个组同时拍摄,文替负责代替主演拍全景戏或有背影的戏。(例)子怡在剧组享受的是国际影星的待遇,王家卫为其准备了两个替身,一个为文替,一个为武替。(2010 年 3 月 31 日《天府早报》)澄清一点,当时做的是"文替",非"裸替"。(2009 年 4 月 9 日 人民网)

【翻译】minor-scene substitute

英文中"substitute"泛指人或物的替代品,"文替"是指一些次要镜头的同步拍摄,用释意法译其概念意义"minor-scene substitute"。

【相关词语翻译】

替身,"body double",指在录像带或电影等视觉作品中代替知名演员出演某一角色的替身演员,"body double"是"替身"对应的一般通用词汇。

武替,"stunt double"、"stunt person",武戏替身主要是拍一些普通演员不能完成的武打镜头、高难度动作、危险动作。

裸替,"body double",为成名的演员做裸体的替身,也就是在当大牌明星不愿意出演裸露镜头时,找替身演员来做替身。

光替,"stand-in",打光的替身,有些镜头,要用升降机架上摄影机高空拍摄,机位调整很费时间,而主演当然没有时间一动不动地在那里等着打光,所以用替身代替主演等待机位高速打光照明。

巫毒娃娃

【新义】源起于非洲南部,系巫毒教施法所用之灵媒。多以兽骨、稻草制成,面目狰狞,常被认为含有诅咒意义。但是有时也被认为含有守护、治疗、恋爱等正面的法术，因而相应产生了运用精巧的手工发展出的一系列内涵以及名称各异的主体巫毒娃娃。（例）巫毒娃娃风靡一时，有着关于爱情、成功、幸运、健康、保护、祛邪相关的法术，帮助人们更好地实现自己的理想。（2010 年 12 月 9 日 人民网）海量的会员数和适宜的年龄区间，使得"家务骰子"、"巫毒娃娃"等商品获取到极为便利宽广的流行通道。（2010 年 11 月 29 日 人民网）

【翻译】Voodoo doll

"巫毒娃娃"译自英文"Voodoo doll"，"Voodoo"一词来自达荷美共和国的语言"vodu"，意指众神（gods）。

捂盘惜售

【新义】从字面意思理解是"捂住楼盘，舍不得把房子拿出来销售"，其目的和"囤房捂盘"一样，都是为了哄抬房产价格。（例）2010 年济南的楼市仍是开盘之后公开的房源很快就会被售空，盖房子的速度比不过卖房子的速度，再加上有些开发商捂盘惜售，更加剧了楼市资源的紧张，间接促进了房价的上涨。（2011 年 1 月 5 日《山东商报》）按照规定，在未取得《商品房预售许可证》前，不得以诚意金、VIP卡、会员卡等各种方式收取预付款，不得变相捂盘惜售，不得随意哄抬房价，不得签订虚假合同、阴阳合同等。（2011 年 1 月 5 日《城市信报》）

【翻译】property hoarding; to sell at main chance

如果译"捂盘惜售"其概念意义，难免拖沓累赘，而该词的文化语义是强调"捂住楼盘，囤积楼盘"的做法和手段，译为"property hoarding"；该词还强调"等待价格上涨后再销售房屋"的最终目的。在英语中，"main chance"即表示发财赢利的最好机会，因此"捂盘惜售"译为"to sell at main chance"。

卧槽

【新义】与"跳槽"相对的一种现象。喻指职场上，善于把握人才市场走向，司职份内工作，拒绝轻率跳槽，精于韬光养晦的一类人。（例）只有两成"卧槽"者对目前的工作满意，言外之意，八成都不满。（2010年11月5日《北京晨报》）职场人由"卧槽"到"跳槽"，加速了网络求职的升温。（2010年3月26日 人民网）

【翻译】job gripping; job hugging

"卧槽"是 "跳槽"（job hopping）一词借助转喻机制生成的新词语，"槽"即为"job"（工作），而"卧"即是"保持住"（hold on）、"紧紧抓住"（maintain a firm grasp）的意思，因此译为"job gripping"或"job hugging"。

【合成词翻译】

卧槽族，"job-hugging clan"，指安静地"卧槽"不动并抓紧时间自我充电，为长远发展做准备的职场人士。

娃奴

【新义】也称"孩奴"，指父母一生都在为子女打拼，为子女忙碌，为子女挣钱，一切以孩子为中心，为养育孩子过分用心受累，背上沉重负担，而失去了自我价值体现的生活状态。（例）年轻人已是"房奴"加"车奴"，如果生了孩子，背上沉重的经济负担，就成了"孩奴"，"一辈子活在奴隶社会"。（2011年1月4日 人民网强国论坛） "短腿"的社保、高强度的工作、子女教育、户籍门槛……让中产们成了"房奴"、"车奴"、"卡奴"、"孩奴"……（2010年12月23日 人民网强国论坛）

【翻译】child's slave

"娃奴"译其概念意义，但需要注意的是不能译为"child slave"，而应译为"child's slave"，因为"child slave"的语义是"童工"。

【相关词语翻译】

房奴，"mortgage slave"，房屋的奴隶，指城镇居民抵押贷款购房，在生命黄金时期中的20到30年，每年用占可支配收入的40%至50%甚至更高的比例偿还贷款本息，从而造成居民家庭生活的长期压力，影响正常消费，使得家庭生活质量下降，甚至让人感到奴役般的压抑。

车奴，"car slave"，原本是指那些打肿脸充胖子的人，明明养车很吃力还要买，弄得自己不敢吃好不敢喝好，还美其名曰提高生活质量。现在，"车奴"并不是贬义，它只是一种生活方式而已。

卡奴，"card slave"，信用卡、现金卡的奴隶，指一个人使用大量的现金卡、信用卡，但负担不起缴款金额或是以卡养卡、以债养账等方式，永远都是一身债，一直在还利息钱。"卡奴"这个词首先出在台湾地区，各家银行为了推广自己的信用卡，办信用卡的手续很简单，而且鼓励年轻人办信用卡，有的人把这张信用卡用透支了，为了还款，就去另一家银行办信用卡去还这家银行的债，因此就被信用卡所奴役。

婚奴，"wedding slave"，指因结婚花费巨额费用而造成婚后生活陷入困境的人，婚奴是受"奴役"于婚礼（wedding）而不是婚姻（marriage）的新人。

无龄女

【新义】指看不出真实年龄的女性，多指比真实年龄显得年轻的女性。（例）打造"无龄女"需要在软硬件两方面都下足工夫，软件自然是指健康积极的心态，敢于面对真实的自己，充分享受当下的幸福；硬件方面，除了数量多得无法尽言的化妆品之外，日常的服饰装扮是最重要的一环。（2009 年 3 月 16 日《广州日报》）

【翻译】young looking lady

"无龄女"译其概念意义"young looking lady"。

网瘾

【新义】即网络成瘾，又称网络过度使用症，指上网者由于长时间地和习惯性地沉浸在网络时空当中，对互联网产生强烈的依赖，以至于达到了痴迷的程度而难以自我解脱的行为状态和心理状态。（例）网络是一把双刃剑，既带来了海量的信息，同时也产生了青少年网瘾问题，在农村的"文化白纸"亟待上色时，影响了农村的文化建设。（2010年12月30日《人民日报》）现在很多青少年网瘾造成了失学、辍学，网瘾造成了青少年很早就进入婚恋，而且网瘾使很多青少年放弃了学业，这是很可怕的一件事情，这个差异是很大的差异。（2010年4月2日 中国共产党新闻网）

【翻译】Internet addiction

玩家

【新义】原专指一些玩电脑游戏的人；后泛指各类电子产品的使用者，如 DV 玩家、手机玩家等。（例）在已经正式营业的 3 家动漫游戏城里，喜欢玩轮盘的玩家最多。（2010年4月19日《西藏商报》）电子游戏借助游戏引擎、3D 画面、人物建模、视觉仿真、听觉仿真等，综合利用视觉、听觉、触觉、味觉等多种传感通道营造现场感，玩家可以进入游戏灵境的"虚拟现实"。（2010年3月19日《人民日报》）

【翻译】player

"玩家"一词对应的英文单词为"player"。

网虫

【新义】沉溺于上网的人。（例）该公司确定的"网民"概念为所有接触互联网的人，包括"大部分时间花在网上的网虫"和每月使用互联网 1 次以上的人。（2011年1月4日新华网）现在的"80、90后"官兵几乎没有人不会上网，更不乏"网虫"、"网迷"，如果作为连长不会用，不会玩，不做"网络达人"，不思考网络带给战士们正面负面的影响和应对措施，就很难和他们沟通。（2010年12月30日 人民网军事频道）

【翻译】mouse potato

"网虫"一词不宜直译为"Internet worm"，因为英语中"worm"在计算机相关语境下的含义为"蠕虫"。"网虫"一词的地道英文表达应为"mouse potato"，"mouse potato"是仿"couch potato"（电视迷）而创造出来的，"couch potato"指的是那些拿着摇控器、蜷在沙发上、眼睛跟着电视节目转的人，而"mouse potato"形容那些每天坐在电脑前不停按鼠标，花很多时间使用电脑或上网的人。

危改

【新义】危旧房屋改造。（例）投入资金 2295 万元，完成校舍危改建筑面积 3.3 万平方米。（2011 年 1 月 4 日 中国共产党新闻网） 贵阳市将农村危房改造作为一项重要民生工程来抓，不仅成立了由市长担任组长的"危改"工程领导小组，还建立起市、县（区）、乡（镇）、村四级工作机制，实行领导包村、干部包户的责任制，将"危改"责任明确到人。（2011 年 1 月 2 日 中国经济网）

【翻译】rebuilding (of dangerous and old houses); renovation (of dangerous and old houses)

"危改"一词可译其全部概念意义"rebuilding of dangerous and old houses"或"renovation of dangerous and old houses"，若在特定语境下，则可只用"rebuilding"或"renovation"。

无厘头

【新义】指故意将一些毫无联系的事物、现象等进行莫名其妙的组合、串联或歪曲，以达到搞笑或讽刺目的的方式。"无厘头"包含三重含义：夸张、讽刺和自嘲。"无厘头"是粤方言（moy len tau），本应写作"无来头"，因粤方言"来"字与"厘"字读音相近，故写作"无厘头"。（例）这部戏与前些年流行的《春光灿烂猪八戒》之类的电视剧一样，属于无厘头的戏说神话剧。（2011 年 1 月 1 日《广州日报》）《神奇侠侣》是超人的外衣，爱情的衬里，说到底，这部戏还是在讲俩夫妻的爱。与以往古天乐和吴君如的无厘头不同，这次两个人都是认认真真演喜剧。（2010 年 12 月 31 日《新快报》）

【翻译】nonsensical

"无厘头"强调的是"将一些毫无联系的事物、现象等进行莫名其妙的

组合",也就是荒诞、荒谬,因此译为"nonsensical",其含义为"absurd,
lacking intelligible meaning"。

外来务工人员

【新义】指的是外地来本地城市打工的人员,和"民工"含义相近,一
般泛指建筑行业、搬运行业等技术含量低、以体力劳动为主的从业人
员。(例)天津广播电视大学与滨海新区有关部门签署了开展外来务工
人员素质提升工程协议。(2010 年 12 月 30 日《天津日报》)重点发展
公共租赁住房,加快解决低收入和中等偏下收入群体、新就业职工和
外来务工人员住房问题。(2010 年 12 月 30 日《人民日报》)

【翻译】migrant workers

"外来务工人员"强调的是"从外地迁移到当地工作的工人",因而译
为"migrant workers",其中"migrant"的含义为"an itinerant worker who
travels from one area to another in search of work",指"不断从一地迁
移到另一地寻找工作的流动工人",与原词的概念意义相符。

X

吸金

【新义】指快速攫取金钱财富，过程相对轻松，犹如吸水。该词主要适用于明星或名人、企业、项目、大型经济活动。（例）他们特别挑选八号洋房，取其"八"与"发"字谐音相似，寓意发哥继续吸金力强，而且八号新居代表发哥，甚好意头！（2011年1月5日 新华网）目前，不少低端酒已经推出大幅打折等促销手段，使尽浑身解数揽客吸金，受到消费者青睐。（2011年1月5日《石家庄日报》）

【翻译】money spinning

"吸金"不宜直译成"gold sucking"，但若译为"money making"，只传达了"赚钱"这一含义，没有突出原词所强调的"赚钱速度之快"的含义，因而建议译为"money spinning"，"spin"的本义是"to make something turn around and around very quickly"（使某物不断地快速旋转），此处借其隐喻义。

洗具

【原义】指清洗用具，如牙刷、牙膏、沐浴液、洗头液等，也指洗厕所用具。

【新义】延伸为网络流行语，谐音"喜剧"。（例）写这个故事，是想表现80后在现在都市生活的压力下的一些真实生活，以及所折射出来的真实情感。生活是自己的"杯具"，别人眼中的"洗具"。（2011年1月4日《东方早报》）回望2010年的文化圈、娱乐界，网络再次扮演重要的角色，微博、博客搭建起既虚拟又真实的舞台，各色人等上演一出出"洗具"、"杯具"、"餐具"，然而给力的不多，让人失语的不少。（2010年12月30日《北京日报》）

【翻译】comedy

"洗具"与"喜剧"的谐音现象只存在于汉语中，因此翻译时只能译出其概念意义"喜剧"，译为"comedy"，而其谐音效果则难以表达。

【相关词语翻译】

杯具，"tragedy"，谐音"悲剧"。

餐具，"tragic"，谐音"惨剧"。

戏骨

【原义】指京剧演员形态风流，演戏惟妙惟肖，演什么像什么，而且演戏很投入。

【新义】现在用来形容演技高超，功力深厚，一般在戏中担纲任骨干角色的演员。（例）该片作为庆贺建党九十周年的献礼片而创作，演员阵容庞大，众多戏骨级大腕甘当绿叶，堪称电视剧版《建国大业》。（2011年1月5日 人民网）老戏骨杜雨露扮演程潜再秀演技。（2011年1月5日《东方早报》）

【翻译】chameleon-like actor

"戏骨"若按其概念意义译为"play bone"，则会使译文读者不知所云，建议意译为"chameleon-like actor"。译文中使用了一个动物形象"chameleon"来隐喻这样的演员，变色龙可以根据不同的环境来变换颜色，同样演技高超的演员可以将各种不同的角色演得惟妙惟肖。

虾米族

【新义】2009年9月，肯德基推出主食产品"至珍七虾堡"，在一个汉堡的空间里，并排放进了七只货真价实的大虾，由此引发了关于"小空间大生活"的讨论，"虾米族"也因此得名。他们一般是收入有限的上班族，生活在金融危机背景下，每天局限于狭小的生活空间之中，但善于计划，精于谋算，充分发挥自身智力创意，将每一分钱都用得极具效率，从而在小空间中拓展出丰富的生活领域。（例）随着 10 月中国居民消费价格指数（CPI）创下 25 个月来新高，提倡花好每一分钱的"虾米族"，越来越受到"80 后"们的拥趸。（2010 年 11 月 23 日 中国新闻网）花最少的钱，办最多的事是"虾米族"理财的重要法则。（2010 年 11 月 23 日 中国新闻网）

【翻译】shrimp clan

鉴于"虾米族"一词源自肯德基的一款虾类汉堡，考虑可以译其概念意义"shrimp clan"。

小三

【新义】是对"第三者"的贬称。（例）随着我国法治的发展，职务犯罪预防和惩治腐败力度逐步加大，然而一些案件惩治腐败的线索多来源于偶然，比如贪官戴了天价手表被人肉搜索、发妻不满贪官"找小三"激愤灭亲等等。（2010 年 12 月 9 日《北京日报》）群众虽然不是腐败分子腐败行为的目击者，但对其腐败的苗头——谁的收入跟支出不成比例，谁家的房产有几处，谁在外养了"二奶"、"小三"……都了然于胸。（2010 年 11 月 5 日 中国共产党新闻网）

【翻译】the other/third woman

"第三者"通常译为"the third party"，但这种说法可以指任何事情中当事人以外的"第三方"，属于中性词汇，没有贬义。作为影响他人婚姻的"第三者"，可借用英语里比较婉转的说法"the other/third woman/man"。"小三"这一称呼大多指女性。

【相关词语翻译】

小三转正，"mistress replacing original wife"，转正了的小三，指第三者成功拆散一对夫妻，从而使自己升级"转正"为对方的合法配偶。
二奶，"mistress"或"kept woman"，泛指男人除原配夫人外，以夫妻名义共同生活或虽无夫妻之名但长期与有妇之夫保持情人关系的女人，"mistress"和"kept woman"两个词都指"a woman who has a continuing sexual relationship with a usually married man who is not her husband and from whom she generally receives material support"（情妇，外室，与已婚但又不是自己丈夫的男子保持长久的性关系，并从他那里得到物质支持的女人）。

校漂族

【新义】是指大学生毕业后因各种原因仍然滞留在学校周围，他们往往对社会、工作有所抵触，不愿离开曾长期生活的校园，其生活仍以校园为中心，希冀仍能在学校达到自己的理想目标。（例）随着各高校开学，不少考研学生以及没找到合适工作的留档待业人员加入"校漂族"。（2010年10月11日《江西日报》）在"啃老族"和"校漂族"越来越多的今天，我们的选择昭示了我们的成熟与进取，而能在众人之中脱颖而出，更说明了我们优秀的才识和禀赋。（2010年8月16日 中国共产党新闻网）

【翻译】school lingerers

"校漂族"曾译为"campus drifters"，不能准确传达原词的文化语义。"校"指的并非是"校园"、"校区"，而是"学校及其周围"，因此译为"school"更准确，"漂"也并非是"漂泊"、"流浪"的含义，而是"滞留"、"逗留"，因此译为"linger"而不是"drift"，所以"校漂族"译为"school lingerers"。

信誉刷手

【新义】通过多个会员账号与卖家做多笔小额交易，获得打分权，帮助卖家提高信用度的人。（例）因被网络中的职业"信誉刷手"利用，一名淘宝网的卖家挺身发帖，以自身经历讲述了"刷手"获利方法及其控制众多卖家"互刷"的手段。（2008年5月9日《北京晨报》）

【翻译】credit score booster

"信誉刷手"一词同时译其概念意义和文化语义，"信誉"实指"信用得分"，因此应译为"credit score"，"刷手"的文化语义是人为的推动性，译为"booster"。

型男

【新义】新一代魅力的男生，他们长得特别帅气、有吸引力，装扮个性化，对生活品位和潮流品牌的认知和追求不亚于女生，该词是由台湾地区传入。（例）被喻为"翻版金城武"的台湾型男高以翔获 LV 钦点拍摄新一辑春夏系列的男装广告，成为 LV 亚洲首位广告模特。（2011年1月5日 中国新闻网）因《宿醉》一炮而红的好莱坞新晋型男，相当注意自己的外形。（2011 年 1 月 5 日 新华网）

【翻译】metrosexual

"型男"的译文可借鉴英文中"metrosexual"（都会美型男）一词，该词是由"metropolitan"（都市）和"heterosexual"（异性恋者）构成的混成词，于 1994 年创造出来，含义为"describing a man (especially one living in a post-industrial, capitalist culture) who displays attributes stereotypically associated with homosexual men (such as a strong concern for his appearance), although he is not homosexual"（泛指那些极度重视外貌而行为 gay 化的直男[非同性恋男子]，型男属于其中的一种），与原词"型男"含义相吻合。

学区房

【新义】指属于一些教育质量好的重点中、小学学区范围内的房产。（例）"奥数"、"奥英"就是在这个阶段空前火爆起来，"占坑班"、"学区房"也是这个阶段涌现出的"新生事物"。（2011 年 1 月 5 日 人民网教育频道）按照学区房、湖景房、轨道交通房、特价房、婚房、保值房等板块设置展区，聚焦城市物业环境成熟小区，为不同置业需求的购房者提供特色房源及相关增值服务。（2010 年 12 月 28 日 人民网）

【翻译】key school district housing

"学区房"是中国特有的概念，译其概念意义"school district housing"。

但需要注意的是该词中"学区"并非所有学校附近的地区，而指的是重点学校，因此要在"school"前加上限定词"key"。

新明星学者

【新义】即"明星化"学者，指通过电视、网络等媒体宣传而走红的学者。如央视《百家讲坛》造就的易中天、刘心武、阎崇年、于丹等一批教授明星令人瞩目。（例）2006 年，厦门大学教授易中天现象引发"娱乐化"的争论，新华社则连续播发了《用文学的方式讲历史问题 用现代的口吻说故事 "易中天现象"分析》、《聚焦 2006 "新明星学者"现象》等深度分析性稿件，冷静、理性地分析了这一现象，从一定程度上扭转了一些媒体企图娱乐化这个事件的倾向。（2008 年 1 月 14 日中国记者网）因为我们出现了历史阅读的热潮，我们有了"百家讲坛"，我们有了"时尚读史"，有了"新明星学者"给我们经过压缩和速成的历史，有了被人"混嚼"出来的叫做历史的东西，有了"很像速成教材"的历史速成著作，可那历史的本来面目和历史的真实，不知道在这种"压缩"中失去了什么？（2007 年 9 月 18 日 山西新闻网——《山西日报》）

【翻译】new star scholars

"新明星学者"一词译其概念意义"new star scholars"。

新中间阶层

【新义】指具有以下特征的一个群体：具有较高学历，受过专业化训练；主要从事脑力劳动工作；以工资薪金谋生；对社会公共事务有一定的发言权及影响力；强调自我成就、自我实现，对社会意识形态有相当的影响力；拥有生活必需的体面财富、闲暇时间；月收入 2000 元以上。（例）银泰把城西的成功人士、年轻夫妇、三口之家、学者和学生定义为"新中间阶层"，这 40 万平方米的商业物业就是为了圈住大城西 80 万客人的消费。（2010 年 6 月 11 日《每日商报》）由于传统的直接物质生产部门的比重下降，非物质生产部门的比重增大甚至超过前者，脑力劳动者在人数上超过体力劳动者，管理人员在各种生产部门中的地位日趋重要，已经形成"新中间阶层"，这便使劳动结构和社会阶级结构发生了新变化。（2009 年 3 月 17 日《学习时报》）

【翻译】new intermediate stratum

"中间阶层"在英语中的表达是"intermediate stratum"。另外，在英语中"新"的表达方式往往是"neo-+词根"的构词形式，如："Neo-Hegelianism"（新黑格尔主义），但该词缀往往与单个的词根合成新词，因此不宜采用此法翻译"新中间阶层"一词。基于以上考虑，可将该词译为"new intermediate stratum"。

熊猫烧香

【新义】是一种经过多次变种的感染型蠕虫病毒变种，2006 年 10 月 16 日由 25 岁的中国湖北武汉新洲区人李俊编写，2007 年 1 月初肆虐网络，它主要通过下载的档案传染，对计算机程序、系统破坏严重。被感染的用户系统中所有.exe 可执行文件全部被改成熊猫举着三根香的模样，病毒别名为尼姆亚、武汉男生。（例）但是网络环境下现在很难追究出话语发出者的责任，充其量删帖封 ID，除非你又一次的"熊猫烧香"或者犯了通敌叛国反党的重罪，否则基本上是安全的。（2010 年 12 月 10 日 人民网传媒频道）可能很多人都对曾经的"熊猫烧香"心有余悸，而于今年 9 月在全球范围内发动突袭的"Stuxnet"病毒其恐怖程度早已在前辈之上。（2010 年 12 月 10 日《北京晨报》）

【翻译】Worm WhBoy; Worm Nimaya

"熊猫烧香"不宜译为"panda burning joss sticks"，这样译文读者会将其误读为是在描绘一种动物正在进行的一种活动，因而采用释意法，表明原词是一种蠕虫病毒的名称，金山公司将其称为"Worm WhBoy"，瑞星公司将其称为"Worm Nimaya"。

炫

【原义】动词，光明照耀，夸耀。形容词，形容艳丽。

【新义】可接宾语的动词，意为"展示、炫耀"。形容词，意为"特别吸引人的眼球"。（例）有的公款消费大手大脚，非中华烟不抽，非茅台酒不喝；有的公车攀比，频繁换车，"没钱靠贷款，也不坐国产"；有的炫富比阔，比穿着讲究，比住房豪华，比官位而不是比贡献。（2011年1月4日 中国共产党新闻网）这类炫富的行为，不但是对昔日强盗行为进行出手豪阔的物质褒奖,更让中国文物的回乡之路越来越坎坷。（2010年11月18日《人民日报》）

【翻译】show off; dazzling

"炫"作动词，译为"show off"，作形容词，译为"dazzling"。

【合成词翻译】

酷炫，"cool and dazzling"，时尚潮流，是对一些事物或人的一种赞美，形容其比较前卫、非主流。

炫富，"flaunt wealth"，即展示、炫耀个人财富，"flaunt"的意思是"炫耀"、"夸耀"、"卖弄"。

炫证女，"certificate-showing girl"，也被叫做"晒证女"。2010年7月武汉一本地论坛上转发的一篇帖子十分火爆，帖子中一个女子发出了一组"晒证图"，自言"炒房不如考证，拜金不如拜知"，这名女子自称是北京大学毕业的，月入数万元人民币，不仅大二就过了英语六级、计算机二级，毕业后又连续考取了律师证、会计证、思科CCNP、CCIE、国际CFAA、CFAI等证书。

炫富广告，"extravagance-showing ad"，指充满奢靡色彩的广告，这些广告中含有"至尊"、"顶级享受"等词语。

学术超男

【新义】被央视《百家讲坛》栏目邀请讲课的学者，借助电视、广播等媒体，由高校的学者转变为大众文化的传播者的大学知识分子被称为"学术超男"，俨然成为学术版"超级女声"。（例）百家讲坛捧红了易中天、于丹等"学术超男超女"，也引领了一股百姓读史的风潮。（2009

年 12 月 15 日 人民网）事件逐渐降温之时，曾被称为"学术超男"的易中天又烧了一把火，令人们对"国学大师"相关的讨论更加深入。（2010 年 12 月 18 日 中国新闻网）

【翻译】superman scholar

"学术超男"有人将其译为"academic superstar"，即"学术界的超级明星"，可以表达原词的概念意义，但"学术超男"一词是在"超级女声"的基础上创造出来的，此译文并没有很好地体现这一点。"超女"、"超男"的英文是"supergirl"、"superboy"，但"学术超男"中的"超男"不同于"超男超女"的"超男"，不宜直接使用"superboy"，而建议译为"superman"。"学术超男"本质上还是学者，因此建议译为"superman scholar"，而不是"academic superman"。

学业预警

【新义】一种高等教育管理方式，通过学校、老师、学生和家长之间的沟通与协作，帮助学生顺利完成学业的一种信息沟通和危机预警制度，该制度针对学生在思想、生活、行为等方面即将出现的问题和困难，及时提示、告知学生本人及其家长可能产生的不良后果，并有针对性地采取相应的防范措施。（例）深化学分制改革，试行按学分收费制，实施选课制、导师制、弹性学制、重修制以及学业预警制度，探索和完善大类招生与分类培养、第二学士学位制、辅修制、双学位制度、跨学科整合培养、国内外高校之间学分互认制等与个性化人才培养相适应的教学管理制度。（2010 年 12 月 27 日 人民网）建立大学生"四项预警"机制，包括学业预警机制、就业预警机制、心理问题预警机制与家庭经济困难预机制警。（2008 年 3 月 26 日《光明日报》）

【翻译】precautions about performance at school

"学业预警"一词中的"学业"泛指学生在学校生活中方方面面的表现，不能译为"academic studies"之类，可笼统译为"performance at school"。"预警"在该词中具有"未雨绸缪"、"采取防范措施"之意，在英语中可用"precaution"一词表示，因此"学业预警"译为"precautions about performance at school"。

新生代农民工

【新义】指80后和90后的农村劳动力，也称"第二代农民工"。他们与以往的劳动力有所不同，受教育文化程度比较高，从学校毕业后直接进城打工，对农业、农村、农民等并不熟悉。同时，他们又渴望融入城市，享受现代城市的文明。新生代农民工对城市充满了向往，他们的思维方式和行为方式以城市为坐标，更渴望以智力而不是体力在城市生存。新一代农民工的目光投向制造业、纺织业、电子业等技术性行业，赚钱糊口并不是他们进城打工的唯一目的。（例）国务院发布的2010年中央一号文件中，首次使用了"新生代农民工"的提法，并要求采取有针对性的措施，着力解决新生代农民工问题，让新生代农民工市民化。（2011年1月6日《宁波晚报》）传统农民工外出就业的主要目的是"挣票子、盖房子、娶妻子、生孩子"，而新生代农民工外出就业的动机带有明显的年龄阶段性特征。（2011年1月6日《宁波日报》）

【翻译】new generation of migrant workers in cities

"新生代农民工"译其概念意义"new generation of migrant workers in cities"，其中"migrant workers in cities"指城市外来务工人员。

学习型党组织

【新义】党的十七届四中全会从全面推进中国特色社会主义伟大事业和党的建设新的伟大工程的全局出发，提出建设马克思主义学习型政党的重大战略任务，强调要把各级党组织建设成为学习型党组织，要求各地区各部门结合实际认真贯彻执行，学习马克思主义特别是中国特色社会主义理论体系，学习实践科学发展观，学习践行社会主义核心价值体系，学习掌握现代化建设所必需的各方面知识，学习借鉴实践中的成功经验。（例）通过创建学习型党组织有效提升党员干部的执行力，具有十分重要的现实意义。(2011 年 1 月 6 日《湖北日报》)通过结合建设学习型党组织和学习型领导班子,把科学发展观作为党委(党组)中心组学习和领导干部教育培训的突出内容,定期开展领导干部专题学习培训,建立党员学习日和教育周制度,使学习活动常态化、制度化。(2011 年 1 月 6 日《重庆日报》)

【翻译】study-oriented party organization

"学习型党组织"译其概念意义 "study-oriented party organization"。

犀利哥

【新义】指一位街头乞丐,因其放荡不羁、不伦不类的感觉以及原始版的"混搭"潮流而备受关注。(例)美国版"犀利哥"泰德·威廉姆斯曾经是一名乞丐,如今凭借充满磁性的嗓音"倾倒众生",一跃成为网络红人。(2011 年 1 月 7 日《北京晨报》)2010 年,人肉搜索依然长盛不衰,威力无穷,探寻"犀利哥"身世、微博"捉奸门"、"小月月"事件……人肉搜索的威力依然强大。(2011 年 1 月 6 日《通信信息报》)

【翻译】Brother Sharp

"犀利哥" 译其概念意义 "Brother Sharp",英国一报纸上即采用此说法,其中 "sharp" 一词有多重含义,可指穿着时髦、有型,可形容眼神具有穿透力,符合"犀利哥"的特质。

限塑令

【新义】即塑料购物袋国家强制性标准,于 2008 年 5 月 1 日正式发布,并从 2008 年 6 月 1 日起强制执行。(例)限塑变卖塑,限塑令并没有真正限制塑料的使用,而只是限制了塑料的免费使用。(2010 年 12 月 27 日《燕赵晚报》)时间能够淡化一切,"限塑令"似乎也未能幸免,与两年半前"限塑令"实施的轰轰烈烈相比,现如今,"限塑"热度几近消退,塑料袋的使用量明显反弹。(2010 年 12 月 26 日《新文化报》)

【翻译】order on limiting the use of plastic bags

"限塑令"是"限制使用塑料购物袋条例"的简称,按其概念意义译为

"order on limiting the use of plastic bags"。

小户型

【新义】指的是超小的户型，主要的定义要素是：每套建筑面积在 35 平方米左右，卧室和客厅没有明显的划分，整体浴室，开敞式环保节能型整体厨房。（例）同时要引导企业，根据市场需求，积极开发中小户型商品房。（2011 年 1 月 4 日《人民日报》）要高标准推进各类保障性住房建设，精心设计符合市民基本需求的中小户型。（2010 年 12 月 15 日《北京日报》）

【翻译】solo

"小户型"对应的英文是"solo"，该英文单词的概念意义是"独奏、单独、单飞"，后引申出"小户型"的含义。

形象代言人

【新义】是一个宽泛的概念，广义上说，指为企业或组织的营利性或公益性目标而进行信息传播服务的特殊人员。代言人可以存在于商业领域，如众多公司企业广告中的名人，也可以出现于政府组织的活动中。（例）只是让谁来当宠物形象代言人，却难倒了《飘渺西游》运营团队。（2010 年 1 月 6 日 人民网）形象代言人的出现，将为金牌品牌的发展注入新鲜力量。（2010 年 1 月 6 日《北京商报》）

【翻译】image endorser

一般来说，"代言人"一词在汉英词典提供的译法是"spokesman"和"mouthpiece"，但是这两个词并不能准确表达其概念意义。"spokesman"是"发言人"，主要指政府部门发布重要消息的人，但是"商品代言人"并不代表厂家或公司对公众发布信息；而"mouthpiece"虽然有"代言人"的意思，却往往含有贬义，常译为"喉舌"。其实，作为广告性的"代言人"可以用"endorser"一词，因为"advertising endorser"是英语现有的说法，其中"endorse"是"认可"、"赞成"、"担保"的意思。"（产品）形象代言人"译为"（product) image endorser"。

【相关词语翻译】

形象大使，"image representative"，在政治、经济、文化方面起着重要的推广与宣传作用的人或组合团体，这里的"大使"不宜直译成专指外交官的"ambassador"，不妨译为"representative"。

名人代言，"celebrity endorsement"，由知名人士担任企业或组织的形象代言人。

代言门，"endorsementgate"，由明星代言所引发的官司。"门"的渊源，可以追溯到1972年的"水门事件"（Watergate scandal），因而由"门"构成的合成词大多可以英译成"名词+-gate"形式的合成词。

下课

【原义】属于教育系统，基本上是课堂用语，指"学生课毕退堂"，"上课时间结束"，"退下课堂"。

【新义】20世纪90年代，经四川球迷演绎，成为足球教练因不胜任而离职的代名词，后即泛指离职、遭到解聘。（例）这次浙江在两年之内对慵懒官员开刀，大手笔的让374慵懒官员下课。（2010年7月8日 中国共产党新闻网）对那些"不做事情，不担风险"，"平平安安占位子，舒舒服服领票子，庸庸碌碌混日子"的干部，坚决让其"下课"。（2010年12月10日 中国共产党新闻网）

【翻译】resign; remove someone from a post

"下课"指"卸任"、"停止工作"，因而译为"resign"。

小时工

【新义】也称"钟点工"，城市中按照小时获取收入的劳动者，从事按时间计费的工作或家政服务的人员，一般为兼职性质。（例）翻译人员在司法活动中的专业水平直接决定了言辞证据的客观性和真实性，在实践中，翻译人员的来源相当庞杂，有的来自翻译公司，有的来自外语学院，更有甚者是从社会上聘请的"翻译小时工"，这些都导致翻译人员的水平参差不齐。（2011年1月5日《检察日报》）家政服务中心

张先生建议，应对年底用工荒，家务活不多的市民可考虑用小时工替代保姆。（2010 年 12 月 27 日《京华日报》）

【翻译】hourly worker

"小时工"译其概念意义"hourly worker"。

新新人类

【新义】指出生在 20 世纪 80 年代以后的青年人，他们生活在物质及文化丰富的新时代，追求一切可触及的新生事物，喜欢刺激与冒险，倡导新生活、新文化、新运动等。"新新人类"是 20 世纪 80 年代末期至 90 年代初期的台湾流行语，最早的起源为 80 年代末期的"信喜实业股份有限公司"产品"开喜乌龙茶"的电视广告，有"新潮"、"年轻"、"不同于旧时代的人们"的意思。（例）以张朝阳为代表的成功的创业者，给中国的年轻人树立了一种创业致富的新新人类的形象，这在一定时期内会有很大影响。（2010 年 12 月 31 日 新华网）高涨的物价催生了大批省钱新新人类——"海豚族"、"团购族"、"抠抠族"、"特搜族"、"盒饭族"。（2010 年 12 月 29 日《中国证券报》）

【翻译】Generation X

"新新人类"可借用英文里的表达"Generation X"，在英语里指"the generation following the post-World War II baby boom, especially people born in the United States and Canada from the early 1960s to the late 1970s"（新生代，第二次世界大战后婴儿潮中的一代人，尤指从 20 世纪 60 年代初至 70 年代末出生于美国和加拿大的人）。

雪藏

【原义】用雪把东西埋藏起来。

【新义】多指为隐藏实力以求达到出奇制胜的目的，而将关键人物或关键器具、工作环节等进行故意的隐藏，从而使其不被别人注意，麻痹对方。（例）一部被"雪藏"了 50 年的红色传奇，如同她的书名——《掩不住的阳光》，终于破云而出。（2011 年 1 月 6 日 人民网）回到品牌请明星代言的问题上，卫浴企业普遍规模偏小，企业投入的推广费用少，渠道及终端执行力不够，让明星处于雪藏状态，起不到应有的作用。（2011 年 1 月 6 日　千龙网）

【翻译】hide

因"雪藏"一词的新义"隐藏"、"抑制"是该词的隐喻意义，直接译为"hide"。

Y

烟熏妆

【新义】又称"熊猫妆",属于化妆方式的一种。烟熏妆突破了眼线和眼影泾渭分明的老规矩,在眼窝处漫成一片,因为看不到色彩间相接的痕迹,如同烟雾弥漫,而又常以黑灰色为主色调,看起来像炭火熏烤过的痕迹,所以被形象地称作烟熏妆。(例)这组大片她共换了五套造型,其中尤以她穿黑色紧身胸衣,金发配淡烟熏妆的造型最引人注目。(2010 年 12 月 30 日 人民网)侯佩岑日前在微博上晒杂志写真,烟熏妆嘴唇微张的她,却惨被综艺大哥胡瓜笑言在嗑瓜子。(2010 年 12 月 29 日 中国新闻网)

【翻译】smoky-eye makeup

"烟熏妆"不能字对字译为"smoky makeup",因为"烟熏妆"是一种眼部彩妆,烟熏的效果体现在眼部,这一点在译文中要有体现,建议译为"smoky-eye makeup"。

艳照门

【新义】关于艳照的一系列事件;2008 新年伊始,由网友"奇拿"在天涯社区发布了一系列关于陈冠希和一些女艺人之间的激情自拍照(我们讳称"艳照"),在网上广为流传的事件。(例)就在几乎同时,"兽兽门"在以百度贴吧为首的网络论坛声名鹊起,掀起了"艳照门"之后的又一下载风潮。(2011 年 1 月 6 日 人民网)陈冠希在艳照门风波 3 年后,29 日为宣传新专辑上《康熙来了》。(2010 年 12 月 31 日 中

国新闻网）

【翻译】photogate scandal; erotic photo scandal

自尼克松的"水门事件"（Watergate scandal）后，人们往往以"某某门"指代某丑闻事件。因而，"艳照门"也可仿照"名词+-gate"的构词方式，译为"photogate scandal"，也可译其文化语义"erotic photo scandal"，意为"艳照丑闻"。

养眼

【原义】保护眼睛、提高视力的方法。

【新义】看起来舒服，视觉效果协调，能给人以美的享受和感觉的人或事物。（例）此片的明星阵容足够养眼，李连杰、周迅、陈坤、李宇春、桂纶镁倾情出演。（2011 年 1 月 7 日 人民网）某些商业电影过度依赖明星资源，过度依赖商业炒作，过度依赖暴力情色，过度依赖插科打诨，难免出现叫座不叫好、养眼不养心、雅俗不共赏等负面现象。（2011 年 1 月 6 日《北京日报》）

【翻译】yummy

有人将"养眼"一词译为"virtually attractive"，只译出了概念意义，且语体过于正式，不符合原词口语语体。"养眼"可译为"yummy"，用来形容人或照片"秀色可餐"。

蚁族

【原义】蚂蚁这一昆虫族群。

【新义】是对"大学毕业生低收入聚居群体"的典型概括，指毕业后无法找到工作或工作收入很低而聚居在城乡结合部的大学生。他们的特点是，受过高等教育，但却主要从事临时性工作，主要聚居于城乡结合部或近郊农村，形成独特的"聚居村"。他们是犹如蚂蚁般的"弱小强者"。（例）不管是流浪奔波的"蚁族"，还是埋头苦干"穷忙族"，吃苦耐劳的中国人，其实不怕眼下的艰难，弱势群体们"苦累都不怕，最怕的是没机会"。（2011 年 1 月 7 日《广州日报》）看看那些蜗居的

蚁族以及雷人的"蛋形蜗居"和"地下标间",就可知道住房有多难。(2011 年 1 月 7 日《经济参考报》)

【翻译】graduates living like ants; antizen

"蚁族"一词可译其概念意义,而"蚁族"的文化语义在中英两种语境中部分相似,因此译为"graduates living like ants","graduates"特指大学毕业生。"antizen"是中式英语,仿"netizen"(网民)而来。

隐婚

【新义】已经履行了结婚的法定手续,却并不对外宣称自己"已婚"身份,刻意隐瞒自己的婚姻状况,外表看起来仍如单身。(例)与之相对应的是排名第九位的"阿 SA 郑中基的离婚",大众又一次被明星蒙在了鼓里。他们公开道歉坦白"隐婚",实则已经离婚。(2011 年 1 月 4 日《北京商报》) 鉴于去年华仔的"隐婚门"所带来的信任危机,现在的明星似乎更愿意与大众分享自己的幸福。(2010 年 12 月 31 日 人民网)

【翻译】concealed marital status

"隐婚"一词可译其概念意义,但要注意其文化语义的把握,即"被隐瞒的婚姻状况",因而建议译为"concealed marital status"。

【合成词翻译】

隐婚族,"marriage concealers"或"pseudo-singles",指已经办好结婚手续,但在公共场合却隐瞒已婚的事实,以单身身份出现的人,因此也称为"伪单身"。

隐性欠薪

【新义】节假日加班不发或少发加班费、年终奖金摇身变成年货、计件工资规定的计件标准过高等不良现象,被打工族称为"隐性欠薪"。(例)遭遇"隐性欠薪"的人各种各样,有企业的销售人员、管理人员,也有普通职员,欠薪的方式也是五花八门。(2008 年 2 月 19 日 《山西晚报》)面对这些不同名目的"隐性欠薪",工薪族中大多数人都不会

选择与单位"较真"。（ 2008 年 2 月 19 日《山西晚报》）

【翻译】arrears of wages in disguised form

"隐性欠薪"的本意为"变相克扣员工工资"，故"欠薪"一词不宜译为"behind with the payment"（到期未发薪水），而应译为"arrears of wages"，意为"拖欠薪水"。另外，"隐性"一词意为"拐弯抹角的"、"变相的"，译为"in disguised form"。

油菜

【原义】又叫油白菜、苦菜，是十字花科植物油菜的嫩茎叶，原产我国，颜色深绿，帮如白菜，属十字花科白菜变种，南北广为栽培，四季均有供产。

【新义】与"有才"谐音，在网络上也作为"有才"的同义词，来源于赵本山的小品。（例）西洋"野鸡"文凭，"皇帝"爱装"油菜"。（2010年 12 月 6 日 新华网）还有"油菜"（有才）的网友套用刘建宏的句式总结了世界杯球星的表现："卡西是'我扑啦，扑啦扑啦扑啦！'阿内尔卡是'我反啦，反啦反啦反啦！'卡卡是'我走啦，走啦走啦走啦！'郑大世是'我火啦，火啦火啦火啦！'"（2010 年 7 月 6 日《西安晚报》）

【翻译】talented

汉语中"油菜"与"有才"谐音，英语中并不存在此谐音现象，因而"油菜"一词应译其内涵意义"talented"。

有型

【新义】指长得帅气、有吸引力的人，一般指男性；指东西很可爱、很特别；指一个人的打扮、言行举止很有魅力。（例）选用新颖的欧型条双色面料，局部黑色拷钮、金属标，黑色拷钮、拉链等的呼应，独特的前片圆弧型结构设计，创新面附棉工艺，轻薄、有型、保暖。（2011年 1 月 6 日 人民网）北京昨天天气很冷，但孙扬只穿了一件内衣加薄外套，非常有型。（2011 年 1 月 6 日《京华时报》）

【翻译】chic

有人将"有型"一词直译为"stylish"，该英文单词的含义为"fashionable"（时髦的），不能传达原词的全部语义内涵。建议译为"chic"，该英文单词语义内涵丰富，有"conforming to the current fashion; stylish"（时髦的，时尚的），"adopting or setting current fashions and styles"（引领时尚的，不落俗套的），"elegance in dress and manner"（穿着和举止上的雅致），与原词含义吻合。另外"chic"是单音节词，发音简洁有力，与原词风格吻合。

压洲

【新义】指如今的亚洲，因多数国家在追求现代化过程中社会整体压力加大，生活节奏变快，人们普遍感到压力大，故被戏称为"压洲"。（例）如今的亚洲，似乎变成了"压洲"。每个亚洲人都向往香榭丽舍大街的露天咖啡座、托斯卡纳的艳丽阳光，每个亚洲人都期望生活可以慢下来，但亚洲慢不下来，亚洲还嫌自己的速度不够快。（2006 年 8 月 7 日 新浪网新闻中心）

【翻译】continent of pressure

"压洲"就是"亚洲"，该词既与"亚洲"同音，又有"压力之洲"的含义。目前难以找到具谐音效果、概念意义相似的译法，因此仅能译其概念意义。

洋腐败

【新义】外资或跨国企业在中国进行的行贿等腐败行为，与"土腐败"相对。（例）破获、揭露"洋腐败"在技术上本身就是一个高难度行为。洋贿赂在华大行其道，中方近乎束手无策。（2010 年 12 月 17 日 新华网）我国俨然已经成为"洋腐败"滋生的热土。（2009 年 8 月 25 日《中国高新技术产业导报》）

【翻译】corruption in multinationals

"洋腐败"采用释意法译其概念意义"corruption in multinationals"。

洋漂族

【新义】也称"洋飘族",指在华工作的外国人中为了更好的待遇而不断跳槽的人,他们的身份很复杂,有长期旅行者、淘金者,甚至还有非法打工者。(例)人力资源专家分析认为,在上海的"洋漂族"中,既懂普通话同时又有某种专业技能的人最容易找到工作,他们可以应聘那些注重创新的金融、媒体和咨询等行业的职位。(2006年5月23日《解放日报》)跳槽频繁日子滋润,"洋漂族"在华活跃。(2006年5月10日《环球时报》)

【翻译】job-hopping foreigners

"洋漂族"一词中的"漂"并无"漂泊"(drift)之意,而是指工作上的"跳槽",译为"job hopping"。因此,"洋漂族"译为"job-hopping foreigners",意为"跳槽的外国人"。

医闹

【新义】指受雇于医疗纠纷的患者方,与患者家属一起,采取各种强硬措施以严重妨碍医疗秩序、扩大事态、给医院造成负面影响的形式给医院施加压力,从中牟利,并以此作为谋生的手段的人。(例)青岛市政府办公厅6日下发《关于加强医疗纠纷突发事件处置工作的通知》,要求严厉打击"医闹"违法犯罪行为,切实维护全市各级医疗机构的正常医疗和工作秩序,保护医疗卫生机构、医务人员和患者的合法权益。(2011年1月7日《青岛日报》)《医者仁心》还毫不回避地描述了医患矛盾、医闹、天价医药费等问题。(2010年12月30日《新京报》)

【翻译】hospital troublemaker

"医闹"中"医"指"医院","闹"是"闹事的人"、"捣乱的人"的意思,因此"医闹"译为"hospital troublemaker"。

【合成词翻译】

职业医闹,"hired hospital troublemaker",是指在发生医疗纠纷时,受

患方所托到医院吵闹，甚至打、砸、抢以索取高额赔偿的社会群体。"职业医闹"并非是真正的职业，充其量是一种非法职业，故"职业"一词不能译为"professional"。此译强调了受雇于人而闹事的特点。

医诉

【新义】因对医院不满而对医院提出诉求的人。一般"医闹"为贬义词，而"医诉"为褒义词。（例）因此在中国的现状下，堵住"医闹"之浊水，开辟"医诉"之清流，还是解决医患纠纷的最佳途径。（2006 年 7 月 12 日《江南时报》）

【翻译】medical litigant

"医诉"中的"医"指"医疗"，诉是"诉讼人"的意思，因而"医诉"译为"medical litigant"。

移动商街

【新义】是基于移动互联网，聚集消费者与商家的虚拟商业中心，是数千万手机注册会员和上百万提供服务的商家的汇聚之地。在移动商街，会员可通过手机获得及时有用的消费和生活服务信息，比较、选择和消费，了解商家并参与互动，享受折扣、奖品和积分回报等实惠。（例）作为用友集团旗下核心企业的伟库电子商务公司，整合了用友移动商街、伟库网在移动互联网和 SAAS 服务领域的优势资源，致力于成为"中国最大的全程电子商务服务提供商"。（2010 年 6 月 4 日 人民网）伟库 K.cn 及移动商街平台为企业用户提供了一个快速双模建站、网络营销体系建立、电子商务实施的整合性优势平台，为企业节省了相关成本，减少因单独采购服务器而给社会带来的能耗提升及碳排放。（2010 年 5 月 28 日 人民网）

【翻译】mobile commercial zone

英语往往用"commercial zone"来指"商街"，而不是"commercial street"，"移动"与"手机"（mobile phone）中"mobile"含义相同，可译其概念意义"mobile"，因而"移动商街"译为"mobile commercial zone"。

游贿

【新义】指某些单位为国家工作人员提供的免费旅游，是一种腐败新变种。（例）司法实践中，作为一种"可以直接用货币计算的财产性利益"，接受"游贿"而被定罪处罚已经没有争议。（2009 年 6 月 11 日《中国青年报》）或许人们都听说过"性贿"、"游贿"、"赌贿"等贿赂变种，不过这些种贿赂方式大多在单一主体之间进行。（2006 年 12 月 16 日人民网）

【翻译】tourism bribery

"游贿"是"旅游贿赂"的缩写，是一种打着免费旅游的旗号变相行贿的行为，根据英语的构词搭配习惯，该词可译其概念意义"tourism bribery"。

游戏手

【新义】即医学上的拇指腱鞘炎、桡骨茎突狭窄性腱鞘炎，表现为桡骨茎突部隆起、疼痛，腕和拇指活动时疼痛加重，局部压痛，该病因过度玩电脑游戏而致。（例）"游戏手"表现为手腕和手指痛等。（2010 年 10 月 7 日 北京燕都骨科医院在线医生）

【翻译】repetitive strain injury

"游戏手"不宜直译为"game hand"，因为原词是在描述一种疾病，而不是手的一种类型。"游戏手"是"三手病"中的一种，因此可用其上位概念"repetitive strain injury"来翻译。

愿景

【新义】所向往的前景，对未来的期望。愿就是心愿，景就是景象。该词以前在港台地区使用较多。它最初出现在 2005 年 4 月 29 日胡锦涛与原国民党主席连战的会谈公报中。（例）在我国沿海开放与沿边开放共同推进的新格局中，云南优势独具，愿景灿烂。（2011 年 1 月 7 日

《云南日报》）这些都是发自肺腑的感慨，也是两岸关系越来越好的现实写照，和对未来的愿景的坚定信心。（2010 年 4 月 30 日 中国共产党新闻网）

【翻译】vision

"愿景"一词与英语"vision"（想象中的景象，眼光，远见）一词关系密切，有人认为愿景就是源于英语"vision"这一概念。

愿动力

【新义】指志愿者从事志愿服务的动因，它是个人主观的一种自觉选择。（例）志愿精神是和谐社会建设的持久"愿动力"。（2008 年 1 月 21 日《北京日报》）肩负起推动志愿服务事业长远发展的历史责任，我们将始终保持微笑、始终超越梦想，推动志愿服务长效机制的建设，让志愿服务真正成为一种生活方式，让更多的人在付出关爱中收获快乐，共同汇聚起强大的"愿动力"，为社会主义和谐社会建设做出新的贡献。（2008 年 9 月 14 日《人民日报》）

【翻译】volunteers' motivity

"愿动力"一词是在"原动力"一词的基础上演变而来的，因而"动力"译为"motivity"，"愿"是志愿者（"volunteer"），"愿动力"译为"volunteers' motivity"。

鱼干女

【新义】又称"干物女"，指的是拒绝恋爱，对生活无所用心，对一切都勉强凑合的女性群体。"干物女"是来自日本的流行词，用来比喻像干贝、香菇一样干巴巴的年轻女人。这样的女性除了必要的出外工作或学习外，不逛街，不去酒吧，不去郊游，不参加任何社交活动，也极少娱乐，甚至连交男朋友都省略了。后被用来指无意恋爱的二三十岁女性。（例）鱼干女是衣着无可挑剔的模范员工，但下班后她们只想穿着运动服躺在沙发上，一边看电视一边嚼鱿鱼干。（2009 年 8 月 24 日《国际金融报》）鱼干女和食草男背离了以家庭为导向的儒家价值观，对浪漫没有多少兴趣，这在一定程度上可以解释韩国的生育率为何低得可怜。（2009 年 8 月 24 日《国际金融报》）

【翻译】dried-fish women

"鱼干女"建议译其概念意义"dried-fish women"。

一哥

【新义】指老大、头目、领头人、第一名等。"哥"带有几分尊敬的意味。此外，在女性中，还衍生出了"一姐"这一词，意思与"一哥"大致相同。（例）新年伊始，中国白酒"一哥"茅台上调旗下产品出厂价格。（2011 年 1 月 8 日《羊城晚报》）据香港文汇报报道，香港有"飞虎一哥"之称的邓竟成，将于下周二退休前休假。（2011 年 1 月 7 日人民网）

【翻译】Number One

"一哥"译其概念意义"第一"即可。

一站式

【新义】原为欧美国家商业概念，即商家为赢得消费者，不断扩大经营规模和商品种类，尽最大努力满足消费者的购物所需而不需东奔西跑。简单地说，就是商家备有充足的货源让消费者在一个商店里买到几近所需的商品。（例）依靠村级信访接待日制度整合力量、理顺关系，建立方便、快捷、有效的群众诉求处理路子，切实为群众提供"一站式"优质服务。（2011 年 1 月 7 日 中直党建网）实行大学生村官创业者在项目注册登记、项目审批上"一站式"全程代理服务。（2010 年 12 月 29 日 中国共产党新闻网）

【翻译】one-stop

"一站式"对应的英文说法为"one-stop"。

【合成词翻译】

一站式服务，"one-stop service"，为消费者提供产品的销售服务，还提供相关的技术服务、维修保养服务、使用培训服务、金融保险服务等一系列全面服务。

一站式购物，"one-stop shopping"，能够在一家商场、超级市场买到所需各种商品，涵盖衣、食、住、行各个方面。

以人为本

【新义】"以人为本"是中国共产党十六届三中全会上对其成员提出的一种行为理念，"以人为本"的"人"是相对于"以物为本"，"本"不是"本原"，而是"根本"。（例）为践行"群众至上"理念，坚持以人为本、以民为先，大营镇以推行村级信访接待日制度为抓手，把广泛收集社情民意作为解决问题、为民办事的基础，努力拓宽和畅通民意沟通渠道，将接访工作地点从镇机关"搬迁"到村组和群众中间。（2011年1月7日　中直党建网）　要紧紧围绕经济建设这个中心工作，一心一意谋发展，团结带领人民群众创造幸福美好生活，从而真正实现好、维护好、发展好人民群众的根本利益。要树立正确的政绩观，坚持以人为本，珍惜民力，不事虚华，实实在在为群众谋利益，真心实意为群众办实事，着力解决基层和群众最关心、最直接、最现实的利益问题，实现广大群众共享改革发展的成果。（2011年1月7日　中国共产党新闻网）

【翻译】putting people first; people-oriented; people-centered; people foremost

"人"是相对于"物"的，也有"人民"之含义，译为"people"，"本"强调的是"根本"、"首要"，译为"centered"、"first"、"foremost"等。若"以人为本"单独使用，则译为"putting people first"。若"以人为本"作为定语使用，则可套用英语"名词+过去分词/形容词"的构词方法来构成复合形容词，译为"people-oriented"、"people-centered"、"people foremost"。

银发游

【新义】也称"银发旅游"，指老年人的旅游。（例）这是目前西南旱情的背景下，山东省向西南发出的一趟特殊的银发游专列。（2010 年 3 月 25 日《齐鲁晚报》）这段时间，东莞各旅行社针对老年人推出的"长者游"、"银发游"产品在市场上大受欢迎。（2009 年 10 月 27 日《广州日报》）

【翻译】silver hair tourism

"银发游"中的"银发"指老年人，用身体部位来指代老年人这个群体，此为转喻用法，因而为尽量保留原词语的文体特点，译其转喻意义"silver hair"，而"银发游"译为"silver hair tourism"。

【相关词语翻译】

银发产品，"products catering for silver hair"，指适用于老年人的产品。

银发产业，"silver hair industry"或"senior industry"，指为老年人服务的产业。

银发消费，"silver hair consumption"，指老年人的消费。

银发市场，"silver hair market"，指针对老年人的市场。

银领

【新义】又称"灰领"，一般指既能动脑又能动手，具有较强的理论知识水平，熟练掌握高技能的高级技能人才。大体可以分为两部分，大部分集中在新型制造业，如汽车、电子等行业的汽车维修师、高级焊工等；一部分在新兴服务业领域，如网络管理、动漫画制作人员等。（例）培养具备计算机和网络系统管理方面的基本知识和技能，富有开拓创新意识、较强的实践能力和自我发展能力的软件工程技术"银领"人才。（2010 年 9 月 28 日 人民网）常州位于美丽富饶的长江三角洲中心地带，地处江苏省南部，北携长江，南衔太湖，常州还是季子故里、近代工业发祥地、现代装备制造城、银领摇篮、科教名城。（2010 年 7 月 28 日 人民网）

【翻译】silver-collar; grey-collar

"银领"一词可译其概念意义"silver-collar"或"grey-collar"。

【相关词语翻译】

金领，"gold-collar"，是社会精英高度集中的阶层，年龄在 25 岁至 45 岁之间，受过良好的教育，有一定的工作经验、经营策划能力、专业技能和一定社会关系资源，年薪在 15 万到 40 万之间。这个阶层不一定拥有生产资料所有权，但拥有一个公司最重要的技术和经营权，如董事长、总经理、注册会计师、律师、精算师、高级电路工程师、管理咨询工程师、注册建筑师等。

绿领，"green-collar"，指有一些事业，但不要放弃生活；有一些金钱，但不要被金钱统治；追求品位生活，但少些附庸风雅和装腔作势；接近自然，但不要远离社会离群索居；享乐人生，也对那些比我们不幸的人心存同情和救助之心；在品味自己生活的同时，还不忘走出去看一看这广阔的世界的人。

粉领，"pink-collar"，指的是那些在家工作的自由职业者，家既是她们的栖息地又是她们的工作场所，她们凭借电脑、电话和传真与外界联系，对白领工作环境中很多令人紧张的人情世故知之甚少，大多从事自由撰稿、广告设计、网页设计、工艺品设计、产品营销、进出口贸易、媒体、管理、咨询服务等工作。

白领，"white-collar"，指有教育背景和工作经验的人士，是对企业中不需做大量体力劳动的工作人员的通称，又称白领阶层，如公务员、教职人员、医生、律师等，与蓝领对应。

蓝领，"blue-collar"，一切以体力劳动为主的工资收入者，如一般工矿工人、农业工人、建筑工人、码头工人、仓库管理员等。他们干活时所着的工作服通常为蓝色，故而取名。蓝领又分为锐蓝、普蓝、深蓝。普蓝和深蓝就是从事体力劳动的，深蓝就是指有一定技术的人，锐蓝就是中间转换的阶层，有可能向白领转变。

紫领，"purple-collar"，指既能动手，又能动脑，而且在各自的领域红得发紫的职场明星，如插画师、设计师等。

红领，"red-collar"，政府部门里的官员，简单讲就是公务员。

引爆

【原义】使燃料混合剂燃烧；引起瞬时起爆。

【新义】使某事物引起轰动效应。（例）把握"兴奋点"，关怀激励引爆干部内动力。人干某项工作的源动力，直接影响着工作态度、办事效率、服务水平和最终效果。（2010 年 6 月 28 日 中国共产党新闻网）深入发动广大市民、志愿者和青少年共同参与的"大拇指行动"正式启动，旋即引爆羊城志愿热。（2011 年 1 月 6 日《人民日报》）

【翻译】to create a stir

"引爆"一词指"引起轰动"，因而译为"to create a stir"。

与时俱进

【新义】"与时俱进"初见于蔡元培的《中国理论学史》，在《江泽民文选》中出现后，获得新义，是指把握时代特征、站在时代前列和实践前沿，坚持解放思想、实事求是和开拓进取，在探索中继承发展，是《江泽民文选》的哲学基础。（例）党的对外工作必须紧紧围绕全面推进党的建设新的伟大工程，与时俱进，开拓创新，不断加强与外国党交流互鉴、务实合作，推动我们党在把握执政规律、创新执政理念、巩固执政基础、完善执政方略、优化执政体制、改进执政方式、扩大执政资源、改善执政环境上提高能力、提升水平。（2011 年 1 月 6 日 中直党建网）我们党在长期的反腐倡廉建设实践中积累了许多科学管用的做法，要认真总结、继续坚持。同时又要解放思想、与时俱进，根据新的反腐倡廉实践，运用现代科学技术，不断丰富和发展方式方法。（2011 年 1 月 6 日 中直党建网）

【翻译】keeping up with the times

"与时俱进"是"跟上时代发展"的意思，可译其概念意义"keeping up with the times"。

郁闷

【原义】愁眉不展的性质或状态；迟钝和无兴趣状态。

【新义】感觉憋屈，但又感到无可奈何、不知如何是好，还没办法发泄的内心感受，是特别茫然纠结的一种状态。"郁闷"是当代青少年用得最多的词之一，说明在很多青少年中间普遍感到迷茫、苦恼。有时候郁闷也可以当作朋友之间玩笑过后的不解，现在甚至成了很多人的口头禅。（例）还有更令人郁闷的，据《武汉晚报》报道，不久前，在吉林省永吉县人民政府网所做的关于"满意度"的民意调查中，干脆只设了两个选项：满意和非常满意。（2010 年 12 月 31 日《重庆日报》）当时的压力特别大，甚至有些郁闷，任务艰巨，完成困难很大。（2010年 12 月 30 日 中国共产党新闻网）

【翻译】down

"郁闷"指情绪低落、难受，有人将其译为"depressed"，而"郁闷"经常用在口头表达的场合，语体上属于非正式的口语体，因而建议译为"down"，该词作形容词有"low in spirits, depressed"（情绪低落的，沮丧的）的含义，而且是口语化的一个词。

晕

【原义】去声，太阳或月亮周围形成的光圈；光影色泽模糊的部分；头发昏，有旋转的感觉。平声，昏迷，头脑不清。

【新义】流行用语，往往作为口头禅，表示惊讶或不满，但又无奈、无法可想的状态。（例）虽然他已在一家公司上班，但总感不稳定，便决定考公务员碰碰运气，考完上午的"行政职业能力倾向测验"，唯一的感觉就是"晕"。（2010 年 12 月 6 日《新华日报》）

【翻译】FT (faint)

"晕"字在网络用语中经常等同于"FT"，即"faint"的缩写，该英文单词的含义为"likely to fall into a faint; dizzy"（昏晕的，昏倒的），因此可作为"晕"的译文。

洋插队

【原义】"文化大革命"时期城市知识青年"上山下乡"，从初中到大学的大部分城市青年，在统一安排下到农村去，从事农业劳动，叫"插队"。

【新义】20 世纪 80 年代之后有大批学生去国外开始他（她）们的留学、打工生活，对于这些人，人们贴切地称之为"洋插队"。（例）在国外，唐人街能看到老华人的状态，他们像是"洋插队"，如同当年中国的知青插队。（2010 年 12 月 17 日 人民网）受当时中国国情的限制，这一批留学生年龄偏大，囊中羞涩，但普遍阅历丰富，吃苦耐劳，虽然不少人戏称在国外打工求学的经历为"洋插队"，但也磨炼出大批人才，成为中国新一代留学生的楷模。（2010 年 11 月 26 日《人民日报海外版》）

【翻译】to study, work or live in a foreign country

"洋插队"按照该词的概念意义"到国外留学、打工"，译为"to study, work or live in a foreign country"。

拥趸

【新义】来源于粤语，指的是坚定的支持者和拥护者。（例）在众多更名的拥趸者的论点中，金庸小说《射雕英雄传》描写的"郭靖、黄蓉守襄阳"的故事甚至也屡被提及。（2011 年 1 月 8 日 华商网）那些高档车的忠实拥趸们也在继续践行着"爱你一心一意"的承诺。（2011 年 1 月 7 日《解放日报》）

【翻译】fans

"拥趸"可译其概念意义。"fans"一词对应的中文词由所支持的对象决定，支持球星的人，就译为"球迷"；支持歌星的人，就译为"歌迷"；支持影星的人，就译为"影迷"……，如果这个被大家所支持的偶像是影、视、歌三栖明星，那就不能译为"某某迷"，只能译其上位词为"拥趸"。

原生态

【原义】生态是生物和环境之间相互影响的一种生存发展状态，原生态是一切在自然状况下生存下来的东西。

【新义】一个新生的文化名词，最近广泛地流传在各种媒体之间。它借用了自然科学中生态学科之"生态概念"。"原生态"可以定义为：缺少人工雕琢痕迹、基本未经加工、原始的、往往散发乡土气息的形态。"原生态"一词由发明到流行，乃至成为大众想象的非物质文化的代名词。它包含着原生态唱法、原生态舞蹈、原生态歌手、原生态大写意山水画等新说法。（例）张宝顺从山西到安徽，始终如一地坚持原生态听取民意，零距离了解民生，就是以实际行动践行党章的过程，就是一个真正的党员干部践行党的宗旨的过程，就是共产党人坚持走群众路线一心为民的过程。（2010 年 8 月 4 日 中国共产党新闻网）大型原生态歌舞《幸福在路上》和民族歌舞《喜马拉雅》、《五彩西藏》、《雅鲁藏布情》等特色商演剧目取得了良好的社会效益和经济效益。（2010年 12 月 30 日《西藏日报》）

【翻译】primitivity; primitive

"原生态"一词的文化语义指艺术"未经雕琢的原始、自然状态"。在英语语境下，这一语义缺失，因而只好译其概念意义"primitivity"，若作定语，则译为"primitive"。

【合成词翻译】

教育原生态 education in its primitive form; education in its original meaning

原生态之美 beauty of primitivity; primitive beauty

原生态唱法 primitive singing technique

原生态歌手 singer of primitive songs

原生态音乐 primitive music

原生态歌曲 primitive songs

原生态诗歌 primitive poems

原生态民歌 primitive folk songs

原生态食品 natural food

月光族

【新义】网络流行词汇，指将每月赚的钱都用光、花光的人。(例) 2009年，一个月四五千元日常花销绰绰有余，有时还能存 2000 元，现在都成月光族了。(2011 年 1 月 6 日《北京晚报》) 尽量不做月光族，能少花就少花，尽可能减少每月开销，争取攒点积蓄。(2010 年 12 月 30 日《解放军生活》)

【翻译】moonlite

"月光族" 建议译为 "moonlite"，原词是由 "月" 和 "光" 混合而成的汉语新词，是称呼的人的绰号。"月" 是 "月份、月亮" 的意思，"光" 是 "用光、一点都不剩、光亮" 的意思。汉语新义取其谐音，有戏谑意味。译成英文时可以保留原词的造词方式，但又不能译其概念意义 "moonlight"，因为这样译文读者只理解其概念意义，难以理解其戏谑之义等文化语义，因而将 "light" 换成其同音异形异义词 "lite"，该词指 "having less substance or weight or fewer calories than something else"，表示 "少、轻、低热量"，这好切合原词 "用光、花光" 的含义。

月嫂

【新义】专业护理产妇与新生儿的一种新兴职业。相对月薪只有几百元的普通保姆，"月嫂" 属于高级家政人员。她们每月拿着比普通保姆多几倍的薪金，肩负一个新生命与一位母亲是否安全健康的重任，有的还要料理一个家庭的生活起居。(例) 星级月嫂的行情也水涨船高，价格比平时一个月多出千元以上。(2011 年 1 月 4 日《广州日报》) 年关将至，随着外来务工人员返乡潮的开始，保姆、月嫂、小时工等家政服务人员越发抢手。(2010 年 12 月 27 日《京华时报》)

【翻译】maternity nurse

"月嫂" 是在产妇坐月子期间受雇照顾产妇和新生儿的人，因为类似保姆，"嫂" 译为 "nurse"，"月" 与 "月子"（生小孩或成为母亲后的第一个月）（maternity month）有关，因而"月嫂"译为"maternity nurse"。

妖娆哥

【新义】2010 年 3 月 30 日，在天津滨江道出现了一位受到上千人围观的轰动人物，网友称其为"妖娆哥"。远看，他身着李孝利款白色时尚 T 恤和玫红色紧身休闲裤，腰系镶钻腰带，同时又留着齐刘海女士发型，掐着兰花指，脚踩着猫步，动作妖媚，俨然一位人到中年却风韵犹存的阿姨。近看，他脸上的胡茬密密麻麻，而紧身裤也更是让其男儿本色显露无疑。（例）以出位造型和打扮吸引亿万网友目光而成名的"妖娆哥"最受关注——"屁股扭得很对味，眼神也很迷离，比女人还妖媚，总之，他的自信让我汗颜……"，网友如是评价。（2010 年 12 月 22 日 中国新闻网）"犀利哥"预热未退，"高数哥"、"奔跑哥"、"下岗哥"、"体操哥"、"妖娆哥"等众哥争相闪亮登场。（2010 年 12 月 21 日 中国新闻网）

【翻译】Brother Enchanting

"妖娆"的含义为妖媚多姿，译为"enchanting"，而"妖娆哥"的译法模仿"犀利哥"（Brother Sharp）英译。

幼齿经济

【新义】指一种利用童年时的情结，赚成年人的钱的经济模式。（例）近期开始公映的美国大片《变形金刚 2》所引发的龙卷风，让人们见识到了"幼齿经济"的巨大潜力。（互动百科）

【翻译】childhood economy

"幼齿经济"中的"幼齿"二字，仅指"年幼"之意，在汉语中是转喻用法，英语无此文化意义，故该词应译其概念意义"childhood economy"。

Z

砸票

【新义】在一些用手机短信投票的选举中，花费大量金钱购买电话卡，利用短信公司全部投给某一特定候选人，拉抬该候选人的选票数的行为。这些粉丝多是通过网络进行联系，砸票多通过职粉模式来运作。广义的"砸票"指帮别人（尤其是熟人、朋友）为了某种利益而投票，也指为了某个大型娱乐活动中自己崇拜的某个人能得到更多的票数而反复进行的投票和拉票，泛指疯狂地拉票。（例）现场爆出一位自称是企业高管的男子一口气包下 300 张最高价位 780 元的门票，而他"砸票"支持的对象就是曾轶可。（2009 年 9 月 14 日 新民网）花钱砸票已经不是什么秘密。（2007 年 4 月 16 日《重庆商报》）

【翻译】desperate SMS voting

"砸票"的含义是"不惜支付话费通过手机短信专投一个候选人的票"，若将此含义全部直译为英语"voting for a certain candidate by cell phone at all costs"，则显得拖沓累赘，不如根据该词"孤注一掷为某人短信投票"的含义，以释意法将该词译为"desperate SMS voting"，其中"SMS"是"Short Message Service"的缩写，即短信业务。

真人秀

【新义】也称"真人实境秀"，一般是指以电视为媒介，通过举办某类比赛活动，从多名参赛者中选取出最终获胜者，并给与丰富的奖品，从而获得广泛的经济效益的电视节目。真人秀强调实时现场直播，没有剧本，不是角色扮演，是一种声称百分百反映真实的电视节目。真人秀节目迎合了普通人求知欲、猎奇心、八卦、偷窥他人隐私的心理。（例）本周日，天津卫视打造的全国首个职场真人秀《非你莫属》再爆猛料，应聘者楚婷婷空乘专业毕业,却自己因为没有支付 10 万元的"手续费用"与空姐失之交臂。（2011 年 1 月 5 日 中国新闻网）今年夏天南非世界杯期间，就推出了中国第一档互联网即时真人秀《疯狂球迷24 小时》，16 位铁杆球迷 32 天封闭生活的网络直播，在世界因足球而兴奋时，让中国网络因此而疯狂。（2011 年 1 月 5 日 人民网）

【翻译】reality show

"真人秀"一词对应的英文是"reality show"。

职粉

【新义】指的是职业的"粉丝"组织者，他们以制造明星为职业，组织"粉丝团"、拉票会，在各大论坛灌水，利用媒体"爆猛料"，为选手炒人气，并且根据工作量的大小领取佣金。（例）如果面对一个自己讨厌的明星，也要从心里"挤"出激动来，在脸上"堆"出狂热来，"职粉"会不痛苦、不别扭吗？（2010 年 1 月 8 日《钱江晚报》）当"职粉"得有职业精神，也就是给钱了才去追星，痴迷程度明码实价。（2009年 12 月 30 日《现代快报》）

【翻译】professional fans

"职粉"，即"职业粉丝"，译其概念意义"professional fans"。

周边产品

【新义】指厂商在经过授权后，利用动漫、游戏等作品中的人物或动物形象，制成的其他各类商品。周边产品的种类十分丰富，有玩具、文具、食品、服饰、电器及各类生活用品等。对于提供原型的漫画家或出版商，制作周边产品的厂家会向其支付一定比例的"著作权使用费"。（例）这位 20 多岁的年轻人说，自己有一家公司，每天都在制造着有关"阿狸"的周边产品，忙不过来。（2011 年 1 月 6 日《新闻晨报》）公司还借机推出了"愤怒的小鸟"的毛绒玩具、T 恤衫等周边产品，很受欢迎，一些粉丝甚至主动帮他们设计手机套、抱枕等衍生产品。
（2011 年 1 月 6 日《北京青年报》）

【翻译】peripheral goods

"周边产品"在英语中的对应词语为"peripheral goods"。

装嫩

【新义】本意是指植物的一种生态，时下引申到社会生活中用以指人的
行为、心态，是贬义词，有强烈的指向性，是对年龄已大、青春不再
却故意在言行、举止、外貌上装作年轻或时髦的一种方式的嘲讽语。
在现实生活中，它也逐渐变成一种缓冲现实压力的途径、淡化工作不
顺的方式、增加自信的理由。（例）模特的脸是稍微有点肉肉感的 baby
face，如果你不介意，这款发型可是装嫩的不二之选。（2011 年 1 月 7
日 瑞丽女性网）今年 49 岁的刘德华虽然保养得不错，但扮演 26 岁的
项羽还是有装嫩的嫌疑，而且身高上不如吴彦祖高大。（2011 年 1 月 6
日《新京报》）

【翻译】act like kidults

"装嫩"直译为"pretend to be young"，有些呆板，译为"act like kidults"。
"kidult"这一新兴的混合词汇由"kid"和"adult"混合而成。

【合成词翻译】

装嫩族，"youngsters' look-alike"、"kidult"或"GRUPS"，一般三四
十岁，但举止更像二十来岁的人，不过他们拥有较高的收入，生活更
独立，他们是消除代沟的一族，一般穿名牌的牛仔裤、T 恤和老式运
动鞋，戴着苹果 iPod 播放机，听着流行音乐。

"装嫩"指举止穿戴洋溢着年轻的魅力，看起来有年轻的感觉。在英语
中，"看起来像……的人"可以用"look-alike"来表示，那么，看起
来像年轻人的"装嫩族"译为"youngsters' look-alike"。

也可使用"kidult"这个新兴的混合词汇来翻译"装嫩族"，这个词最
早出现在 1985 年 8 月 11 日《泰晤士报》上的一篇广告界的文章"Coming

Soon: TV's NewBoy Network"。在中国，称它为"装嫩一族"。《波士顿环球报》诠释道："对于装嫩一族来说，青年时代并非一定要在 30 岁甚至是 40 岁结束。"

另有英文单词"GRUPS"可作为"装嫩族"的译文。其出处是 20 世纪 60 年代一部非常受欢迎的科幻电视剧《星际迷航》，星际宇航员柯克船长驾驶的太空船意外降落在一个奇特的星球上，在那里，成人在一次病毒的袭击中死亡殆尽，统治者是一群永远也长不大的青少年，他们把自己叫做"GRUPS"。

撞衫

【新义】该词最早来源于欧洲，现使用比较普遍，意指两个或以上人数在同一场合穿了相同或相近的衣服。（例）电影里的人物造型，丝毫不是 T 台上那种华而不实范儿，不妨根据自身特点，大胆改良创造，最低程度减小撞衫率。（2010 年 12 月 28 日 人民网）为了避免满大街撞衫的尴尬，可以找设计师定做只此一件的服饰。（2010 年 12 月 27 日 人民网）

【翻译】outfit clash

"撞衫"一词在英语中的对应词为"outfit clash"。

追客

【新义】指定期上网浏览连载小说、系列电视剧（尤其是美剧）、博客、播客等的人群，他们总是迫不及待地等着内容的更新，更新一旦停止或是比预订的时间推迟，他们就会觉得不适应。（例）大学生中有越来越多的人成为美剧追客。（2009 年 11 月 6 日 新浪网）

【翻译】follower

"追客"是网上连载小说等的追随者，因而译为"follower"。

自然醒

【新义】睡觉睡到自己醒来。（例）公司还采取在 IT 类公司中不多见的

弹性工作制，员工可以睡到自然醒。（2010 年 12 月 8 日《北京晨报》）
这个慵懒早上可以睡到自然醒，自由逛古城，游 "民族风情一条街"。
（2010 年 12 月 31 日 人民网）

【翻译】to wake up naturally

"自然醒"译其概念意义 "to wake up naturally"，或者译其文化语义 "to live a primitive life"，意为过着原始、纯粹、简单的生活。

择校税

【新义】指税收机关因校方收取超过规定收费标准的费用以及以各种名义收取的择校费而对其征收的营业税。（例）谨防择校税洗白违规的择校费。（2006 年 3 月 21 日《检察日报》）加征 "择校税" 固然是调节学校收益的一种手段，但如果学校采取其他措施来弥补因为征税而带来的经济损失，加大 "收费力度"，提高收费标准，以弥补择校税带来的 "亏空"；或采取其他更隐蔽的方式向学生伸手，以达到偷逃漏税之目的，会不会不仅没有减轻学生家长的经济负担，反而让家长背上更大的包袱呢？（2005 年 2 月 5 日《华西都市报》）

【翻译】tax on school-choosing fees

"择校税" 的意思是 "择校费税"，因此译其概念意义 "tax on school-choosing fees"。

证奴

【新义】也叫 "考奴"，指在就业压力日益增大的背景下，一些人为抓住就业机会，提高自身的竞争力，而参加名目繁多的各类培训及资格考试，并为此疲于奔命，而成为 "证奴"。当耗费大量时间、精力、金钱还不能如愿拿到证书时，有些人只能铤而走险选择作弊。（例）教育、房子、车子、婚姻甚至养孩子都需要各种费用，让 "白奴"、"卡奴"、"证奴"、"礼奴"、"房奴"、"车奴"、"婚奴"、"孩奴" 等说法，在中国的 "80 后" 群体中悄然流行。（2010 年 2 月 7 日 新华网） 学生渐成 "证奴"，证书含金量低。（2010 年 1 月 13 日《齐鲁晚报》）

【翻译】slave of certificates

"证奴"，即"证书的奴隶"，是对那些盲目考证书的人的称谓，该词译其概念意义"slave of certificates"，也同时传达其"身陷其中而难以自制"的文化语义。

众包

【新义】该词由美国《连线》杂志推出，指的是一个公司或机构把过去由员工执行的工作任务，以自由自愿的形式外包给非特定的（通常是大型的）大众网络的做法。众包的任务通常是由个人来承担，但如果涉及需要多人协作完成的任务，也有可能以依靠开源的个体生产的形式出现。（例）原来我们都是自己做，后来外包，外包到一定程度以后，没有办法，信息量太大要众包。（2010 年 10 日 22 日 人民网）威客正是其典型代表，它的"众包"理念和创意平台的打造，在很大程度上消解了大众与小众的边界，同时也实现了草根与精英的完美融合，创造了互联网领域的又一个神话。（2010 年 10 日 11 日 人民网）

【翻译】crowdsourcing

"众包"是"外包"（outsourcing）的一种，英语来源词。

住房痛苦指数

【新义】指用来衡量住房经济困难程度的指标，其计算公式为：商品房的平均售价（平方米）÷人均月收入＝住房痛苦指数。从此计算公式可以很直观地看出，"住房痛苦指数"与中国商品房的平均售价成正比，与中国的人均年收入成反比，即，中国商品房的平均售价越高，则"住房痛苦指数"值越大，中国的人均月收入越高，则"住房痛苦指数"值越小。（例）而截止到去年 11 月，中国"住房痛苦指数"在 6 倍以上的城市已经从 2006 年的仅北京 1 个，达到了目前的 6 个。（2008 年 2 月 27 日《北京商报》）北京成为"住房痛苦指数"最高的城市，住房价格高的痛苦绝不是北京，绝大部分工薪阶层买不起房子是一个社会大问题，建造出来的房子又卖不出去又将是一个重大的经济问题。

（2007 年 6 月 26 日 人民网）

【翻译】housing misery index

"痛苦指数"（misery index）于 20 世纪 70 年代发表，代表令人不快的经济状况，等于通货膨胀与失业率之总合。"住房痛苦指数"是指令人不快的住房方面的经济状况，译为"housing misery index"。

作弊克

【新义】又称"无线隐形耳机探测器"，是用以监督、查照考生利用手机、隐形耳机等科技工具进行作弊情况的工具。该仪器一旦探测到作弊即会亮灯报警，信号越强预警灯亮的格数就越多，同时与仪器配套的耳机还能监听到语音对话，声音十分清晰。（例）监考老师携带的"作弊克"可以发现微型耳麦。（2010 年 9 月 13 日《文汇报》）为确保国家司法考试的公正、公平和严肃、权威性，进一步加大了对高科技作弊的防范工作，两个考点分别设置无线电干扰设施，并配有小型无线电屏蔽仪、"作弊克"等设备。（2010 年 9 月 12 日《青海日报》）

【翻译】exam-cheating killer

"作弊克"的字面意思是"考试作弊的克星"，因此译为"exam-cheating killer"。"作弊克"也可以根据其正式名称"无线隐形耳机探测器"将其译为"wireless stealth earphone detector"，但读起来不如前一个译文流畅上口。

宅内族

【新义】是"自己动手丰衣足食"的升级版，指的是经济不景气的时候，尽可能压缩消费，将所需物品逐一转为自己动手制造的人群。他们尽量少花钱，杜绝消费，而是自己在家生火做饭，洗衣熨衣，自我调节生活。该词来源于日语。（例）金融危机来了，当个"宅内族"也没啥不好的，自娱自乐、能省就省。（2009 年 5 月 1 日《浙中新报》）

【翻译】indoors-keepers

"宅内族"是对把家庭作为活动中心的人们的称谓。在英语中，人们足不出户的行为往往被称作"keep indoors"。因此，根据英语的构词法，"宅内族"译为"indoors-keepers"。

【相关词语翻译】

宅生族，"homebodies"，指宅男（otaku，indoor man）、宅女（indoor woman），即迷恋于动漫和电游等室内活动，与外界交流甚少的人。

宅青，"indoor youth"，指痴迷于某事物，足不出户，依赖电脑与互联网，厌恶上班或上学的青年。

长草

【新义】一个人对某种物品特别喜爱，具有强烈的占有欲，不能自拔。（例）苹果 iPhone 3GS 上市后，iPhone 3G 价格终于降了，于是对 iPhone 3G 跃跃欲试、心里长草的人越来越多。（2009 年 8 月 11 日 中关村在线）拎了一个夏季的包包确实令人厌倦了，看着那些在橱窗里闪耀的秋冬新包子，不免让人心里长草。（2008 年 10 月 18 日《杭州日报》）

【翻译】get the itch

"长草"不宜直译为"grass growing"，因为英文中"草生长"的形象没有"心头长草"的文化语义，而"get the itch to do something"这个固定短语的内涵意义是"急得心里直痒痒，非要做某事不可"，其中"itch"有"痒"、"渴望"、"欲望"之意，因而"长草"译为"get the itch"。

【相关词语翻译】

草族，"get-the-itch clan"，即"长草族"与"拔草族"的合称。"长草"代表一个人对某种物品具有强烈的占有欲，"拔草"则指买下这种物品。这个族群热衷于时尚、潮流产品，对某商品"长草"以后，会费尽心思去"拔草"。借鉴"长草"一词的英文，"草族"译为"get-the-itch clan"。

召回门

【新义】2009 年 8 月 24 日，丰田在华两家合资企业——广汽丰田、一汽丰田宣布，由于零部件出现缺陷，自 8 月 25 日开始，召回部分凯美瑞、雅力士、威驰及卡罗拉轿车，涉及车辆总计 688314 辆。这是我国

2004 年实施汽车召回制度以来，数量最大的一项召回。（例）一汽丰田虽然受到 2010 年"召回门"的影响，但其在 2010 年依然完成了其制定的 50 万的销售目标，在 2011 年，一汽丰田则提高了销售目标，增长 10%。（2011 年 1 月 7 日《北京娱乐信报》）汽车质量"召回门"的屡屡上演，已给汽车业发出警告，质量是车市的最大问题。（2011 年 1 月 5 日《北京青年报》）

【翻译】recallgate scandal

参见"艳照门"词条的解释。

知性

【原义】知道人的本性。

【新义】有文化、有内涵、有修养的。"知性" 原本是德国古典哲学常用的术语，德文原文是"Verstand"，也经常被译为"理智"或"悟性"。康德认为知性是介于感性和理性之间的一种认知能力。（例）在深秋的一个日子里，笔者如约来到余力画艺，面前的余贵平娓娓道来，展现了他充满知性与自信的"艺术"人生。（2011 年 1 月 7 日 人民网）对于知性女来说，这无疑是个好消息——原来性感也可以伪装，不用穿着暴露，也能既端庄着，同时又假意地裸露着。（2011 年 1 月 6 日《广州日报》）

【翻译】understanding

"知性"一词源于德语，译为"understanding"。

中空装

【新义】一种中间留出空隙而露出腹部的服装。（例）郭羡妮中空装亮相震撼全场。（2009 年 11 月 25 日 腾讯娱乐） 原本应该是说明台湾"入联"的严肃场面，台"新闻局"却请来三位穿着清凉辣妹在舞台上穿中空装劲歌热舞，这次她们推销的不是资讯产品，而是"台湾加入联合国"。（2007 年 8 月 31 日 人民网）

【翻译】midriff outfit

"中空装"对应的英文是"midriff outfit",其中"midriff"是"上腹部"的意思。

走班族

【新义】现代都市生活节奏越来越快,很多人终日端坐在办公桌前,很想通过锻炼身体来缓解自己的工作压力,但苦于没有时间。于是,他们开始利用上、下班时间,不挤公交,不骑车,甚至卖掉私家车,通过走路达到锻炼身体的目的,逐步形成了时下流行的"走班族"。(例)薛烨是现在社会上最流行的"走班族"中的一员。从 2008 年开始,他就抛弃了自己的小奥拓,每天从北京朝阳区团结湖北里的家走到张自忠路去上班。(2010 年 11 月 8 日《生命时报》)因为看到汽车污染越来越严重,德国的知识界人士为表率,弃车不用,他们穿上运动装,步行上班,一时间兴起"走班族"。(2010 年 7 月 5 日 中国新闻网)

【翻译】walking commuters

"走班族"是指为锻炼身体而放弃乘车,宁愿步行上下班的人。在英语中,"commuters"本来是指那些乘车上下班的人,但"走班"一词却无对应词。按照"走班族"所含的"本来可以坐车上下班,却选择步行的人"的含义,译为"walking commuters"。

抓狂

【新义】因某种原因引起,情绪烦闷、焦躁,表现出极不稳定的状态,同时心中的感情或者想法无法表达出来或者难以被人理解和知道,上述种种所产生的一种类精神现象。(例)自广东遭遇寒潮以来,华南农业大学、中山大学新华学院、广东商学院三水分校等高校,像往年一样出现让同学们抓狂的热水荒,甚至热水荒已经蔓延到中学。(2011 年 1 月 7 日《南方日报》)年关将近,曾令人抓狂的年终总结,如今不再成问题,现成的、原创的年终总结已摇身一变成为网购"新宠儿",买卖如火如荼。(2011 年 1 月 6 日《南方日报》)

【翻译】go crazy; go nuts; freak out; drive sb. mad; go bananas

"抓狂"表示"发疯"、"发狂"的意义，对应多种英文表达，译为"go crazy"（癫狂，疯狂）、"go nuts"（发狂）、"freak out"（感情失去控制，几近崩溃）、"drive sb. mad"（疯狂，愤怒）、"go bananas"（发疯，神经错乱），具体使用哪种译法要根据"抓狂"一词出现的语境分别翻译。

拽

【原义】去声，拉，牵引。平声，用力扔；胳膊有病，转动不灵。

【新义】方言，河南、湖北、西安、四川、安徽等地人把骄傲张扬的样子叫做"拽"。（例）碰到跟我斗、跟我抢的，首先要镇静，分析一下彼此的优势和劣势，看采取什么样的方式，最后我发现女孩子都喜欢自信的男孩子——拽！我一自信就特拽。（2009 年 9 月 24 日 傲视全球电视网）

【翻译】cocky

"拽"是"骄傲张扬"的意思，译为"cocky"，表示骄傲自大、过分自信、趾高气扬的意思，而且该词是口语语体，正合"拽"方言语体。

装酷

【新义】故意装扮成很酷的样子。（例）当有人装酷时，哥都会低下头，不是哥修养好，哥是在找砖头。（2010 年 12 月 27 日《北京晨报》）伍佰认为摇滚不是穿着黑色皮衣装酷，时刻把摇滚乐挂在嘴边，这样太形式化、表面化。（2011 年 9 月 18 日 《京华时报》）

【翻译】put on a jail face

"装酷"不宜直译为"be cool"或"play cool"，因为这两个短语中的"cool"还有"镇静的"的含义，为避免产生歧义，除非有足够的语境提示，建议不采用这两种译法，而用英文中的一个地道的习语"put on a jail face"来翻译。

作秀

【新义】利用媒体宣传等途径提高自身的知名度。"作秀"有三种解释：

一是表演、演出；二是展览宣传活动；三是弄虚作假，装样子骗人。"作秀"是一个贬义词，含有夸大其词和作表面文章、炫耀的意思。(例) 广东省启动新生代产业工人"圆梦计划"，将选拔 100 名农民工免费读北大。消息发布后，引发网友跟帖热评，赞许者有之，"拍砖"者也不在少数，质疑此举是在作秀，担心"农民工免费读北大"最终变成面子工程。(2011 年 1 月 7 日《人民日报》) 振兴特色产业仅仅依靠政府"吆喝"是不够的，更重要的是在"吆喝"中反思，在品种改良、品质提升、市场突围上多下功夫，这样的"吆喝"绝不是作秀。(2010 年 12 月 11 日 中国共产党新闻网)

【翻译】put on a show

"作秀"的英文对应词为"put on a show"。

章鱼保罗

【新义】动物预言家，被网友尊称为章鱼哥、章鱼帝。保罗在南非世界杯上"成功预测"了德国所有的比赛并成功预测了在最后的决赛中西班牙的胜利，8 猜 8 中，命中率 100%。2010 年 8 月 23 日章鱼保罗再续世界杯之缘，成为英格兰 2018 年世界杯的申办大使。(例) 在书中收录的"世博印章"中，还有的仅在特殊时段敲章，因而显得弥足珍贵，如"丹麦小美人鱼章"、"章鱼保罗章"、"小米宝宝冠军章"、"2010 年台北花卉博览会章"、泰国"小阿泰章"、"沪上生态家章"等，能极大地满足"世博迷"们需求。(2011 年 1 月 6 日 人民网) 最有名的"帝"却不是人而是鱼——预测南非世界杯足球赛的德国章鱼保罗，它预测八场，场场皆中，被称为"章鱼帝"、"保罗帝"、"预测帝"。(2010 年 12 月 28 日《文汇报》)

【翻译】Octopus Paul

"章鱼保罗"的对应英文是"Octopus Paul"。

装忙族

【新义】为了维护自己在同事或领导眼中的形象，一些人用"装忙"表现自己工作努力。这些人的办公桌上总是堆满文件，整天盯着电脑屏幕，看上去像工作狂，实际上却只是假装工作而已，他们神不知鬼不觉地偷懒。(例)如今，越来越紧张忙碌的工作环境，催生出一群职场"装忙族"。(2010 年 7 月 2 日 新华网)更有甚者，还扮起了"装忙族"，表面上很忙却神不知鬼不觉在偷懒、推责任，成了十足的"眼低手低"者。(2010 年 4 月 30 日 中国共产党新闻网)

【翻译】the pretend-to-be-busy tribe

根据"装忙族""假装忙碌的人"的含义，译其概念意义"the pretend-to-be-busy tribe"。

自媒时代

【新义】指随着网络的飞速发展，越来越多的非专业人士参与到新闻传播中，为了追求时效性和轰动性，通过各种手机、数码摄像机等科技手段采集新闻，捕捉身边新奇故事，并在网络上发布，同大家分享。(例)从印刷时代的旧媒体到视频时代的新媒体，网络杂志可谓是 3.0 版本的"自媒时代"的逍遥产物。(2007 年 6 月 4 日 人民网)

【翻译】self-made report era

"自媒时代"中的"自媒"，即"自行报道"、"自制报道"的意思，因此该词译为"self-made report era"。

折客族

【新义】指在购物过程中自始至终使用各种优惠券，从而取得较低折扣的人，可在衣食住行、教育、医疗和娱乐等各个领域使用优惠券。(例)购物随身携带一堆优惠券，从前只是许多精明"师奶"和在校学生的专利。然而自从去年金融海啸横扫全球以来，使用优惠券省钱之风大盛，从普通上班族到写字楼白领，越来越多人加入了"折客族"的队伍。(2009 年 4 月 13 日《羊城晚报》)

【翻译】coupon freaks

"折客族"指"对使用优惠券上瘾的人"，译为"coupon freaks"，其中

"freak" 的意思是 "狂热分子"、"对……着魔的人"。类似的例子有电影迷，英文是 "a movie freak"。

朝活族

【新义】指充分利用早晨的时间进行工作、学习和锻炼的人。"朝活"已成为一种时尚健康的生活方式。(例)日本不少白领为不受孩子影响，集中精力处理工作事务，纷纷抛弃睡懒觉习惯，早起在家干活，加入时下最流行的 "朝活族"。(2009 年 9 月 1 日《新民晚报》) "从明天起，做一名 '朝活族'，上网打卡，把人生好好规划。让每一天明朗起来，面朝大海，春暖花开。" 这是早起网络社区一首套用海子《面朝大海，春暖花开》的宣传语。(2010 年 4 月 8 日《海峡生活报》)

【翻译】morning bees

汉语新词语英译附表

A

阿混　a person who is always muddle-headed and drifts aimlessly
阿布萨耶夫　Abu Sayaff
阿布萨耶夫组织　Abu Sayaff Group
阿基奖　Arkie
阿以冲突　Arab-Israeli conflict
埃博拉病毒　Ebola virus
挨蒙　be cheated
挨踢　IT
癌龄　years of suffering cancer
癌症性格　cancer personality
矮化　stunt
艾　AIDS
艾滋　AIDS
爱耳日　ear-care day
爱恨情仇　love-hate relationship
爱拼才会赢　If you like fighting you will win
爱情是银　健康是金　love is silver, health is gold
爱上一个不回家的人　love a person not going home

爱谁谁　whoever

爱情走私　love smuggling

爱心超市　love supermarket

爱心工程　Loving Care Project

爱心活动　Loving Care Project

爱心储蓄　Loving Save

爱心大放送　loving send out

爱乐女　philharmonic woman

爱宠　loving pets

爱普　APIEL (Advanced Placement International English Language)

爱普考试　APIEL

爱窝　love nest

安定的政治局面　political stability

安家落户　settle

安居房　affordable housing

安居工程　Comfortable Housing Project

安全保障权　right to safety

安全漏洞　security breaches

安全填埋　secure landfill

安全卫生的劳动环境　safe and hygienic work environment

安全文明小区　safety and model residential subarea

安全性交　safe sex

安慰奖　consolation prize

安慰赛　consolation event

安可　encoreter

安亲班　child care center

安全填埋　security landfill

安全网　safety net

安全线　guard wire

安全香烟　safety cigarette

安老院　residential care home

安盟　National Union for the Total Independence of Angola (UNITA)

安全书包　safety bag

安全烟　safety cigarette

安委会　safety committee

按摩浴缸　message bathtub

按需印刷　on-demand printing

岸钓　fishing from a bank or shore

岸防　costal defense

岸线　waterfront

岸舰导弹　shore-to-ship missile

按比例发展　development in proportion

按比例均摊　pro rata average

按不变价格计算　calculated according to constant price

按法定比率　in accordance with the legal rate

按工程进度付款　construction progress payment

按可比价格计算　calculated in comparable price

按摩水床　massage water bed

按摩振动器　massage vibrator

按钮战争　press-schedule button warfare

按摩小姐　massage girl

按需设岗　set post according to demand

按照经济规律办事　in accordance with objective economic laws

按知识分配　distribution according to knowledge

按租金曲线折旧　rent curve depreciation

按柜金　deposit

案中案　a case in a case

暗点　scotoma

暗扣　hidden discount

暗示广告　implicated advertisements

暗补　invisible subsidy

暗娼　unregistered prostitute

暗访　investigate; make secret inquiries

暗亏　hidden loss

暗聘　recruit sb. without public examinations

暗示担保　implied warranty

暗盘交易　grey market trading

暗账　secret ledger; private ledger

脏弹　dirty bomb

傲他酷　OTAKU

奥数　International Mathematical Olympiad

奥校　training course for discipline Olympiad contestants

奥星　Olympic star

澳区　MSAR (Macao Special Administrative Region)

阿奇　Archie

爱虫　love bug

艾滋牙签　HIV toothpick

安然丑闻　Enron scandal

"爱国者"导弹　Patriotic missile

爱无能　love incompetent

爱国细菌　patriotic bacteria

爱情三不主义　three nos in love

爱心卡　love card

安家费　settling-in allowance

安全岛 safety strip

按键式电话 touch-tone phone

按成本要素计算的国民生产总值 GNP at factor cost

安静地铁 low-noise subway

安乐死 euthanasia

按距离计费 vary the charge according to how far away the destination is

暗物质 dark matter

暗能量 dark energy

澳门大三巴牌坊 Ruins of St. Paul

奥姆真理教 Japanese Aum Doomsday Cult

奥巴马式 Obama-style

奥巴马新政 Obama New Deal

奥巴马主义 Obama doctrine

奥步 dirty tricks

奥多瓦 Ordover

奥运人家 Olympic homestays

奥运签注 Olympic comments on a document

奥运圣火采集仪式 Olympic flame lighting ceremony

奥运专用车道 Olympic driveway, special driveway for Beijing Olympic vehicles

奥运沙 Olympic sand

B

八宝菜 eight-treasure pickles

八国峰会 The Group of Eight Summit

八字方针 The Eight-character Policy

八纵八横 eight vertical and eight horizontal lines

巴奴姆效应 Barnum effect

芭啦芭啦 para para

吧女 bar-girl

吧台 bar counter

吧文化 bar culture

拔份 stand out among one's fellows

拔尖人才 tip-top talent

把根留住 keep their roots

把脉 feel the pulse of

把蛋糕做大 carry out...on a larger scale

把水搅浑 make water muddy

把握经济社会发展趋势和规律 follow the trend and the law of economic and social development

爸爸桑 Papasan

白道 the ways of polite society

白大衣现象 white-coat phenomenon

白发浪潮 the wave of gray hair

白领农民 white-collar peasant

白老鼠 guinea pigs

白名单 white list

白魔 drug

白色工程农业 White Engineering Agriculture

白色公害 white pollution

白色家电 white domestic appliances

白色农业 white agriculture

白色平衡 white balance

白色瘟疫 The White Plague

白色幽灵 The White Spirit

白色收入 white-income

白色污染 white pollution

白色消费 white-expenditure

白油 vash oil

白页 white page

白污染 white pollution

白灾 heavy snow disaster

百万爱心行动计划 One Million People's Love Movement Plan

百度一下 using Baidu.com

百分百女孩 perfect girl

百家讲坛 Lecture Room

摆 POSE strike a pose

败象 critical sign

搬家公司 remover

班爷 moderator

斑竹 moderator

班主 moderator

班级编制 class grouping

扳平 equalize

办公楼综合症 building syndrome

办公桌工作癌 work desk cancer

办实事 handle concrete affairs in a down-to-earth manner

办事拖拉 to be dilatory

半边户 half-household

半边农 half-peasant

半生缘 Eighteen Springs

半挂车　semi-trailer

半熟女　semi-grown women

扮酷　play cool

扮靓　doll up

邦女郎　Bond Girls

帮忙公司　help company

膀爷　topless guy

榜单　list

傍大官　be a mistress for an high post

傍名人　be a mistress for a celebrity

傍老外　be a mistress for a foreigner

傍大款　be a mistress for a rich man

包餐　table d'hôte

包工包料　contract for labor and materials

包装　package

包商　concessionaire

包师　baker

包销　have exclusive selling rights

包销合同　exclusive sales contract

包销人　underwriter

包销协议　exclusive sale agreement

包养情妇　provide for a kept woman

包装歌星　package a pop singer

煲电话粥　do marathon talk on the phone

煲呔　bowtie

宝宝装　infant cloth

保持发展后劲　ensure sustained development

保持国有股　keep the State-held shares

保持克制 show self-restraint

保持经济中速增长 maintain moderate economic growth

保持经济总量平衡 maintain economic overall balance

保底 guarantee the minimum

保底销售 guarantee minimum sales

保送 recommend sb for admission

暴发户 upstart

暴富 quick fortunes

曝光 exposure

暴力游戏 violent games

爆炒 feeding frenzy

爆棚 be packed

爆响 explosive sound

暴力抗法 resist against law violently

爆冷 produce an unexpected winner

爆炸头 big-haired

暴利税 anti-profiteering tax

暴走鞋 Heelys

曝丑 expose disgraceful affairs

背囊客 backpacker

背包党 backpack party

背包族 backpackers

悲秋 feel sad with the coming of autumn

北漂 drift in Beijing

北视中心 BTAC

贝九 ninth

本帮菜 local cuisine

本貌 original tale

本土化　localization

本益比　principal-to-benefit ratio

奔小康　strive for a relatively comfortable life

崩岸　burst

崩跌　tumble

蹦极　bungee

比酷　emulate the cool

比拼　compare with

比析　comparative analysis

笔触输入　pen touch input

币市　special purpose currency market

币种搭配不当　currency mismatch

弊政　maladministration

边陲优秀儿女　fine sons and daughters of borderland

边界网关协议　BGP

边境经济合作　frontier economic cooperation

边界经济合作区　border economic cooperation zone

边缘市场　marginal market

边缘效应　fringe effect

边缘人　marginal man

边际孩子　marginal child

边青　marginalized youth

便利店　convenience store

便民　convenient for people

便民措施　facilities for the convenience of the people

标本兼治　treat both principle and secondary aspect of disease

标房　TWB (twin-bed room with bath)

标配　standard configuration

标贴 labeling
标清电视 standard-definition TV
标桩 marking stake
标准普尔指数 GSPC
标准信封 standardized envelope
标王 mark king
飙车 motor-racing
飙口水 gossip
飙升 surge
表情 smiley
表演艺术 performing arts
表演艺术家 performing artist
表扬信 commendatory letter
濒死体验 near-death experience
冰吧 ice bar
冰场 ice rink
冰车 sledge
冰茶 ice tea
冰灯 ice lantern
冰点 freezing point
冰雕 ice sculpture
冰钓 ice angling
冰毒 crystal methamphetamine
冰力 ice force
冰红茶 ice-tea
冰景 icescape
冰皮 ice rind
冰舞 ice dance

冰上溜石　curling

冰雪节　Ice and Snow Festival

冰酒　ice wine

冰露　frozen dew

冰啤　cold beer

冰原　ice field

饼屋　bakery

并网发电　combined to the grid

病媒　vector

波霸　busty woman

波导　wave guide

玻璃摩天楼　glass skyscraper

玻璃砖　glass brick

玻璃幕墙　glass curtain wall

播客　blog

播洒　sow

波　ball

博爱工程　love of humanity project

博客文学　blog literature

博士点　doctoral programs

博士后流动站　the post-doctoral research center

博野　Boye

不安定因素　destabilizing factors

不败纪录　unbeaten record

不败之地　invincible position

不承认主义　policy of non-recognition

不倒翁　self-righting doll

不对称管制　dissymmetry control

不分胜负　draw

不负连带责任　bear no responsibility for any other party

不搞一刀切　not impose uniformity

不干胶　non-setting adhesive

不归路　no-returned road

不景气　depression

不可更新资源　non-renewable resources

不可抗力　force majeure; act of god

不间断电源　UPS

不良贷款　non-performing loan

不正当竞争　unfair competition

不婚妈妈　unmarried mother

不求人　without melding

不为任何风险所惧，不被任何干扰所惑　fear no risks and never be
　　confused by any interference

步行天桥　pedestrian overpass

步行机　walking machine

部颁　promulgated by the ministries or commissions of the Central
　　Government

部标准　ministerial codes and standards

部标　standard laid down by the ministries or commissions of the Central
　　Government

80 后　post-80's generation

八卦　gossip, gossipy

八卦网站　gossip site

白客　tracker / online security guard

白领餐　lunch for white-collar

白领囚犯　white-collar prisoners

白领犯罪　white-collar crime

白领工人　white-collar workers

白马王子　Prince Charming

白色行情表　white sheet

白手起家　start from scratch

白情节　14th March

白人至上主义者　white supremacist

百搭　all-match

百谷虎　BaiGooHoo

摆花架子　talk the talk

摆架子　put on airs; act arrogant and superior

百般拖延　do everything to postpone

拜把兄弟　sworn brothers; buddies

拜金女　material girl

拜金主义　money worship

搬迁户　unit or household to be relocated; relocated unit or household

板儿寸　crew cut

办公室恋情　office romance

办年货　do New Year's shopping

半独立式房子　semi-detached house

半拉子工程　incompleted project

帮倒忙　trying to help but causing more trouble in the process

保留为自然耕地　reserve as natural farmland

暴力拆迁　forced relocation

爆料　tip-off

被自杀　be (officially) presumed to have committed suicide

被增长　being increased

被失踪　to have disappeared

被全勤 to have a record of full attendance

被幸福 to be happy

被代表 be said to be represented

被辞职 be said to have resigned

被幸福/开心/小康 It is said/presumed that someone is happy/pleased/
    living a fairly comfortable life

被时代 the times of passiveness

被小贝 suffer the same with Xiaobei

背黑锅 become a scapegoat

边远贫困地区 outlying poverty-stricken areas

边缘知识人 marginal intellectuals

变相涨价 disguised inflation

表面文章 lip service; surface formality

表见代理，禁止反言的代理 agency by estoppel

别跟自己过不去 Don't be too hard on yourself

菠菜电影 spinach cinema

博客圈 blogsphere

博客话剧 blog drama

变色婴儿服 babyglow high temperature indicating sleep suits

剥夺冠军 strip the gold medal of somebody

薄利多销 small profit, large sales volume; small profits but quick returns;
    small profits and good sales

不差钱 money is not a problem

布波女 BoBo

不感冒 have no interest

不搞劳民伤财的"形象工程" refrain from building "vanity projects"
    that waste both money and manpower

不睬你 pay no attention to you

不正之风　bad practice; unhealthy tendency

不买账　not take it; not go for it

不拿原则换人情　refrain from seeking personal favor at the expense of principle

不速之客　gate-crasher

不以物喜，不以己悲　not pleased by external gains, nor saddened by personnal losses

C

才荒　talent shortage

财商　financial quotient

"村村通广播电视"工程　project "extend radio and TV coverage to every village"

擦边球　edge ball; touch ball

擦网球　net ball

财产税　property tax; estate (or capital) duty

财力明显增强　financial strength grew noticeably

财团　consortium

财务公开　keep the public informed of the financial affairs

财务焦虑　financial worries

财政、信贷双紧方针　policy of tightening control over expenditure and credit

财产性收入　property income

财政包干　fiscal responsibility system

财政包干制　financial contract system

财政补偿 financial indemnity

财政补贴县 counties that receive financial subsidies

财政补贴政策 policy of fiscal subsidies

财政性科技投入 government investment in science and technology

财政支持 financial support

裁军 disarmament

裁员 job cut

采购团 purchasing mission

采景 choose a location (for movie, TV drama, etc.)

采煤沉陷区 sinkholes in coal mining areas

采取高姿态 show high-profile; exercise forbearance; be tolerant

彩铃 polyphonic ringtone

彩信 multimedia message

踩点 set foot-print

踩线 step on the line

菜霸 vegetable seller who controls the local market by dishonest means

菜区 vegetable-growing area

参拜靖国神社 visit to the Yasukuni war shrine

参股 equity participation

参股公司 joint-stock company

参股者 equity participant

参与国际分工 participate in the international division of labor

参与意识 desire to participate; sense of participation

参照国际通行做法 follow standard international practices

残障记者 handicapped reporter

惨淡经营 work hard and carefully to keep one's business going

仓储式超市 stockroom-style supermarket

舱外航天服 extra vehicular activity suits

草根网民　grassroots netizen

草莓人　strawberry men

草台班子　false group

草族　get-the-itch clan

侧记　sidelights

层层加码　raised without restriction

层层转包和违法分包　multi-level contracting and illegal sub-contracting

蹭停族　free parking tribe (drivers who try to park their cars in a place, such as school compounds, that charge no parking fees)

插杠子　poke one's nose into someone's businesses

插件　plug-in unit

查号服务　directory service

查体　have a medical check-up

茶吧　teahouse

茶博会　tea fair

茶文化　tea culture

差别关税　differential duties

差额拨款　balance allocation

差佬　police

拆借市场　call-money market

拆零　to break up a set and sell the components

拆迁补偿费　compensation for demolition

拆迁费用　removal expense

拆迁户　households or units relocated due to building demolition

拆台　let someone down; cut the ground from under someone's feet

拆违　demolish illegal buildings

掺和　mix something with

掺水股　watered stock

掺水股票 watered stock

掺水文凭 diploma obtained by using unfair or unlawful means

掺杂兑假 mix in fake or inferior components

缠结 entwist

缠讼 vexatious suit

产交所 property exchange

产品构成 product composition

产品结构 product mix

产品科技含量 technological element of a product

产品链 a line of interrelated products

产品生命周期分析 LCA (Life Cycle Analysis)

产品形象 product image

产权关系 relations between ownership and management of enterprises

产权划转和产权变动 the transfer of and changes in property rights of enterprises

产权界定 delimitation of property rights

产权明晰、权责明确、政企分开、科学管理 clearly established ownership, well defined power and responsibility, separation of enterprise from administration, and scientific management

长二捆 LM-2E

长防林 protection forest project

长航 long term voyage

长假综合症 holiday syndrome

长漂 journey by raft down the Yangtze River

长期饭票 lifetime meal ticket

长途贩运 transport for sale over a long distance

长线 long line

长线产品 product in excessive supply

长线投资　long-term investment

长线专业　traditional subjects

长销书　best-selling book over a long period of time

长休　to be in a rehabilitation for a long time

偿付能力　solvency

常业　regular profession

嫦娥工程　Chang'e Project

厂内待业　in-factory-wait-work

厂网分开　separate the factory and network

场面调度　mise-en-scene

畅通工程　Smooth Traffic Project

畅旺　prosperous without obstacle

畅销产品　marketable products

畅销货　best selling lines

倡廉　encourage honesty

唱对台戏　put on a rival show

唱高调　mouth high-sounding words

唱功　art of singing

唱将　singer

唱双簧　play a duet—collaborate; echo each other

抄底团　bargain-hunting group

抄告　carbon copy

抄号族　number copying clan

超保护贸易政策　policy of super-protection

超编人员　exceed personnel

超采　over-extraction

超产粮　grain out in excess of a production quota

超常教育　gifted education

超贷 overlending

超纲 superclass

超耗 consume above set limit

超级稻 super rice

超级巨型油轮 ultra large crude carrier

超冷水 ultra-cold water

超链接 hyperlink

超买 long position

超媒体 hypermedia

超男 super male

超期羁押 detention beyond the legally prescribed time limits

超前教育 superior education

超前精神 a surpassing spirit

超前消费 excessive consumption

超前意识 superior consciousness

超声雾化 ultrasonic atomization

超声浴 ultrasonic-bath

超视距空战 over-the-horizon air action

超视距 over the horizon

超线 hyperline

超限 transfinite

超载放牧 overgraze

超支户 household (or family) living perpetually in debt

超值服务 over-value service

超智 outstandingly intelligent

朝核 North Korea nuclear

潮 fashion

潮动 to rush like a flood

潮人　trendsetter

炒饭　fans of Super Girls

炒房　building speculation

炒房团　real estate speculators clique

炒更　to moonlight

炒股　speculate in shares

炒家　speculator

炒金热　stock-market fever

炒冷饭　mount on a dead horse

炒楼　property speculation

炒楼花　speculation in housing pre-sales

炒买炒卖　speculation

炒卖批文　speculation of certification

炒手　speculator

炒星　to use the media to publicize someone in show business

车扒　pickpocket on bus or train

车标　vehicle logo

车程　drive

车船使用税　vehicle and vessel tax

车贷　auto loans

车管　vehicle management

车检　motor test

车况　vehicle condition

车辆购置税　vehicle purchase tax

车马费　traffic allowance

车迷　car fan

车模　auto model

车奴　car slave

车市 car market

车贴 traffic allowance

车位 stall

车行道 roadway

车友 automobile friend

车月票 monthly bus ticket

车展 car exhibition

车证 vehicle certificate

车种 car type

扯后腿 hold (or pull) somebody back; be a drag on somebody

扯皮 shirk; pass the buck

撤标 withdraw the tender

撤柜 withdraw from store shelves

撤资 divest

沉没成本 sunk cost

沉默权 right of silence

陈世美黑名单 Chen Shimei blacklist

晨练 morning exercise

成棒 wand forming

成本价 cost price

成长股 growth stock

成分输血 blood component transfusion

成分指数 component index

成教 adult education

成考 adult higher education

成考移民 immigration for adult college entrance examination

成品粮 finished product of grain

成人电影 adult movie

成人玩具　adult toy

成校　adult school

成组技术　group technology

承保　accept insurance

承传　to inherit and pass on

承付　undertake

承负　loading

承购　underwrite

承诺服务　guaranteed service

承诺制　practice of offering guarantees

承受力　holding capacity

承销　consignment-in

诚信企业　high-integrity enterprise; enterprise of integrity

诚信缺失　lack of honesty

诚信原则　principle of good faith

城保　urban social insurance

城市病　urban disease

城市带　city band

城市低保对象　urban residents entitled to basic living allowances

城市雕塑　urban public statue

城市仿真　urban simulation

城市固定资产投资　urban fixed-asset investment

城市规划　city's landscaping plan; urban planning

城市合作银行　urban cooperative bank

城市和国有企业厂办大集体　collectively owned factories operated by state-owned enterprises and cities

城市景观　townscape

城市竞争力　urban competitiveness

城市旧区改造 makeover for an older downtown area

城市居民自治 self-governance by urban residents

城市居民最低生活保障 minimum living standards for urban residents

城市恐惧症 urbiphobia

城市流浪乞讨人员 urban vagrants and beggars

城市绿地 urban open space; urban green land

城市绿化 urban landscaping

城市圈 megalopolis

城市热岛效应 urban heat island effect

城市生活无着的流浪乞讨人员的救助管理办法 Measures for Assisting Vagrants and Beggars with No Means of Support in Cities

城市生态学 urban ecology

城市文学 city literature

城市新贫困 urban neo-poverty

城市信息化 urban IT application

城市一体化 urban integration

城市依赖症 city dependency

城市中年雅皮士 muppie

城乡低收入居民 low-income residents in both town and country

城乡电网改造 projects for upgrading urban and rural power grids

城乡结合部 rural-urban fringe zone

城乡特殊困难群众 urban and rural residents with special difficulties

城域网 MAN (metropolitan area network)

城运会 urban games

城镇居民人均可支配收入 urban per capita disposable income

城镇职工基本医疗保险制度 basic medical insurance system for urban working people

城镇职工医疗保险制度改革 reform of medical insurance system for

urban workers

城镇住房公积金 urban housing provident fund

城中村 villages within the city

乘车卡 farecard

乘车证 boarding card

惩办主义 doctrine of punishment

橙皮书 Orange Book

橙色革命 Orange Revolution

橙色预警 orange alert

吃饭财政 payroll finance; mouth-feeding budget—a large proportion of the budget has been earmarked for paying salaries of government functionaries

吃皇粮 receive salaries, subsidies, or other support from the government

吃劳保 live on labor insurance allowance

吃拿卡要 eat-take-obstruct-ask

吃青春饭 make a living on the mere strength of one's young age

吃私 eat-personnel

吃透两头 have a thorough grasp of the party's policies and thorough understanding of the views of the masses

吃信访 live by complaining letters

吃药片 gnaw old people

迟婚 to get married late

迟效 slow to appear

持币 with cash in hand

持币待购 wait to buy with cash in hand

持仓 position

持股 share-holding

持久农业 sustainable agriculture

持久性有机污染 persistent organic pollutant

持卡族 card holders

持效 durative efficacy

持械 armed

持续农业 sustainable agriculture

斥资 furnish funds for

赤膊工资 naked torso-wages

赤潮 red tide

赤脚律师 barefoot lawyers

赤贫人口 people living in absolute poverty

充电 study to acquire new knowledge

充分就业 full employment

充气建筑 inflatable building

充值卡 rechargeable card

冲刺 sprint

冲荡 dash

冲顶 rush to summit

冲动购买 impulse buying

冲减 eat up part of

冲扩 develop

冲浪 surf

冲沏 to pour hot water on

虫餐 dish cooked with insects

虫情 insect pest situation

宠物医院 pet clinic

宠物专线 pets-only airline

抽成 take a percentage

抽肥补瘦 take from the fat to pad the lean; take from those who have much and give to those who have little

抽奖 lucky draw

抽杀成功 hit through

抽湿机 dehumidifier

筹拍 prepare to shoot

酬宾 bargain sale

丑陋模特办公室 ugly model office

丑友网 ugly friends network

臭美 show off shamelessly

臭氧发生器 ozonizer

出彩 do brilliant things

出场费 appearance fee

出党 withdraw from the Chinese Communist Party

出道歌曲 first/debut single

出风头 show off; in the limelight

出柜 offer for sale

出境游客 outbound tourist

出镜记者 appearance reporter

出镜率 appearance rate

出局 be out

出口创汇型产业 export-oriented industry

出口卖方信贷 seller's credit on exports

出口退税机制 export tax rebate system

出口退税率 export rebate rate

出口秀 a talk show

出口押汇 bill purchased (B/P); outward documentary bill

出炉 come out

出气筒 punching bag

出手 dispose of

出台 unveil

出外景 on location

出弯 going off curve

出位 go out place

出线 offtrack

出线权 right to higher competition

出线资格 finals berth

出血 hemorrhage

出演 play

出运 transport

出阵 enter the arena

出证 come to testify

出资 contributive

出资办学 invest in education

初步候选人 preliminary candidate

初哥 freshman

初香 original musk

除臭剂 deodorizer

除息 ex dividend

橱窗夫妻 window couples

储备猪 pork reserve

储源 source of bank savings

储运 storage and transportation

处女膜修复 hymen mending

触摸屏 touch screen

穿帮 goof; mistake

穿梭机 shuttle machine

穿梭外交 shuttle diplomacy

穿新鞋走老路 wearing new shoes to walk on the old path; change in form but not in content; put old wine in new wineskins

穿越球 through balls

传帮带 pass on experience

传播链 chain of transmission

传播性病罪 crime of transmitting venereal diseases

传输型 transmission mode

传统安全威胁 traditional threats to security

传统产业 conventional industries

传销 pyramid selling

传销陷阱 multiple level marketing

串灯 cluster of lamps

串岗 visit others during work hours after slipping away from one's post

串话 overhearing

串烧 skewered

窗口单位 window-unit

床上戏 bed show

创安 CHAN

创发 discover for the first time

创汇 earn foreign exchange

创汇额 revenue in foreign exchange created

创汇农业 agriculture oriented for export and foreign exchange earnings

创建卫生城市 build a nationally advanced clean city

创利 generate profit

创新创优 renew product variety and upgrade product quality

创新人才 innovation talent

创新型国家 innovation-oriented country

创演　write and perform

创业　begin an undertaking

创业板　GEM (Growth Enterprise Market)

创业板市场　growth enterprise board

创业精神　enterprising spirit; pioneering spirit

创业投资　venture capital investment

创业园　high-tech bushiness incubator

创业者　start-up

创意　new ideas

创意产业　creative industry

创造教育　creative education

创造性人才　creative talents

创作型歌手　singer-composer

吹风会　briefing meeting

垂询　condescend to inquire

垂直传播　vertical transmission

垂直绿化　vertical greening

春禁　spring fishing moratorium

春考　university entrance examination in spring

春蕾计划　spring buds program

春训　spring training

春运　transport during the Spring Festival

春招　university spring enrollment

纯美　pure and beautiful

纯平彩电　flat color TV

纯情　pure love

纯文学　belles-lettres

纯稚　naive

辍演　stop performing

瓷塑　porcelain carving

慈善餐会　giveaway buffet

慈善门　The Gate of Charity

辞演　to decline or refuse to give a performance

磁浮列车　magnetic-levitation train

磁卡电话　cardphone; magnetic card telephone

磁条卡　magnetic stripe card

次按危机　subprime mortgage crisis

次大陆　subcontinent

次贷危机　subprime mortgage crisis

次道德　degenerating moral

次级贷　subprime loans

次级抵押贷款　subprime mortgage

次级房贷　subprime mortgage

次级债券　subordinated bond

次级债危机　subprime mortgage crisis

次生地质灾害　secondary geological disaster

次声武器　infrasonic weapon

次新股　sub-new stock

刺激内需　stimulate domestic demand

从难　to adopt high standards or expectations in regard to the performance
　　of others

从妻居　follow-wife-reside

从我做起　begin from myself

从众心理　group psychology

从众行为　the behaviour of blindly conforming to the norm

从重　to inflict a severe punishment within the prescribed limits

聪明盒 smart match

聪明卡 smart card

丛林法则 Trees Law

丛林战 jungle war

凑份子 club together

粗鄙化 foul

粗读 skimming reading

粗放经营 extensive operation

粗放式 extensive style

粗肥 inefficient fertilizer

粗嘎 huskiness

粗加工 rough machining

粗口 four-letter word

粗狂 one who is given to waywardness and a love of freedom

促醒 arousal

蹿红 win success quickly

窜动 play

窜升 climb sharply

催动 urge

催泪弹 tear shell

催眠音乐 hypnotic music

催情床单 aphrodisiac sheets

村办企业 village-run enterprise

村改居 reform from villager committee to resident committee

村官 village official

村貌 the look of a village

村民委员会 villagers committee

村务公开 disclosure of village affairs

存款保证金 guaranty money for deposits

存量资本 stock of capital

存休 accumulated holidays

存续 subsist

搓麻 play Mah-Jong

撮 pick

挫折教育 a form of discipline that involves putting children and young adults through challenges and difficulties in order to develop their character

错版 to have printing errors about edition information or in content

错层公寓 split-level apartment

错层式住宅 split-level house

错动 changing of the relative positions

错峰 stagger

错峰用电 avoid power consumption peak

错估 misestimate

错季 unseasonal conditions

错时上下班 staggered rush hour plan

错位 transplacement

错休 to arrange in a way that employees do not have days off at the same time

刹那族 instant-networking pals

攒 bring together

攒机 assemble a computer

重复建设 building redundant project

重构 reconstruct

重估 revaluation

重睑 blepharoplasty

重码 coincident code
重塑 remolding
重映 cuback

D

"大三通"（两岸） the three direct links
"定格"族 FEEL (freeze to ease emptiness and loneliness)
"东突"恐怖分子 "Eastern Turkistan" terrorist
"东突"恐怖组织 "Eastern Turkistan" terrorist organization
DNA 指纹分析 DNA fingerprint analysis
D 字头列车 rail car
搭班 temporarily join a theatrical troupe
搭班子 constitute a group
搭车涨价 catch-coach-increase price
搭错车 follow a wrong train; join in a wrong group; follow a wrong
    example; wrong act because of wrong judgement or rash imitation
搭调 match
搭界 have a common boundary
搭景 set construction
搭卖 tied sale
搭桥 bridging
搭桥铺路 pave the way and build a bridge
搭售 conditional sale; tie-in sale
搭送 throw in
搭台唱戏 create favorable conditions for

达产　design capacity achievement

达菲　Daphie

达福考试　test Daf

达人　big gun

打白条　issue IOU

打榜　put the song on the radio

打包　pack

打包贷款　packing credit

打包儿　use doggy bags to take food home

打保票　vouch for somebody; guarantee something

打爆　blow

打补丁（电脑）　patch installing

打擦边球　cut corners and take risks

打短工　work as a casual laborer

打翻身战　fight to change for the better

打非　cracking down illegal activities

打封闭　anaesthesia needle

打工旅行　working holiday

打工妹　migrant job-hunting girl

打工文学　hired laborer literature

打工仔　migrant job-hunting boy

打拐　crack down on the abduction of women and children

打官腔　bureaucratic talk

打黑　crack down on evil forces

打黑除恶　get rid of wickedness

打汇　hit-banknotes

打假办　Office of Cracking down on Fake Products

打假皇帝　the outstanding one who cracks down on counterfeit goods

打假英雄 the hero to crack down on counterfeit goods

打金农民 Gold Farmer

打恐 crack down on terrorism

打口碟 cracked CD

打流 wander aimlessly

打农仔 hit-agriculture-boy

打拼 struggle

打破"三铁" break the Three Irons: iron armchairs (life-time posts), iron
    rice bowl (life-time employment) and iron wages (guaranteed pay)

打前站 set out in advance

打熟张 to discard a tile which had already been discarded on the table

打水漂儿 skip

打顺手 find one's touch; get into gear; settle into a groove

打私 combat smuggling

打托 hit-gain trust

打星 action movie star

打洋工 work on orders from overseas

打游击 work in unfixed places; work as a seasonal laborer

打造 make

打诈 hit-fraud

打折店 discount store

打折票 saver ticket

大巴扎 International Bazaar

大班椅 executive chair

大棒政策 a big stick policy

大包大揽 belly-worship

大包干 all-round responsibility system

大爆炸 Big Bang

大爆炸宇宙学 big-bang cosmology

大奔　Benz

大比拼　compete fiercely

大比武　large-scale competition in military skills

大病统筹　comprehensive arrangement for serious disease

大部门体制　super-ministries system

大部头　voluminous work

大部制　super-ministry system

大长今　Dae Jang Geum

大超联赛　University Students Super League Matches

大潮　spring tide

大虫　tiger

大酬宾　give a large discount to one's customers or guests

大出风头　cut a dash

大出血　make a big markdown

大村庄制　large village system

大冬会　the World University Winter Games

大肚公交　high capacity bus

大肚子经济　pregnancy-oriented economy

大鳄　big fish

大而全/小而全　large and all-inclusive/small and all-inclusive

大耳窿　loan shark

大放送　send out

大概念　grand concept

大规模杀伤性武器　weapons of mass destruction

大锅饭　egalitarian practice of everyone taking food from the same big pot

大锅药　big-pot-medicine

大轰动 blockbuster

大户 rich family

大户型 large house style

大环境 the social, political and economic environment; the overall situation

大换血 an overall renewal of the membership of an organization

大会特邀代表 specially-invited delegate to the congress

大检察官 principal public procurator

大件 major possession

大贱卖 big offering

大江截流 dam the Yangtze River

大奖赛 prize-giving competition

大交通 general communications

大教育 an education system where management on different levels is decentralized and optimized

大教育体系 the great education system

大节 large knot

大姐大 woman with power

大经济 a modern economic system where marketing, plan-making, R&D, production, distribution, and after-sale services are coordinated

大开眼界 open one's eyes; broaden one's horizons; be an eye-opener

大科技 big science & technology

大课堂 big classroom

大款 tycoon

大佬 the Dice Man

大礼拜 fortnightly holiday

大力扣杀 hammer

大龄青年 single youngsters who have exceeded the lawful marriage age

大路菜　common vegetable

大路货　cheap goods; popular goods of fine quality

大麻素　cannaboid

大卖场　hypermarket

大名单　big name list

大男大女　unmarried boys and girls over the normal matrimonial age

大脑短路　brain damage

大排档　large stall; sidewalk snack booth

大排量车　high-emission car

大牌　big name

大盘　market

大盘点　great inventory

大棚菜　vegetables planted in big canopy

大片　big-budget movie

大企业病　large enterprise disease

大气候　state policies and principles; overall atmosphere

大墙　big-wall

大墙人　big-wall-person

大趋势　megatrend

大人物　great man; big potato; very important person (VIP)

大撒把　totally laissez-faire

大杀器　weapons of mass destruction

大审美经济　grand aesthetic economy

大事记　memorabilia

大手笔　work of a well-known writer

大甩卖　sacrifice sale

大蒜浴　garlic bath

大特写　big close-up

大头贴 photo sticker

大腕 top notch; big shot

大我 atman

大五码 BIG 5 code

大虾 swordsman

大小非 "Big" Non-tradable Share and "Small" Non-tradable Share

大小年 alternate

大小人 kidult

大写意 free sketching

大型电视系列片/长篇电视连续剧 maxi-series

大型廉价商店 warehouse store

大熊猫基因组 panda's genome

大学扩招 enrollment expansion; scale expansion

大学生创业 university students' innovative undertaking

大姨妈 emmenia

大鱼 public enemy

大鱼吃小鱼 big fish swallowing little fish

大运村 universiade village

大丈夫 no problem

大脂 large pitch

大制作 produce extensively

大众传媒 mass media (of communications)

大众情人 heart breaker

大众文化 masscult

大众文学 popular literature

大众娱乐 entertainment for the millions

大紫荆勋章 Grand Bauhinia Medal

大嘴巴 wide mouth

大做文章 make a big fuss about something

呆鸟 goofy

呆账 dead account; bad debt

代币券 a ticket with a specified value to be used for making payment as a money substitute

代差 generation-difference

代耕 do farmwork for a soldier's family

代沟 generation gap

代购达人 the intelligent who buys on behalf of others

代际冲突 intergenerational conflict

代际公平 intergenerational equity

代际关系 relation between generations

代际婚姻 intergenerational marriage

代驾 driving service

代金券 credit voucher; voucher

代客帮 serve for somebody and gain some money

代理服务 agency service

代理妈妈 surrogate mother

代理妻子 surrogate wife

代理书记 Acting Secretary

代内公平 generational equity

代排族 hired queuer

代培 train on contract; train special personnel for other work units in return for payment guaranteed by a contract

代培生 trainee on contract

代圈 generation gap

代位继承 succession by deceased heir's descendants

代销 market on commission

代销店 commission agent

代谢综合症 metabolic syndrome

代言 represent

代孕 surrogate births

代职 function in an acting capacity

带彩 wounded

带仓 cassette holder

带产权出售 sold freehold

带菌者 germ carrier

带宽 bandwidth

带薪产假 paid maternity leave

带薪分流 assign redundant civil servants to other jobs while allowing
　　them to retain their original rank and benefits

带薪假期 paid holiday

带薪年假 paid annual leave

待岗 await job assignment; post-waiting

待雇 waiting to be employeed

待机模式 standby mode

待机时间 standby time

待就业率 unemployment rate

待聘 await appointment

待聘人员 idle employee

待业人员 job-waiting people

待业生 unemployed students

贷分 credit loading

贷改投 investment instead of loans

贷款利率 lending rate

贷款限额 credit ceilings

贷款诈骗罪　crime of loan frauds

贷款质量　loan quality

贷学金（助学贷款）　student loan

贷学金制度　student loan system

袋装　in bag

戴高帽　flatter

单本剧　play

单边主义　unilateralism

单方面撕毁协定　unilaterally tear up an agreement or a treaty

单飞　solo flight

单机制　single unit

单克隆　single clone

单列的　monostichous

单面人　one dimensional man

单票　single vote

单亲家庭　single-parent family

单亲子女　single-parent child

单身贵族　the single

单身寄生虫　parasite singles

单身商机　the business opportunity gained from the singlehood

单身族　single men

单挑/单干　do something by oneself; work on one's own

单位犯罪　crime committed by organizations

单位行贿　corporate bribery

单显　Mono modes

单向　uni-directional

单向收费　one-way charge system

单行线　single line

单选　single choice

单循环制　single round-robin system

单眼族　people with single-edge eyelid

单一经济　one sided economy; single product economy

单一票制　flat fare

单一席位选区　single-member district

单一种植　single cropping

单赢　win-lose

耽美　BL (boys' love)

但书　proviso

弹道导弹　ballistic missile

淡出　fade out

淡化政治　watered-down politics

淡季　dead or slack season

淡弱　faint

淡市　slack market

淡妆　light makeup

蛋白质工程　protein engineering

当代意识　modernism

当红　hot

当机　down

当家菜　staple vegetable

当前用户　active user

挡拆　pick and roll

挡箭牌　excuse; pretext

党风建设　construction of the Party conduct

党风廉政建设　construction of the Party conduct and of an honest and clean government

党规党法 the Party's regulations

党际 interparty

党票 membership of the Party

党群关系 Party-masses relationship

党首 party leader

党外人士 non-Party personage; public figure outside the Party

党务公开 Open Management of Party Affairs

党性 Party spirit

党员登记 re-registration of all the Party members

党员票 party votes

党政分工 division of labor between the Party and the government

党政分开 separate the Party from the administration

党政机关 Party and government organizations

党组 leading party group

档案工资 file wage

档期 date of performance

叨客 twitter

导播 instructor in broadcasting

导车 driving guide

导吃 food guide

导弹发射场 missile launching site; missile site

导弹护卫舰 (guided) missile destroyer

导读 guide to reading

导购 shopping guide

导览 guide to visit

导医 hospital guide

导展 exhibition guide

倒扁 to dethrone Chen Shui-bian

倒挂 reversal of the natural order of things

倒挂销售 sell at a price lower than the purchasing price

倒汇 speculate in foreign currency

倒计时 countdown

倒买倒卖 profiteering

倒票 speculative reselling of tickets

倒爷 profiteer

捣浆糊 give the runaround

到位 in place

盗版 VCD　pirated VCD

盗版党 pirate party

盗播 bootlegging broadcasting

盗采 illegal mining

盗打（电话）free call on somebody else's expense through illegal means

盗号 steal-number

盗猎 illegal hunting

盗梦后遗症 sequela after the film *Inception: The IMAX Experience*

盗刷 fraudulent charge

盗销 steal and sell

盗印 pirate

道德滑坡 decline of morality rate

道德教育 moral education

道德模范 moral models

道德行为 moral behaviour

道德银行 moral bank

道德营销 ethical marketing

道德重整 moral re-armament

道具货 property

道路交通安全法 the law on road traffic safety

道指 Dow Jones index

得瑟 show off in an ostentatious manner

德比大战 Derby

德福 TestDaf

德政 benevolent rule

的哥 taxi driver brother

的姐 taxi driver sister

灯光污染 light pollution

登对 perfect fit

登革热 Dengue Fever

登记失业率 registered unemployment rate

登陆舱 lander

登录 log on

登月舱 lunar module

登月计划 Lunar Probe Project

等额选举 single-candidate election

等距离外交 equidistant diplomacy

等外品 off-grade goods; rejects

邓选 selected works of Deng Xiaoping

低保 minimum subsistence security for the urban residents

低层次文化 low-level culture

低调 low keyed (a metaphor for taking a cautious and slow approach)

低调处理 downplay

低端 low-end

低端产品 low-end product

低谷 all-time low; at a low ebb

低级错误 silly mistake

低价住房 low-cost housing

低焦油香烟 low-tar cigarette

低就 a term of respect used to deprecate oneself when applying for a
  position

低开 start lower

低空飞行 low-altitude flying

低龄 low age

低龄老人 junior old population

低密度住宅 low-density residential buildings

低钠食品 low-sodium diet

低聘 lower one's position when recruiting

低水平重复建设 low-level redundant development

低碳经济 low-carbon economy

低碳名片 low-carbon business card

低糖 less sugar

低温医学 hypothermal medicine

低息 low interest

低血糖失语症 low blood sugar aphasia

低盐 low-salt

低腰露臀裤 hiphuggers

低腰牛仔裤 low-rise jeans

滴灌 drip irrigation

滴入式经济 trickle-down economy

迪吧 disco bar

迪拜泡沫 Dubai bubble

迪拜神话 Dubai Myth

迪拜危机 Dubai crisis

迪厅 discotheque

底层住宅 low housing

底谷 bottom glade

底裤 g-string

底夸克 bottom quark

底牌 cards in one's hand

底栖动物 benthic infauna

底气 confidence

底线 underline

底香 undertone

底薪 basic monthly salary

抵抗全球经济衰退 combat the global economic slump

抵离 arrival and departure

抵免 offset

抵押承包 mortgage-based contract

抵押贷款 mortgage

地保 beadle

地标 landmark

地产 land property

地产市场 property markets

地磁暴 geomagnetic storm (caused by the activities of the sunspot)

地对地导弹 surface-to-surface ballistic missile

地对空导弹 surface-to-air ballistic missile

地方保护主义 regional protectionism

地方财政 finance of local administration; local public finance; local finance

地方财政包干制 system where local authorities take full responsibility for their finances

地方价 rock-bottom price

地方台 regional stations

地沟油 swill-cooked dirty oil

地级市 prefecture-level city

地价 price of land

地接社 ground agent

地面接收站 ground receiving station

地膜 mulch film

地勤人员 ground crew

地球村 Global Village

地球峰会 Earth Summit

地球科学 geo-science

地球末日 geocide

地球日 Earth Day (April 22)

地球三极 earth-three-extremities

地球资源卫星 earth resources satellite

地区差异 regional disparity

地热 ground-source heat

地热发电 geothermal generation

地热能 geothermal energy

地热资源 geothermal resources

地市级城市 prefecture-level city

地税 land tax

地毯式 search every hole and corner

地铁电影 metro film

地铁影院 metro theatre

地外文明 extraterrestrial civilization

地下出版物 underground publications

地下工作者 underground worker

地下核试验　underground nuclear test

地下经济　underground economy

地下钱庄　illegal private bank

地下医院　underground hospital

地效飞机　land-effect plane

第二春　second marriage

第二次创业　the second creation of private enterprise

第二代领导人　the second rank of leadership

第二档案　second file

第二股市　second stock market

第二课堂　the second classroom; practical training besides lecturing in the classroom

第二皮肤　second skin

第二上市　secondary listing

第二学位　second Bachelor's degree

第二银行　second bank

第二职业　second occupation

第九城市　The9 Computer Techonology Consulting Co. Ltd

第六次产业革命　sixth industrial revolution

第三板块市场　the third market

第三产业　tertiary industry; service sector

第三产业革命　tertiary industrial revolution

第三次浪潮　the third wave

第三代领导人　the third rank of leadership

第三代移动电话（3G 手机）　third-generation mobile; 3G mobile

第三代移动通信网　the third generation communication network

第三方埋单　parents pay for their children's houses

第三科技革命　tertiary science and technology revolution

第三杀手 the third killer

第三状态 the third state

第四产业 fourth order of enterprises

第四产业 the fourth industry

第四官员 the fourth official

第四疆域 the fourth territory

第四类感情 the fourth class of feelings

第四媒体 the fourth media

第四医学 the fourth medical science

第五产业 the fifth industry

第五次产业革命 the fifth industrial revolution

第五媒体 the fifth media

第一产业 primary industry

第一代领导人 first generation of leaders

第一发球权 first inning

第一发球员 first server

第一夫人 First Lady

第一家庭 first family

第一老公 first husband

第一品牌 number one brand

第一生产力 primary productive force

第一时间 very first time

第一手材料 material at first hand; first-hand material

第一双打 first pair

第一桶金 the first dollar

嗲 flirtatious

点播节目 phone-in program

点彩派 divisionism

点歌 requesting song

点击 click

点击量 pageview

点击率 clicking rate

点击欺诈 click fraud

点面结合 integrate point and sphere

点名手术 designate-name-surgical operation

点评 comment

点球 penalty kick

点杀 overhead wrist shot

点刹 snub

点水 dap daps

点子 new ideas

点子公司 consulting company

电磁波污染 electromagnetic wave pollution

电磁辐射 electromagnetic radiation

电磁兼容 electromagnetic compatibility

电磁炮 electromagnetic gun

电磁污染 electromagnetic pollution

电磁武器 electromagnetic weapon

电大 college courses broadcast on television

电动自行车 electric bicycle

电改 cable amendment

电购 purchase by telephone

电耗子 lawless person who steals power or power equipment

电化教学 electrification instruction

电话拜年 New Year phone calls

电话购物 teleshopping

电话会议 teleconference

电话会议呼叫 conference calling

电话勒索 telephone extortionist

电话留言机 answering machine

电话门 telephone door

电话随访 telephone follow-up

电话银行 telephone bank

电荒 severe power shortage

电检 electric-examination

电建 electric power construction

电缆电视 community antenna television

电老虎 electricity guzzler; big power consumer

电力十足 powerful

电脑储蓄 computer savings

电脑辞典 computer dictionary

电脑犯罪 computer crime

电脑寡妇 computer widow

电脑黑客 hacker

电脑红娘 computer matchmaker

电脑教练 computer coach

电脑空间 cyberspace

电脑狂暴症 computer psychopathic frenzy

电脑垃圾 computer junk

电脑聊天 cyberchat

电脑盲 computer illiterate

电脑迷 mouse potato

电脑秘书 computer secretary

电脑派位 places by computer programs

电脑小说 computer novel

电脑校对机 electronic-brain collator

电脑绣花 the computer embroiders the flower

电脑医生 computer doctor

电脑游戏 personal computer games

电脑游戏迷 gamer

电脑综合症 computer syndrome

电脑族 cybraian

电暖鞋 electrically warmed shoes

电喷 EFI

电气化铁路 electrified railway

电蛐蛐 electronic crickets

电视虫 couch potato

电视导播 television director

电视电话 television telephone

电视电话会议 videophone conference

电视电影 telecine

电视购物 TV shopping

电视会议 video conference

电视卡 TV card

电视迷 couch potato

电视派生剧 TV spin-off

电视墙 video wall

电视圈 television circle

电视商场 TV shopping

电视速配 television speed dating

电视网 television network

电视文化 television culture

电视文艺 television literary arts

电视小品 television skit

电视小说 TV novels

电视真人秀 television reality shows

电视征婚 television advertising for a life partner

电视直销 TV home shopping

电视制导 television guidance

电算化 electronic data processing

电蚊拍 electric mosquito swatters

电蚊香 electric mosquito repellent

电信运营商 telecom operators

电信诈骗 e-crime

电眼 magic eye

电音 electric music

电影餐吧 film bar

电影茶座 movie teahouse

电影人 film maker

电影展映 film panorama

电游 video game

电源电网 power generating facilities and power grids

电子保姆 electronic babysitter

电子报 electro-newspaper

电子报刊 electronic press

电子鼻 electronic nose

电子笔友 electronic pen pal

电子鞭炮 electronic firecrackers

电子病历 electronic medical record

电子宠物 electronic pet

电子出版　electronic publishing

电子出版物　electronic publications

电子导游　e-guide

电子对抗　electronic countermeasures

电子对抗技术　electronic warfare technology

电子耳　electronic ears

电子防御　electronic defence

电子服务　e-services

电子服装　electronic clothes

电子干扰　electronic jamming

电子公告牌　Bulletin Board System (BBS)

电子狗　e-dog

电子海洛因　electronic heroin

电子轰炸　electron bombardment

电子红包　electronic red paper

电子护照　E-passport

电子化　electronize

电子环保亭　electronic junk center

电子汇兑　electronic exchange

电子货币　electronic currency; electronic cash

电子机票　electric ticket

电子监控手链　electronic monitoring bracelet

电子节　E-day

电子进攻　electronic attack

电子警察　electronic police

电子竞技　cyber sports competition

电子客票　e-ticket

电子口岸　electronic port

电子垃圾 spam

电子旅游 E-tourism

电子门 electronic gate

电子名片 electronic business card

电子气卡 electronic gas card

电子签名 electronic signature

电子钱包 E-wallet; stored value card

电子钱袋 electronic purse

电子书 e-book

电子数据交换业务 electronic data interchange service

电子私塾 electronic private school

电子通信 electronic traffic

电子图书馆 electronic library

电子图章 E-seal

电子伪装 electronic camouflage

电子文凭 electronic diploma

电子污染 electronic smog

电子物流配送 e-distribution

电子雾 electronic fog

电子相册 e-album

电子香烟 electronic cigarette

电子小说 E-fiction

电子新闻 E-news

电子信箱 electronic mailbox

电子眼 electronic eye; road camera

电子药师 electronic apothecary

电子银行 electronic bank

电子印章 electronic seal

电子邮局 e-post

电子月饼 electronic mooncake

电子阅读器 e-book reader

电子阅览室 E-reading room

电子杂志 e-zine

电子战 electronic warfare

电子政务 e-government

电子支付 E-payment

电子纸 electronic paper

电子自助旅游 electronic travel at one's expense

店长 shopkeeper

店徽 logo

垫场 undercard

垫底 rebase

垫付 advancement; payment on account

吊白块 sodium formaldehyde sulfoxylate

吊带衣 tank top

吊牌 hangtag

吊球 drop shot

吊饰 hanging ornament

吊子 small pot with a handle and a spout for boiling water or herbal medicine

钓鱼工程 angling engineering projects

调查委 Investigation Committee

调动一切积极因素 mobilize all positive factors

掉链子 drop the ball

掉线 off-line

跌幅 range of decrease

跌市 bear market

跌势 decline

跌速 the speed of drop

跌停板 limit down

跌眼镜 have people drop glasses (make unexpected mistakes so as to shock people with wonder and have them drop their glasses)

蝶变 butterfly murders

丁宠家庭 Pets-only DINK family

丁狗 Pinkod

丁克一族 DINKS (Double Income No Kids)

丁字裤 G-string

盯防 man-mark

钉子户 person or household who refuses to move and bargains for unreasonably high compensation when the land is requisitioned for a construction project

顶 support

顶风 in defiance of

顶级 top

顶级消费 up-market

顶尖 top

顶考 take an exam for somebody

订单教育 order education

订单农业 made-to-order farming

订单式教育 order education

订印 seal and revisal

定点清除 targeted killing

定调子 set the tone

定额计酬 quota remuneration

定岗　determine posts

定规　establish rule or pratice

定价机制　pricing mechanism

定居权　the right of settlement

定力　the power of abstraction

定势　einstellung

定线制　ship routing scheme

定向能武器　directing energy weapon

定向运动　directional movement

定向增发　additional stock issue tailed for...

定向转诊　directional transfer

定制营销　customization marketing

丢份儿　lose face

东突　East Turkistan

东西对话　East-West dialogue

东西合作　east-west cooperation

东西联动　interaction of eastern and western China

东亚运　the East Asian Games

东伊运　the eastern Turkistan Islamic movement

冬钓　winter angling

董秘　the company secretary

动车组　EMU (Electric Multiple Units); bullet train

动感　dynamic

动感地带　M-zone

动感电影　simulation film

动感电影/多维电影　multidimensional movie (3D or 4D etc.)

动漫　animation

动能车　non-petrol vehicle

动能弹　kinetic energy missile

动能武器　kinetic energy weapon

动迁费　fee for relocation

动迁户　households to be relocated

动物源性　animal origin

动销　untie-sell

动意　conceive a design

动真格　serious

动作派　action

动作片　action movie

冻容　Cyron babies

冻蒜　be selected

冻土带　tundra

冻灾　freeze disaster

栋距　the distance between buildings

洞洞装　breezy outfit

都灵冬奥会　Turin Olympic Winter Games

都市病　urban disease

都市牛皮癣　urban psoriasis

都市农业　urban agriculture

都市型工业　urban industry

都市游　city tour

斗富　vie with each other in wealth

豆竿家庭　a family whose living members come from many generations,
　　　but with few members in each generation

嘟嘟车　tuk-tuk

毒虫　poisonous insect

毒豇豆　poison bean

毒抗　poison resist

毒骡　drug mule

毒奶粉　tainted milk

毒男　poison eggs

毒品美元　narcodollars

毒品婴儿　snow baby

毒王　poison mastery

毒枭　drug trafficker

毒油　poisonous oil

毒友　drug fellows

毒资　money involved in drug deals

读稿机　telepromrter

读秒　read the seconds

读片　to read X-ray films

读图　map reading

读图时代　Era of Interpreting Blueprints

读奏会　reading-musical concert

独董　independent director

独二代　second-generation one-child family

独家代理　exclusive agency

独家新闻　scoop

独立董事制度　the independent director system

独立关税区　separate customs territory

独立核算工业企业　independent accounting enterprise

（大学中的）独立学院　independent college

赌波　football gambling

赌博机　gambling machine

赌博神　gambling god

赌场无父子 gamblers know neither fathers nor sons

赌风 gambling

赌徒谬论 Gambler's Fallacy

赌灾 the plague of gamble

杜鹃综合症 cuckoo syndrome

肚脐环 bellybutton ring

度假村 resort

度假茂 holiday mall

度假外交 holiday-making diplomacy

度身定制 customize

短版印刷 short runs

短期放款 money at call and short notice

短期工作实习 internship

短期婚房 short-term marriage room

短数 short number

短线 undersupplied

短线产品 products in short supply; goods in short supply

短线游 short tour

短项 weak point

短信拜年 deliver a new year message

短信博士 texting PhD

短信文学 short message literature

短信陷阱 message snare

短信诈骗 message bilk case

短信族 the clan who are addicted to SMS

短租房 short-term housing; short-term apartment

段位制 ranking system

断背 brokeback

断背山　brokeback mountain

断代工程　dating project

断档　severed shelf; sold out

断魂椒　Naga Jolokia

断交信　Dear John letter (from woman to man)

断裂层　zone of fracture

断码　short in size

断袖　male homosexuality

对案　counter draft

对等开放　reciprocal opening

对话和合作　dialogue and co-operation

对话会　dialogue

对价　consider action

对奖活动　raffle

对接　link up

对决　fight to the finish

对抗或强制　confrontation or coercion

对口味　suit one's taste

对敲　bucketing

对人民币重新估值　revaluation of the Renminbi

对手戏　rival show

对中西部地区适当倾斜　appropriately directed to the central and western areas of the country

对种粮农民实行直接补贴　directly subsidize grain producers

吨粮　ton-grain

吨粮田　ton-grain field

敦煌学　the study of Dun Huang

盾构机　shield machine

钝感力 The Power of Insensitivity

多宝鱼 turbots

多层 multilayer

多层次传销 pyramid-selling

多层次资本市场体系 the multi-layer capital market system

多党合作和政治协商制度 the system of multi-party cooperation and
political consultation

多碟 DVD multidisc DVD player

多动症 hyperactivity

多发病 frequently encountered disease

多功能汽车 multi-purpose vehicle (MPV)

多功能性（农业） multifunctionality

多国维持和平部队 multinational peace-keeping force

多哈亚运会 Doha Asian Games

多极化 multi-polarization; multipolarity

多极时代 multi-polar times

多极世界 multi-polar world

多极性 multi-polarized

多角情爱 polyamory

多劳多得 more pay for more work

多利羊 sheep Dolly

多媒体短信服务 MMS (Multimedia Messaging Service)

多米诺骨牌效应 domino effect

多年积累的深层次问题 long-standing and deep-seated problems

多任务小卫星 small multi-mission satellite (SMMS)

多头市场 bull market

多头账户 long account

多头执法 duplicate law enforcement

多退少补 refund for any overpayment or a supplemental payment for any deficiency

多维 many dimensions

多选 multiple-choice

多样化票制 diversified ticket system

多赢 benefit multilaterally

多予少取放活政策 the policy of giving more, taking less and loosening control

多元智能 purposeful learning through multiple intelligences

多重国籍 plural nationality; multiple nationality

夺金 gold-medal-wining

躲罚 avoid punishment

E

2012 工程 2012 project

20 后 generation after 20s

27 俱乐部 27-year-old club

2 时歇业令 close-at-two regulation

ECFA（两岸经济合作架构协议） economic cooperation framework agreement

e 云 e Cloud

厄尔尼诺现象 El Nino phenomenon

恶补 cram for

恶炒 feeding frenzy

恶臭艺术 funk art

恶搞 spoof

恶邻政策 bad neighbour policy

恶评 unfavorable comments

恶势力 vicious force

恶意欠薪 malicious arrears of wage

恶意取款 malicious withdrawal

鳄鱼木乃伊 crocodile mummy

儿童暴力 children violence

儿童不宜片 X-rated movie

儿童村 orphanage

儿童电视迷 vidkid

儿童教养热线 childline

儿童气候宣言 children's declaration on world climate

儿童软件 kidware

儿童网吧 children's Internet bar

耳视觉 ear-vision

耳温枪 ear thermometer

耳闻证人 ear-witness

耳像 earcon

耳针疗法 ear-acupuncture therapy

二板市场 high-tech board market

二次创业 start a new undertaking

二次房改 the second housing reformation

二次加工能力 the capacity to reprocess

二次就业 second employment

二次能源 secondary energy

二次衰退 double-dip recession

二次污染 secondary pollution

二次消费 second order consumer

二打六 two-beat-six

二代证 second-generation ID card

二道贩子 trafficker

二等公民 second class citizen

二级市场 secondary market

二进宫 sentenced for a second time

二老外 Chinese employees working for foreigners

二流选手 second-rater

二奶 concubine

二人世界 two people's world

二手房 second-hand house

二氧化硫控制区 SO_2 control district

二氧化硫排放 sulphur dioxide discharge

二元经济 dual economy

二元劳工市场 dual labor market

二元体系说 dual system theory

F

FTO 基因 fat mass and obesity associated gene

发包工程 contract work

发达市场经济 developed market economy

发横财 strike it rich

发烧音响 the latest high-tech sound system

发烧友 audiophile

发烧门诊 fever clinic

发展基金 growth fund

发展权 right to development

发展模式 development model

发嗲 uvie

发明器 invention machine

发泄餐厅 smashing up restaurant

发飙 have a cow

发射车 launch vehicler

发案率 incidence of criminal case

发证机关 issuing authority

法商 law quotient

法国悖论 French paradox

法定公积金 statutory surplus reserve

法定公益金 statutory public welfare fund

法律多元化 legal pluralism

法律技术援助 legal technical assistance

法律现实主义 legal realism

法律援助协会 legal aid association

法律援助中心 legal aid center

法盲 legal illiterate

法语托福 French TOEFL

法拍屋 foreclosure

法外宽免 extra statutory concession

法文化 legal culture

法制协调 legal system coordination

法定日 legal day

翻盖式移动电话 flip phone

翻拍 reproduction

翻版 reprint

翻牌公司 government-body-turned company

翻新门 renovation scandal

翻译眼镜 translation glass

翻译机 translation machine

翻唱 cover song

翻斗乐 fundozzle

番茄门 tomato gate

反白领时代 pan-white collar era

反黑超市 anti-gangdom supermarket

反书托 anti-book care group

反赌协会 anti-gambling association

反对票 negative vote

反倾销 anti-dumping

反式脂肪 trans fats

反战母亲 anti-war mom

反射星云 reflection nebula

反分裂国家法 Anti-Secession Law

反恐 anti-terrorist

反粒子 anti-particle

反馈机制 feedback mechanism

反坦克炮 anti-tank gun

反冲效应 backlash

反传统一代 Beat Generation

反传统艺术 anti-art

反补贴税 countervailing duty

反传统主义 anti-traditionalism

反导之争 anti-missile debate

反都市主义 anti-urbanism

反腐焦虑 anti-corruption dysphoria

反腐网游 anti-corruption online game

反复代谢域 churn zone

反环境艺术品 anti-environment

反季节蔬菜 out-of-season vegetable

反馈变量 feedback variable

反馈机制 feedback mechanism

反馈检索 feedback search

反馈通信 feedback communication

反馈抑制 feedback inhibition

反贫困计划 anti-poverty

反倾销调查 anti-dumping investigation

反倾销惯例 anti-dumping practices

反倾销诉讼 anti-dumping charge

反倾销特别法庭 anti-dumping tribunal

反倾销协议 anti-dumping agreement

反全球化 anti-globalization

反社会行为 anti-social behavior

反思平衡论 doctrine of reflectional equilibrium

反思文学 reflectional literature

反思性教学 reflective teaching

反收购 reverse makeover

反通胀行为 anti-inflation

反捕鲸 anti-whaling

反兼并手段 poison pill

反文化潮流 anti-cultural current

反向贸易 counter trade

反向基因学 reverse genetics

反向兼容 backwards compatible

反恐军事演习 anti-terrorism military exercise

反垃圾邮件业 anti-spam industry

反腐倡廉 fight corruption and build a clean government

反智 anti-intellectualism

反扒 combat thieves

返回舱 re-entry module

返回式科学与技术试验卫星 recoverable experimental science satellite

返回式卫星 recoverable satellite

返贫 slack back into poverty

返聘热 craze of re-employment

返券 in-store rebate promotions

返券黄牛 shopping ticket scalper

返联公投 rejoin the UN plebiscite

返童现象 age regression

犯罪俱乐部 crime club

犯罪预测 crime forecasting

饭替 eating substitute

饭局 banquet

范儿 style

范跑跑 Runner Fan

范围经济 economy of scope

泛光灯 floodlight

泛洪区 flooded area

泛雕塑 pan-sculpture

泛蓝 pan-blue

乏燃料 spent fuel

方便食品 instant food

方便袋 convenient bag

方便诊所 convenience clinic

芳香疗法 aromatotherapy

芳香剂 aromatic

防暴车 antiriot vehicle

防暴弹 baton

防暴枪 baton gun

防爆灯 explosion-resistant lamp

防磁手表 antimagnetic watch

防盗网 security mesh

防风打火机 windproof lighter

防溺水河堤 drown-proofing-dam

防沙林 sand break forest

防烧蚀屏蔽 ablation shield

防窃听电话 scrambler phone

防卫墙 battlement

防御截击导弹 defense interceptor missile

防御性悲观主义 defensive pessimism referendum

防止核扩散 nonproliferation of nuclear weapon

防止自杀中心 suicide prevention center

防割手套 defend and cut gloves

防流浪汉椅 vagrant prevention chair

防灾减灾日 disaster prevention day

防疫救援队 anti-epidemic rescue team

防抢攻略 anti-robbery strategy

防鼠墙 mouse wall

防弹内裤　bulletproof underware

防空识别圈　Air Defense Identification Zone

防暑手册　heatstroke prevention handbook

防涝水稻　waterlog prevention rice

防抱死系统　anti-lock braking system

防伪标志　anti-fake label

防卫作战能力　defense capabilities and combat effectiveness

防卫过当　excessive defense

防护服　protective clothing

防伪笔　anti-false pen

妨碍公务　interference with public function

妨害公共安全　impair public security

防止两极分化　prevent polarization

房产抵押　mortgage of housing property

房产估价师　real estate evaluator

房产权转移　transfer of housing property right

房产证　property ownership certificate

房车　caravan

房地产泡沫　real estate bubble

房地产交易手续费　closing costs

房租津贴　house rent subsidies

房改　housing system reform

房魔　housing devil

房价备案　house price records

房贷风暴　mortgage crisis

房贷新政　room loan new deal

房利美　Fannie Mac

房贷美　Freeddic Mac

房产置换 exchange houses

房虫儿 real estate speculator

房屋空置率 housing vacancy rate

房屋拆迁 housing demolition and relocation

房屋置换 house purchasing and exchange

房屋闲置率 vacancy rate

房产估价师 real estate evaluator

房展 housing exhibition

房源 source of housing

仿生飞行机器人 mentor

访客量 user sessions

访谈式竞选 talk-show campaign

访问控制包 access control packet

访问协议 access protocol

房价调控 housing prices control

放电 eye up

放冷风 spread unfounded rumours

放权 delegate powers to lower levels

放水 false play on purpose

放活 loosen control and enliven

放任管理 drifting management

放射性污染 radioactive pollution

放松疗法 stress therapy

放松贷款 ease credit

放松银根 ease monetary policy

放心店 trustworthy store

放纵主义 permissivism

放射性污染 radioactive contamination

放心肉　quality-assured meat

放行单　release permit

放鸽子　stand up

方舟船票　ark ticket

飞机坟场　bone yard

飞行恐惧症　aeruophobia

飞行车　car-plane

飞行社区　flying community

飞行安全奖　flight safety prize

飞行汽车　hover car

飞行管制　air traffic control

飞鱼族　the flying fish

飞播　sowing by airplane

飞车迷　speed merchant

飞车枪击　drive-by

飞火流星　fevernova

飞行药检　spot check

飞碟人　sauce man

飞机拉力赛　air rally

飞沫传播　droplet transmission

飞翔船　hydrofoil

飞信　Fetion

飞检　out-of-competition testing

飞机医院　flying hospital

非暴力反抗　civil disobedience

非对称作战　asymmetric warfare

非礼　assault

非法取证　illegal demonstrations

非正常死亡 irregular death

非诚勿扰 if you are the one

非大学教育 tertiary education

非遗节 non-legacy festival

"非典"后遗症 sequelae of SARS

"非典"定点医院 SARS-designated hospital

"非典"疫区 SARS-affected area

非旅游区 non-tourist area

非企业法人 non-business legal person

非常规经济 non-normal economy

非常男女 extraordinary men and women

非常规能源 non-conventional energy

非党人士 non-Party personage

非处方药 over-the-counter drug

非传统分娩法 alternative birthing

非传统技术 alternative technology

非传统能源 alternative energy

非传统教育 non-traditional education

非对称数字用户环路 Asymmetric Digital Subscriber Loop (ADSL)

非对称威胁 asymmetric threat

非对称战争 asymmetric warfare

非接触作战 non-contact warfare

非核武器国家 non-nuclear weapon states (NNWS)

非法广告牌 bandit signs

非经济活动 non-economic activities

非法集会 illegal assembly

非法集资 illegal collection of funds

非法监禁 illegal imprisonment

非法致富 amass a fortune unlawfully

非法入侵 illegal invasion

非法传销 pyramid sale

非关税壁垒 non-tariff barriers

非婚同居 non-marriage cohabitation

非货币支付 green money

非集团原则 non-bloc principle

非竞争性企业联合 circular integration

非均衡就业论 non-equilibrium employment theory

非配额产品 quota-free products

非群体化社会 non-mass society

非生产领域经济学 economics of non-productive sphere

非物质生产经济学 economics of non-material production

非物质经济 immaterial economy

非职务发明创造 non-service invention creation

非中介化 disintermediation

非主流 alternative

非主流杂志 zine

非专利技术 non-patent technology

非转农 city dwellers transfer to rural residents

非洲中心主义 Afro-centrism

非劳动收入 passive income

非商标（非专利）产品 generic products

非银行金融机构 non-bank financial institutions

非组织群体 non-organization group

非事件性新闻 the uneventful news

非强制性标准 non-mandatory standards

非农 non-agricultural

非战斗减员 non-battle casualties

菲佣 Filipino domestic workers

非致命武器 nonlethal weapon

非自愿失业 involuntary unemployment

肥鸡餐 early retirement scheme

肥姐 Lydia Shum

肥胖歧视 fatism

肥胖基因 fat gene

废料雕塑 junk sculpture

废料艺术 junk art

废气净化 purification of exhaust gas

废热发电 co-generator

废物监测 waste monitoring

废物税 effluent tax

废物再生 trash-formation

废物交换 waste exchange

费用效果分析 cost effectiveness analysis

费改税 tax for fee

沸水反应堆 boiling water reactor

沸腾可乐 Torture Cola

分包市场 jobber market

分流 reposition of redundant personnel

分散主义 decentralism

分数线 grade cut-off point

分税制 tax distribution system

分销 sub-underwriting

分业经营 divided operation

分布分析法 distributional analysis

分布式人工智能 distributed artificial intelligence

分布式能源 distributed energy sources

分拆上市 spin-off

分产合销 separated production and united sales

分层电脑网络 hierarchical computer network

分隔式办公环境 open-office environment

分级管理 level-to-level administration

分级控制 step control

分居协议 agreement of separation

分类广告 classified advertisements

分裂基因 split gene

分配不公 unfair distribution of income

分配格局 distribution pattern

分期付款购房法 magic mortgage

分期付款赊销 installment credit selling

分区供热 district heating

分权决策 decentralized policy making

分组讨论 panel discussion

分散管理 administration decentralization

分时电价 time-of-use

分时度假 time share

分数贬值 grade deflation

分期分批 installment

分享经济 shared economy

分享投资公司 spilt investment company

分业经营 divided operation

分账就餐制 practice of go Dutch

分子刀 molecular knife

分块市场 market segment

分手代理 separate agency

分户供暖 household heating

分屏 split screen

分保 reinsurance

分众传媒 Focus Media

分红保险 participating insurance

芬多精 phytoncid

份礼 apportioned gift

粉红男生 pink boy

粉单聚会 laid-off worker party

粉丝 fans

粉领族 pink-collar tribe

粉红希特勒 pink Hitler

粉丝买卖 fans transaction

粉尘爆炸 dust explosion

粉色航空 women airline

粉领阶层 pink-collar workers

粉友 junkie mate

粉碎机 grinder

愤青 Fenqing

丰乳器 breast enlarger

丰胸 breast augmentation

丰唇 lip augmentation

丰收工程 Good Harvest Program

丰富民主形式 develop diverse forms of democracy

风险危机管理 risk and crisis management

风暴潮 storm surge

风暴眼　eye of storm

风格奖　prize for sportsmanship

风景美学　aesthetics of landscape

风景线　scenic vista

风光片　scenic film

风景游览城市　tourist city

风俗画　genre

风险容限　risk tolerance

风险社会　risk society

风险性决策　risk-type decision making

风险主管　chief risk officer

风险转移　risk shifting

风险资本　venture capital

风险防范机制　a risk prevention mechanism

风险意识　risk awareness

风貌区　historical monuments and sites

风险投资机制　the mechanism for venture capital investments

凤姐　Sister Feng

封村　closure county

封面女郎　cover girl

峰位　peak point

封杀出局　force out

封锁禁运　blockade and embargo

封锁消息　block the passage of information

封杀　ban

疯狂螺丝钉　crazy screw

疯驴症　Wanderlust

疯狂竞争　feeding frenzy

疯狂名人 rabid celebrity

疯狂购物 Shopping Madness

峰会外交 summitry

蜂窝式发型 beehive

否决群体 veto group

否决外交 nyet diplomacy

夫妻癌 couple cancer

夫妻肺片 pork lungs in chili sauce

夫妻工厂 mom-and-pop factory

夫妇式家庭 conjugal family

服务酬金 honorarium

服务访问点协议 service-access point protocol

服务经济学 service economics

服务流 flow of services

服务贸易 service trade

服务热线 helpline

服务上门 door-to-door service

服务性学习 service-learning

服务育人 educate people through good services

服务器 network server

服务数据单元 service data unit

服勤员 train attendant

浮点软件包 floating-point software package

浮出水面 emerge

浮游资金 floating fund

幅移键控 amplitude shift keying

福利彩票 welfare lotteries

福利基金会 welfare foundation

福利腐败 welfare-labeled corruption

福利分房 welfare-oriented public housing distribution system

福娃 Fuwa

辅助记忆 assisted memory

辅助自杀 assisted suicide

负资产阶级 negative asset class

负担门 overburden scandal

负碳城 minus-carbon city

负利率 negative interest rate

负反馈 negative feedback

负竞争 negative competition

负面心态 negative mindset

负现金流 negative cash flow

负有连带责任 jointly and severally liable

负债经营 management indebt

负增长 negative growth

负债经营 managing an enterprise with a loan

负团费 minus fee tour

负回报 negative return

负翁 negative man

妇女晋升障碍 cement ceiling

妇男 house-man

附加服务 additional service

附加股息 extra dividend

附捐邮票 charity stamp

附息券 coupon bond

复合饲料 compound feeds

复合材料 composite materials

复审 retrial

复式立体交叉 complex interchange

复式住宅 duplex apartment

复关 rejoin the GATT

复读 reread

复古风 vintage style

复古学堂 back-to-the ancients school

复试 final examination

复原乳 reconstituted milk

副处理机 co-processor

副食品价格补贴 price subsidies to non-staple foodstuffs

副流感 parainfluenza

富豪阶层 jet set

富豪民主 pluto democracy

富皮士 woopie

富余人员 surplus people

富裕病 affluenza

富人遗产税 the rich's inheritance tax

富人移民潮 rich man immigration trend

富婆 nabobess

富贵病 rich man's disease

富民政策 policy to enrich people

富通门 Fortis scandal

富裕社会 affluent society

富士康 Foxconn

腹部整形术 abdominoplasty

腹膜透析 peritoneal dialysis

覆盖率 coverage rate

伏击式销售 ambush marketing

伏休 fishing-off in hot season

芙蓉姐姐 Sister Lotus

孵化器 hatcher

孵化型公司 incubator

腐败卡 corrupting card

腐女 Fujoshi

父子党 father-son party

父亲负责制 father track

G

G 股板块 G-Stock Plate

GDP 崇拜 GDP worship

G20 机制 G20 mechanism

改革文学 literature of reform

改版 revision

改良品种 improve the breed

改行 change profession

改建工程 reconstruction project

概念车 concept car

概念股 concept stock

概念模式 conceptual schema

概念模型 conceptual model

概念商品 concept commodity

概念艺术家 conceptual artist

概念组配 concept coordination

干扰弹 jamming bomb

干手机 hand drier

干租 dry lease

干部双轨制 two-track cadre system

干燥综合征 sicca syndrome

干部晋升制度 cadre promotion systems

杆式打印机 bar printer

肝脏移植 liver transplant

赶潮 follow the fide

赶时髦 follow trends

赶浪头技术 band wagon technique

感光玻璃 photo sensitive glass

感光食物 sensitive food

感情伤害赔偿 dally money

感情消费行为 emotional consumption behavior

感情投资 investment in human relationships; investment in affection

感情异化 alienation of affection

感情障碍 attachment disorder

感情哨 emotional whistle

感召力 charisma

感受能力训练 sensitivity-training

感知鼠标 sensitive mouse

感染病例数 flu caseload

感应抵抗 reactance

感应式 induction type

感恩红包 indebted red packet

岗卡 check point

岗龄 length of service

岗位技能工资 post-skill wage system

岗前培训 pro-post training

岗位培训 on-the-job training

岗位责任制 system of job responsibility

钢琴吧 piano bar

港客 compatriots from Hong Kong

港式 Hong Kong fashion

港商 business persons from Hong Kong

港女 Hong Kong woman

杠杆收购 leveraged buy-out

杠杆女 lever woman

刚性需求 rigid demand

刚地弓形虫 Toxoplasma gondii

钢领工人 robot

高帮运动鞋 high tops

高层互访 high-profile visit

高产优质 high yield and high quality

高档耐用消费品 high-grade consumer durables

高档消费品 luxury goods

高地跳伞 base jumping

高解像 high-definition

高姝 tall girl

高度信号 altitude signal

高度专业化 hyper specialization

高分低能 high scores with low abilities

高风险决策 high-risk decision

高风险食品 specified risk material

高附加值产品 high value-added products

高工资经济 economy of high wages

高官会 senior officials meeting

高官问责制 accountability for high-ranking officials

高级人才库 high quality talents database

高级程序设计语言 high-level programming language

高级时装迷 fashionista

高级信息系统 advanced information system

高技术社会 high-tech society

高技术产业化 apply high technology to production

高技术产业带 high-tech industrial zone

高技术战争 high-tech warfare

高技术音乐 techno

高价冲击波 sticker shock

高价歌星 big ticket singing star

高架轻轨 elevated railway

高架快车道 elevated expressway

高架铁路 overhead railway

高架路 elevated road

高架桥 viaduct bridge

高精尖技术 advanced technology

高精尖产品 high-grade products

高科技成果 high-tech results

高科技犯罪 high-tech crime

高科技开发区 high-tech development zone

高科技悬念小说 high-tech thriller

高科技板块 high-tech sector

高利率政策 tight money policy

高龄化社会　aging society

高密度视频系统　high density video system

高密盘　high density disk

高品质时间　quality time

高速电子扫描　high-velocity electron scanning

高速金属摇滚乐　speed-metal

高速打印机　high speed printer

高速列车　bullet train

高速路飞人　freeway flier

高速铁路　rapid transit railway

高速数据传输　high speed data transfer

高速子弹　high velocity bullet

高危人群　high-risk group

高消费　high-level consumption

高效农业　high-efficiency agriculture

高薪阶层　high salaried stratum

高薪门　high-salaried gate

高薪跳蚤　Keep the Faith

高薪新人　new with high salary

高雅文化　high culture

高姿态　high profile

高中子经济　high neutron economy

高指标　high target

高致病性　high pathogenicity

高致病禽流感　High Pathogenic AI

高温超导电缆　high-TC superconducting cable

高温假　holiday for high temperature

高峰　peak time

高峰论坛 summit forum

高估值时代 high valuation era

高峰会谈 high-level summit

高等教育"211 工程" the "211" project for higher education

高发期 high-incidence season

高密度人口 high density population

高品位 high grade

高杠杆交易机构 highly-leveraged institutions

高手 expert

高山病 mountain sickness

高校游 tourist to college

高效节能 energy-efficient

高校扩招计划 college expansion plan

高压手段 high-pressure tactics

高汇率英镑 green pound

搞花架子 do something superficial

搞定 settle

搞笑 amuse laughter

搞笑人物 farceur

搞笑诺贝尔奖 Ig Nobel Prizes

搞活市场 invigorate the market

搞怪 make fun

告急 be in an emergency

告吹 fizzle out

告地状 screeve

割喉式竞争 cut-throat competition

割肉 resort

隔行扫描 interlacing scan

隔离机制　isolating mechanism

隔离带　median strip

隔友　lie between friend

鸽精　pigeon seasoning

个唱　vocal recital

个股　individual share

个人差异论　individual differences theory

个人担保　personal warranty

个人分红制　system of individual bonuses

个人健身教练　personal trainer

个人门户网站　personal portal

个人数码助手　personal digital assistant

个人肖像权　individual portrait right

个人消费信贷　individual consumer credit

个人信息管理系统　personal information management system

个人信用体系　personal credit system

个人收入调节税　individual income regulation tax

个人信用制度　individual credit rating system

个人银行卡账户　personal bank card account

个人质押贷款　personal pledged loan

个人数字助理　personal digital assistant

个人接入电话系统　personal access phone system

个人财产税　personal property tax

个人游　individual visit scheme

个人空间　personal space

个人银行　private banking

个人主页　personal page

个人展　personal exhibition

个性化定价 personalized pricing

个性化服饰 fashion statement

个性化高考 individuation of college entrance examination

个性化车牌 personalized license plates

个税起征点 personal income tax exemption

格格党 princess clan

格兰特神经解码 Gallant nerve decoding

格子领 grid collar

格子铺 lattice shop

跟踪审计 follow-up auditing

跟踪调查 follow-up survey

跟踪服务 follow-up service

跟风 follow the trend

跟帖 follow-up post

工程监理制 monitoring system of projects

工程食品 engineered food

工薪阶层 salary stratum

工薪税 payroll tax

工业标准结构 industrial standard architectures

工业间谍 industrial espionage

工业摇滚乐 industrial rock

工业园区 industrial park

工业产权 industrial property right

工资基金论 wages fund

工资卡 salary card

工资福利包 salary package

工资外收入 extra wage income

工作考核 performance evaluation

工作狂 workaholic

工作包 work package

工作量制度 work-load system

工作室 studio

工作午餐 working lunch

工作轮换 job rotation

工程性缺水 engineering water shortage

工龄工资 seniority pay

工商保险 industrial injury insurance

工时 man-hour

工业股票 industrial stock

工业化和城镇化水平 levels of industrialization and urbanization

工业控制一体化 integrated industrial control

工业停滞 industrial stagnation

工资税 payroll tax

工资削减 pay-cut

工业产权 industrial property right

工业化冷漠 industrial apathy

攻略 strategy

公费旅游 facility trip

公告板服务 Bulletin Board Service (BBS)

公股 public-owned share

公推 general acclaim recommendation

公路泄愤 road rage

公民参与 citizen participation

公民道德 civic virtues

公民教育 citizenship education

公仆观念 sense of public servant

公司化 corporatization

公示 public notification

公务员制度 civil servants' system

公信力 public credibility

公选 public selection of cadres

公寓旅店 apart hotel

公德 public morality

公害 public hazard

公休 official holiday

公展 exhibit to the public

公证财产 notarized property

公证制度 notary public system

公证机关 notary organs

公教人员 government employees and teachers

公积金 public accumulation fund

公益金 public welfare fund

公立医院改革 public hospital reform

公开涨价 to raise prices openly

公开曝光 public exposed

公开投标 public bidding

公开电视节目 access television

公开关键码 public key code

公司驻虫 firm sticker

公司分立与解散 separation and dissolution of a company

公司犯罪 corporate abuse

公益广告 public interest ad

公益活动 public benefit activities

公益林 public welfare forest

公益性文化事业 non-profit cultural undertakings

公民投票 referendum

公开喊价市场 open outcry market

公款吃喝 recreational activities using public funds

公房商品化 commercialization of public housing

公费医疗 free medical service

公费旅游 junket

公费生 government-funded students

公共单车租赁 public bike renting

公共密钥基础结构 Public Key Infrastructure

公共单车 public bikes

公共查询终端 public inquiry terminals

公共代码 common code

公共积累 public accumulation

公共网关接口 common gateway interface

公车改革 fair car reform

公路火车 Sartre

公路绿化 highway planting

公益补偿制度 public good compensation system

公意险 highway passenger accident insurance

公健操 office exercises

公关先生 PR man

公关纠纷 dispute of public relations

公务员考核 check of public servants

公共秩序日 public order day

公约选举 conventional election

公墓导购员 cemetery guide

功能测评 functional evaluation

功能结构 functional structure

功能性文盲 functional illiteracy

功利婚姻 marriage of convenience

功能食品 functional food

功能卡 function card

功能特性 functional characteristics

功夫片 kungfu film

供楼 purchase a house through installment

供应物流 supply logistics

供应链基础结构 supply chain management

供暖季 heating season

供养资金 funding

拱形房 arched house

共轨 common rail

共婚 synergamy

共同信托基金 common trust fund

共享空间概念 concept of shared space

共享改革成果 share the fruits of reform and development

共享软件 shareware

共享券 shared coupon

共享 share

共居 commensalism

共享专利协定 patent pool agreement

共同安全 common security

共同利益 common interests

共同关心问题 issue of common concern

共同基金 mutual funds

共同意识 general consciousness

共赢　win-win

钓鱼　phishing scam

钩体病　leptospirosis

狗屋建筑　barkitecture

狗语翻译器　dog translator

购物广场　shopping plaza

购物狂　shopoholic

购物疗法　retail therapy

购物车　shopping trolley

购物游　shopping trip

购物男伴　male shopping accompany

购销政策　purchase-market policy

购房门　home buying scandal

购房限制　restriction on housing purchases

购买力　purchasing power

股份权益　share entitlement

股份认购　stock subscription

股盲　stock illiterate

股迷　stock fans

股民　investor

股改　capital restructuring

股票过户　stock transfer

股票假脱手　stock parking

股票结算室　back office

股票自由跌落　stock freefall

股票转让制度　the stock-transfer system

股情　stock market ratings

股权分置改革　equity division reform

股权合营 equity joint venture

股吧 stock bar

股息率 rate of dividend

股息收益 dividend yield

股灾 damage caused by stock exchange

股本 capital stock

股本金 equity capital

股歌 stock anthem

股评 stock review

谷歌纬度 Google Latitude

谷歌地球 Google Earth

谷歌税 Google Tax

谷歌侵权门 Google tort scandal

谷歌市 Topeka

谷底 bottom

骨干企业 key enterprise

骨髓库 marrow bank

骨髓搜索 marrow searcher

骨头工程 very difficult construction works

鼓励奖 consolation prize

姑息疗法 palliative treatment

孤独死 loneliness death

古柯可乐 Coca Colla

固话 fixed telephone

固打制 quota system

固体酱油 solidified soy sauce

固定电话运营商 fixed-line telecom carrier

固定电话初装费 installation fees for fixed-line telephones

固定资产投资　investment in the fixed assets

固定汇率　fixed exchange rate

固网电话　fixed line

固沙林带　sand-fixing forest belt

固体水　solid water

雇员考核　employee rating

雇用合同　contract of employment

雇用政策　the hiring policy

雇主责任保险　employers' liability insurance

故障弱化　graceful degradation

刮奖卡　scratch card

寡妇惩罚法　widow penalty

挂了　dead

挂靠单位　affiliated organization

挂靠户　an adjunct organization

挂名股东　nominal partner

挂牌价　listed price

乖张　eccentric and unreasonable

拐点　inflection point

拐卖人口　human trafficking

拐杖工程　helping-the-aged project

拐杖健身舞　crutch fitness dance

拐角枪　Corner Shot

怪才　talent with diversified skills

怪兽家长　monster parent

怪圈　vicious circle

怪手　back digger

关联交易　connected transaction

关门态度 closed-door attitude

关停并转 suspend operation

关系网 connection network

关闭效应 blackout effect

关灯令 Turn Off Lights

关节镜 arthroscope

关节鼠 joint mouse

关键人物 key man

关注度 attention

观光农业 tourism-oriented agriculture

观望态度 wait-and-see attitude

观察员 observer

官本位 official rank standard

官场用语 bureaucratese

官倒 official speculation marketing

官倒爷 official profiteer

官僚制病态 bureau-pathology

官网 official website

官能团 functional group

官煤勾结 officials in cahoots with coalminer

官二代 the second officer generation

官场经济 officialdom economy

官商 state-operated commerce

官员问责制 officials' accountability system

棺材潜艇 coffin submarine

馆际合作 interlibrary cooperation

管理反馈 management feedback

管理能见度 management visibility

管理效能 management efficiency

管理形象 manager's image

管理信息库 management information base

管控 control

管涌 sand boil

管网 pipe network

管边谈话 speech on Tube

惯例抵押 conventional mortgage

惯性推销 inertia selling

冠名 title sponsorship

灌水 irrigation

光彩工程 Glittering Project

光存储卡 optical memory

光存储器 optical memory

光传导 optical conducting

光导纤维 optical fibre

光点扫描 light-spot scanning

光电探测器 photo detector

光电子 opto

光电导 photoconduction

光电产业 optoelectronics

光电池 photoelectric cell

光电器件 photoelectric device

光电现象 photoelectric phenomenon

光电子技术 photoelectric technology

光雕塑 light sculpture

光符阅读器 optical character reader

光谷 optic valley

光幻音响 sound-and-light

光交换机 optical telephone exchanger

光卡 optical card

光脑 optical sensitive computer

光笔 stylus

光碟书 CD book

光疗法 photo-therapy

光驱赶 optical drive

光通信 optical communication

光学钟 optical lamp

光学薄膜 optical thin film

光学玻璃 optical glass

光学天文学 optical astronomy

光学检测 optical detection

光学计算机 optical computer

光压 light pressure

光影变幻表演 light show

光植物学 photo botany

光盘刻录机 CD writer

光盘网络 CD-net

光机电一体化 optical, mechanical and electronic integration

光缆 optic cable

光纤电缆 fiber optic cable

光盘杂志 CD-ROM magazine

光通信 photo-communication

光线雨 ray rain

光伏发电 grid-connected photovoltaic

光计算机 optical computer

光遗传学 optogenetics

光涂 light scrawl

光子嫩肤 photo rejuvenation

光能手机 optical energy mobile phone

光触媒 photo catalyst

广告电话直销 direct response advertising

广告费用膨胀 adflation

广告感染力 advertisement appeal

广告模特 advertising model

广告代理制 advertising agency

广告推销网络 advertising network

广告文学 advertising literature

广告污染 advertising pollution

广告协会 advertising association

广告咨询 advertising consultation

广告词 jingle

广告代理行 advertising agent

广告妙语 attention-getter

广而告之 publicize widely

广告宣传车 loudspeaker van

广告人 advertising man

广告媒介 advertising media

广告气球 advertising balloon

广告文化 advertisement culture

广告轰炸 advertising bombing

广货 goods from Guangdong

广义标识语言 generalized markup language

广义节能 general energy saving

广域电信业务 wide area telecommunication services

归口管理 centralized management by specified departments

归集 allocation

规避 circumvention

规费 fee

规范创新 normative innovation

规划审计 planning audit

规范经济学 normative economics

规范决策论 normative decision theory

规范性预测 normative forecasting

规划主管 chief planning officer

规模投资比率 size-investment ratio

规则格式化标识符 rule formatter

硅岛 silicon island

硅巷 silicon alley

鬼市 black market

鬼旋族 outdoor haunters

轨道舱 orbital module

轨道站 orbit station

柜台售药 over the counter drug

贵贱联姻 morganatics

贵族流行音乐 aristo-pop

贵能源时代 expensive energy era

滚动承包 rolling contract

滚动式管理 rolling management

滚动条 scrollbar

滚动新闻 rolling news

滚动播出 continual broadcast

滚动计划 rolling plan

滚雪球式发展 develop like a snow ball

滚轴溜冰 blading

国产化率 import substitution rate

国粹 quintessence of Chinese culture

国际漫游 global roaming

国际倒爷 international profiteer

国际电视节 international TV festival

国际电影节 international film festival

国际法人 international legal person

国际空间年 International Space Year

国际礼让说 international comity theory

国际领先地位 international leading position

国际物流 international logistics

国际行为准则 international code of conduct

国际语 interlanguage

国际债券 international bonds

国际战略态势 international strategic situation

国际直接投资 foreign direct investment (FDI)

国际毒枭 international drug trafficker

国际玩笑 a large-scale joke

国际馆 International Pavilion

国际年 International Year

国际突发公共卫生事件 international public health emergency

国际文盲 international illiteracy

国际高考移民 immigrants for NCEE

国际高中 international baccalaureate

国际消费券 international coupon

国际慢调生活日 slow day

国际动漫节 international cartoon festival

国际书展 international book fair

国际社区 international community

国际空间站 International Space Station

国籍门 nationality gate

国退民进 privatization

国计民生 the national economy and the people's livelihood

国交 diplomatic relations between nations

国民休闲计划 National Plan of Leisure

国家财政贴息贷款 discount government loan

国家级卫生城市 state-level hygiene city

国家重点科技攻关项目 national key scientific and technological project

国家生态工业示范园区 Ecologically Industrial National Pilot Park

国家级特殊津贴 special state allowance

国家安全体系 national security system

国家创新系统理论 theory of national innovation

国家创新体系 national creativity system

国家定价 state-fixed price

国家发明奖 state award for inventions

国家干预 state intervention

国家规定价 state-set price

国家级度假村 state-level holiday resort

国家级鉴定 the national level verification

国家技术规范 national technical regulation

国家建设债券 national construction treasury bonds

国家恐怖主义 state terrorism

国家垄断商品 state monopoly commodities

国家赔偿法 Law of State Compensation

国家税务法庭 national tax tribunal

国家储备 state foreign exchange reserves

国家信息系统 national information system

国家整体实力 overall national strength

国家政策目标 national policy objectives

国家指导价格 state-guided price

国家重点工程 national key projects

国家重点实验室 key state laboratory

国家免检 national inspection exemption

国库分享 revenue sharing

国家漏洞库 information security database

国家罗汉 state Arhat

国家社保基金 National Social Security Fund

国家指定考试 government-mandated test

国力 national strength

国民保险 national insurance

国民快乐总值 gross national happiness

国民经济支柱产业 pillar industry in national economy

国民葬 people's funeral

国民住宅 public housing

国情 national conditions

国手 grand masters

国术 traditional Chinese martial arts

国药 traditional Chinese drug

国医 traditional Chinese medecine

国脚 national football player

国优产品 state authenticated quality products

国有股减持 reduce state's stake

国有专业银行 national specialized bank

国有资产流失 loss of state-owned assets

国有资产评估 state-owned assets evaluation

国有资产管理体制 state property management system

国债投资 treasury bond investment

国有商业银行 state-owned commercial bank

国防动员体制 the mobilization for national defense

国奥队 the National Olympic Team

国内游 inbound tourism

国外旅游 overseas travel

国债贴息贷款 T-bond discount loans

国债专项资金 special fund for treasury bond

国六条 Six States

国十条 Ten States

国房景气指数 real estate climate index

国防关键技术 defense critical technology

果子狸 civet cat

果冻环保杯 jelly environmental protection cup

果园奴隶 garden slave

过度捕捞 overfishing

过度引用 over-citation

过度采伐 over-exploitation

过度开垦 excess land reclamation

过度投资行业 over-invested industries

过渡经济形式 transitional economic form

过境权 right of passage

过境协定 border-crossing agreement

过劳死 karoshi

过桥费 bridge toll

过压保护 over voltage protection

过失犯罪心理 mind of negligent crime

过失赔偿责任 liability with fault

过失责任 liability of fault

过劳模 overworker

过户 transfer of name

H

哈里发 Khalif

哈日 Japonism in fashion

哈狗帮 mc hotdog

蛤蟆镜 frog mirror

海滨流行装 beach-wear

海关配额 customs quota

海归 Chinese overseas scholastic

海基会 the strait exchange foundation

海量 capable of drinking a lot of wine

海量存储 mass memory

海派文化 Shanghai's style of culture

海上扫雷 marine mine clearing

海湾战争综合症 Gulf War syndrome

海协会 the Association for Relations across the Taiwan Strait

海洋经济学 ocean economics

海洋开发技术 technology for ocean development

海洋特别保护区 special marine reserve

海啸音 sound of tsunami

海绵路 spongy road

海豚泳 dolphin butterfly

海选 mass-election

海葬 sea-burial

海滨气候 littoral climate

海外销售 overseas sales

海洋牧场 aquafarm

海洋药物 marine drug

海洋疗法 thalasso therapy

海啃族 returned parents-suckers

海啸云 tsunami cloud

海景房 sea view room

海藻灯 seaweed light

海外漂白 overseas counterfeit

海宝 mascot Hai Bao

海洋死区 oxygen deficit sea

海明威魔咒 curse of Hemingway

海底地震站 undersea seismic station

海上皇宫 sea palace

海南国际旅游岛 international tourist island of Hainan

海眼镜蛇直升飞机 sea cobra helicopter

海上霸权 maritime hegemony

海外版 overseas edition

海洋工程 oceanographic engineering

海上封锁 naval blockade

海扁王　Kick-Ass

孩奴　slaves for children

骇客　hacker

含铅汽油　leaded gasoline

含税工资　wage including tax

寒冷病　cryopathy

韩妆　South Korean cosmetics

韩流　South Korean trend

韩国性格　Korean character

函购　purchase by mail

函诊　diagnosis by correspondence

汉字教学法　Chinese teaching method

汉语西渐　Chinese spreading to West

汉语年　year of Chinese language

汉语热　Chinese language craze

汉字整形　Chinese character operation

汉堡人才　hamburger talent

汉语信息处理　Chinese information processing

汉语研究　Chinology

汉文化圈　Han culture circle

汉语言圈　Chinese-speaking community

汉字编码　Chinese character coding

汉字生成　Chinese character generation

汉化软件　Chinese version software

汉卡　Chinese character card

汉显　Chinese display

汉学家　Sinologist

汉芯　Hanxin

行业病 professional unhealthy trends

行内人士 profession

行业标准 industrial standard

行业黄页 industrial yellow page

杭手 new fist position

航行特约条款 space sailing warranty

航天服 spacesuit

航天班机 space liner

航天联志 Aisino

航天英雄 space hero

航天食品 space food

航拍 aerial photography

豪华游 luxury tour

豪华男 gorgeous man

好处费 favor fees

好男家族 good dick's family

好莱坞大片 Hollywood blockbuster

好人文化 nice guy culture

赫氏近鸟龙 Anchiornishuxleyi

号贩子 registration ticket scalper

耗能型产品 energy-intensive products

耗能型经济结构 energy intensive economic structure

耗能大户 big power consumer

浩劫文学 holocaust literature

合吃族 joint eaters

合同工 contract labor

合租 shared accommodation

合并院校 merged colleges and universities

合成食品 synthetic foods

合成集团军 combined army

合法非劳动收入 legal non-laboring income

合法安乐死 legal euthanasia

合法报酬 legal consideration

合伙家庭 aggregate family

合作型商务 collaborative commerce

合作性竞争 co-competition

合作学习 collaborative learning

合法伤害权 legitimate right to harm

合伙消费 consumption of pool

合股 pool capital

合股企业 joint stock enterprises

合股银行 joint stock bank

和平触角 peace feeler

和平红利 peace dividend

和平崛起 peaceful rising

和平利用 peaceful use

和平演变 peaceful evolution

和风 moderate breeze

和谐社会 harmonious society

和谐世界 harmonious world

和谐相处 live in harmony

和谐号 Chinese Railway High-speed

和事老 peace-maker

和谈 peace negotiation

荷尔蒙替换疗法 hormone replacement therapy

核心利益 core interests

核心竞争力　core competitiveness

核心网络　nucleus network

核蛋白　nucleoprotein

核优势　nuclear superiority

核威慑　nuclear deterrence

核威慑论　theory of nuclear deterrence

核屠杀　nuclear holocaust

核高基　high-nuclear based

核电池　nuclear battery

核动力飞船　nuclear-powered spaceship

核保护伞　nuclear umbrella

核冻结　nuclear freeze

核讹诈　nuclear blackmail

核和平主义　nuclear pacifism

核心文化　core culture

核子俱乐部　nuclear club

核反应堆　nuclear reactor

核当量　nuclear yield

核态势　nuclear posture

核安全峰会　nuclear security summit

核两用品　nuclear dual-use items

核冬天　nuclear winter

贺岁大片　New Year blockbuster

黑暗餐厅　the dark restaurant

黑道学　streetology

黑哨　black whistle

黑钱　ill-gotten money

黑金　black gold

黑色经济　black economy

黑色食品　black food

黑色旅游　dark tourism

黑色收入　illegal income

黑市经济　black market economy

黑市投机买卖　speculative trading

黑市汇率　black market rate

黑店　gangster inn

黑视　blackout

黑暗流　Dark Flow

黑脚企鹅　Jackass penguin

黑飞族　illegal flying tribe

黑脸琵鹭　black-faced spoonbill

黑屏　black screen

黑屏计划　the black screen plan

黑心棉　shoddy cotton

黑洞　black hole

黑网吧　black Internet bar

黑律师　unlicensed lawyer

黑窑　illegal coal mine

黑砖窑事件　illegal brick kiln affair

恒生指数　Hang Seng Index

狠折房　commodity house with heavy discount

哄抢　plunder

哄抬物价　forcing up price

哄抬房价　booing housing price

烘焙鸡　homepage

轰动效应　sensational effect

红潮　red tides

红魔　The Red Devils

红丝带　red ribbon

红榜　honor roll

红筹股　red chips

红娘小组　match-maker group

红衫军　Red Shirts

红头经济　government-controlled economy

红头香烟　must-buy cigarette

红言　positive word

红歌　songs with revolutionary spirit

红歌疗法　revolutionary song therapy

红月亮　red moon

红色旅游　tour of revolution

红细胞生成素　Erythropoietin

红马甲　floor broker

红陆蟹　red land crab

红唇族　Red Lips

红利税　dividends tax

红皮书　red book

红人　favorite

红眼航班　red-eye flight

红色清真寺　Red Mosque

宏病毒　macro virus

宏程序　macro programme

后工业时代　post-industrial age

后病毒时代　post-virus era

后客体艺术　post-object art

后拐点论 post turning point theory

后偿债券 subordinated bond

后轮驱动 rear wheel drive

后续投资 follow-up investment

后勤自动化 logistical automation

后三码 credit identifying code

后现代战争 postmodern war

后大片时代 post-blockbuster era

后花园 backyard garden

后农业税时代 post agricultural taxation period

后起之秀 up-rising star

后信息时代 post-information age

后喻文化 post figurative culture

后市 afternoon market

后舍男生 moto twins

厚利多销 big profits and quick turnover

猴痘 monkeypox

猴市 money market

呼气测醉 breath analyzer

呼叫转移 call forwarding

呼叫按钮 call button

呼叫等待 call waiting

呼叫限制 call blocking

呼吸税 breathing tax

忽悠 flicker

胡子工程 prolonged project

胡子官司 draw-outlaw suit

胡同人家 Hutong family

蝴蝶衫　butterfly-sleeved blouse

蝴蝶效应　butterfly effect

蝴蝶币　flipper coin

互动电视　interactive TV

互动视频　interactive video

互粉　mutually idle

互联网时间　Internet time

互联网服务提供商　Internet service provider

互联网政治　Internet political work

互联网普及率　Internet penetration

互免签证协议　visa abolition agreement

互保基金　fidelity fund

互惠关税　mutually preferential tariff

户口管制　domicile control

户型　internal layout

户籍警察　household registration police

户籍改革　residential system reform

户籍思维　province-oriented thinking

户籍法　Population Registration Law

户外广告　outdoor advertising

户外咖啡座　outdoor coffee

沪 G 一代　new driver in Shanghai

沪四标准　standard for harmless gas

护士门诊　nurse clinic

护心　cardioprotective

虎照门　Tiger Photo Gate Affair

花边新闻　titbits of news

花粉热　spring fever

花瓶　flower vase

花痴　anthomaniac

花苞裙　petal skirt

花车巡游　fancy car parade

花样男孩　boys over flowers

花园别墅　garden villa

花园城市　garden city

花园式小区　garden-like residential community

花园洋房　garden house

华人电影志　Reel Talk

华漂　China-oriented drifter

华侨委员会　Overseas Chinese Affairs Committee

华裔军团　ethnic Chinese group

华南虎事件　the tiger event

滑车神经　patheticus

画质　picture quality

划卡　stamp the card

化学灌溉　chemigation

化学阉割　chemical castration

话语志　annals of discourse

话网　telephone network

话题广告　topic advertisement

话题作文　topic composition

话语权　right of discourse

话费　telephone charge

话疗　refresher therapy

话音邮件　voice mail

怀旧文化　nostalgia

坏消息综合症 bad news syndrome

坏胆固醇 LDL Cholesterol

坏账 bad account

坏点 dead pixel

还巢职工 boomerang

还原乳 reduced milk

还原奶 reconstituted milk

还债能力 debt payback ability

环发大会首脑会议 Summit Session of UNCED

环幕电影 circular-screen movie

环评 environmental impact assessment

环保屋 earth ship

环保消费 environmentally-friendly consumption

环保红绿灯 environmental signal

环保电池 environmental-friendly battery

环保型汽车 environmental-friendly car

环境保护法 environment law

环境权 environmental rights

环境标志 environmental friendly mark

环境立法 environmental legislation

环境犯罪 environmental crime

环境壁垒 environment barrier

环境激素 environment hormone

环境武器 environment weapon

环境光立方 Ambient cube

环境移民 environmental migration

环境难民 environmental refugee

环境效益 environmental benefits

环境税 environmental tax

环岛 traffic circle

环保猪 enviropig

环保袋 reusable bags

环保婚纱 environment-protecting wedding dress

环形交叉 traffic circle

缓刑考察费 reprieve fee

缓存 cache

缓冲国 buffer state

缓建 delay construction

换心人 heart man

换基检测 base reversed text

换客 swapper

换乘族 transfer race

换位思考 perspective taking

换手率 turnover rate

黄金稻 golden rice

黄牛党 group of scalpers

黄金周 golden week

黄皮书 yellow book

黄色新闻 sex news

黄昏恋 December heartbeat

黄金排量 gold displacement

黄金大奖赛 Golden Grand Prix

黄金搭档 golden partner

黄金地段 prime site

黄金联赛 Golden League

黄金时段 prime time

黄页广告　yellow page advertising

皇带鱼　oarfish

灰领工人　grey-collar worker

灰色经济　grey economy

灰色权力　grey power

灰色收入　grey income

灰色消费　grey consumption

灰色技能　grey skill

灰色情绪　gloomy mood

灰色小说　grey novel

灰市　gray market

灰空间　gray space

灰商　profit-oriented merchant

灰客　grey hacker

回游者　down shifter

回迁　relocated residents

回头率　rate of second glance

回头客　regular customer

回购　repurchase

回购地　buy-back land

回收核燃料　recycled nuclear fuel

回避制度　system of withdrawal

回聘　re-employ

贿选　practicing bribery at elections

贿买　suborn

会议旅游　conference tourism

会展经济　exhibition economy

会员制　membership

惠农券　agricultural coupon

汇率机制　exchange rate mechanism

挥霍公款　squander public funds

婚前检查　premarital check-ups

婚前协议　prenuptial agreement

婚前同居　premarital cohabit

婚礼红包　red envelop

婚嫁大年　better year of marriage

婚纱摄影　bribe photo

婚活吧　marriage-related bar

婚庆车队　wedding cars

婚宴期货　wedding banquet time bargain

婚脆脆　easy-broken marriage

婚姻挤压　marriage squeeze

婚姻节　marriage festival

婚姻调解　matrimonial dispute mediation

婚博会　marriage expo

婚外恋　extramarital affair

婚外情医生　extramarital affair doctor

婚托　shill for matchmaking agency

婚变　divorce

婚奴　wedding slave

婚前财产公证　premarital property notarization

混氧燃料　mixed-oxide fuel

混合动力车　hybrid car

混搭　mix match

混凝土 U 盘　concrete USB flash drive

活跃锋　active front

活动房 mobile house
火炬粽 torch rice-pudding
火山闪电 volcanic lightning
火疗 fire treatment
火星文 Mars language
火星探索 explore the Mars
火车票实名制 real-name system for ticket
火车出轨 train derailment
火电 thermal power
火爆 fiery
火炬计划 Torch Plan
火 booming
货到付款 cash on delivery
货币回笼 recovering of money
货流 flow of goods
货柜车 container truck
霍克导弹 Hawk missile

I

IAD 少年 Internet-addicted juvenile
IAD 痛苦 suffering from Internet addiction

J

饥饿基因 hunger gene

机播 machine sowing; sowing by machine

机步 infantry

机场小说 airport novels

机车 locomotive; locomotive engine; motorbike

机电一体化 mechatronics

机顶盒 digital set-top box

机动办公桌 hot desk

机动车辆排放物 motor-driven vehicle emission

机动价 flexibility of price; flexible price

机读 machine-readable

机读词典 machine-readable dictionary

机读媒体 machine-readable medium

机读目录 machine-readable catalogue

机读文献 machine-readable document

机读信息 machine-readable information

机构化 institutionalization

结构化系统分析 structured system analysis

机构投资者 institutional investor

机滤 oil filter

机器毛虫 caterpillar machines

机器人服 robot suit

机器人工厂 robotized plant

机器人技术 robot techniques

机器人女友 robot girlfriend

机手 tractor driver; machine operator

机体老化 sarcopenia

机械雕塑 machine sculpture

机械记忆 rote memorization

机械艺术 machine art

机遇率 chance rate

肌肉娃娃 muscle baby

鸡蛋词 egg words

鸡蛋人 egg people

积极安乐死 positive euthanasia; active euthanasia

积极分娩 active birth

积极劳资关系 positive labour relations

积极休息 active rest

积压滞销 overstocking and sluggish sales

基层社区 grassroots community

基础四国 BASIC (initials of China, India, Brazil and South Africa)

基佬雷达 queer radar

基盲 people know nothing about funds

基业服务中心 employment service center

基因超人 gene superman

基友 fund holder

基智定投 Kei Chi fixed investment

极客 geeks

挤公交终极攻略 bus-taking strategy

季节工 seasonal worker

寄存器 computer register

寄售服务 sale on consignment

寄售商店 consignment store

绩差股 bad performance stock

绩优股 blue chip; good performance stock

加拉加拉 galagala

家事法庭 family court

家庭手机　stay-at-home cellphone

家务骰子　housework dice

夹心广告　sandwich boards

夹心课程　sandwich course

夹心一代　sandwich generation; club-sandwich generation (people who provide care for their parents, children and grandchildren)

甲壳族　ads-on-car drivers

甲流机器人　H1N1 robot

甲流血　blood containing H1N1 antibody

甲流疫苗　vaccine against H1N1

甲型 H1N1 流感　influenza A virus subtype H1N1

贾君鹏事件　case of Jia Junpeng

假唱　lip-synch

假捐　fake donation

假人血蛋白　fake Human Serum Albumin

假日消费热　holiday consumption spree

假赛　match fixing scandal

嫁房女　house-brides

尖叫大赛　screaming competition

间谍甲虫　spy beetle

间谍门　spygate

肩客　people who convert their ability to earning through Internet

监控门　NSA warrantless surveillance controversy

监狱小姐　Miss prison

捡彩族　lottery picker

检测门　detection gate

检举门　impeachment gate

减轻民负　lighten the people's burden

减轻学生负担 reduce the students' burden

减碳 carbon abatement

减压喜剧 stress-relief comedy

简单主义 minimalism

简易心理疗法 brief psychotherapy

贱男计算器 Guys calculator

健商 heal quotient

奖池 bonus pool

奖励结构 incentive structure

奖骚扰 bonus bothering

降价死 price-cut death

降息通道 interests-cutting channel

酱油春晚 Grassroots Spring-Festival-Performances

酱油男 soybean-sauce man

酱油族 soybean-sauce people

交规 BUG flaws of traffic rule examination

交换年货 exchange of New Year goods

交井 corrupted traffic police

交警超市 associated traffic-police office

交通拥挤费 traffic-jam fee

交往网 interaction network

焦虑阶层 anxious class

蕉癌 Banana Fusarium Wilt; banana cancer

脚环鸡 leg-labeled chicken

脚踏发电车 pedal power car

叫牌体制 bidding system

教博会 Education Exhibition

教育按揭 education mortgage

教育消费券　education coupons

节能减排　energy-saving and emission-reduction

节能警察　energy-saving supervision police

杰伦式校服　school uniform of the style of Jay Chow, a Taiwan singer

解抗奶　milk with solution antagonist

戒驾族　people giving up driving

金币农夫　gold farmer

金抵利　paying interests by gold

金禾奖　Golden Harvest Awards

金虎奖　Golden Tiger Awards

金立方　gold cube

金镣铐　golden Shaklee

尽孝游　filial traveling

劲走　power walking

禁高令　ban on high-altitude competition ground

禁胶令　ban on pingpong paddle with organic glue

禁跑令　ban on teachers who escape faster than students during the earthquake

禁液令　ban on delivering liquid

经济福利总值　total value of economic welfare

经验姐姐　Experience-Girl

精神分裂式自捧　crazily narcissistic

精准住宅　precise residence

精子男　man selling sperm

警察虐打犯人事件　police brutality

竞价门　Bidding Gate

敬老乘车卡　senior citizen travel card

囧吧　awkward bar

囧剧 awkward plays

囧片 awkward movies

囧事 awkward things

囧字舞 reasonless dancing

窘照 awkward photos

纠结哥 a frustrated man

纠客 joke

纠客电影 Joke Movie

酒精锁 alco-locks

酒烈士 martyrs of alcohol

酒瓶门 Masturbation and Sex Scandal

旧人类 old-fashioned people

舅舅党 rumor spreaders

鞠躬门 Bow Gate

菊花文 Chinese characters with chrysanthemum decorations

拒无霸 hitting a wall in job-search

惧上族 supervisor-rejecter

捐智 offer SCI-tech knowledge free of charge

倦鸟族 slack birds

K

卡戴珊效应 Kardashian effect

卡奴 card slave

卡神 card expert

卡通警察 cartoon police

开瓶费　corkage; fee for opening a drink bottle

开水有毒　poisonous hot water

抗癌疫苗　anticancer vaccine

抗困宝典　anti-sleepy tips

考霸　people good at examinations

考试门　examination gate

科研包工头　tycoon of academic study

科研奴隶　slave of academic study

可听药　i-doser

肯尼迪病毒　Kennedy virus

啃嫩族　children-dependants

啃楼族　people living on rent or selling apartments

啃薪族　people living on salary

啃椅族　people killing time in fast-food chain

空巢班　empty nest class

空巢村　empty nest village

空天战　space warfare

空中的士　air taxi

孔雀女　peacock woman

恐归族　people who are worried to go back to the hometown for Spring Festival

恐婚族　people worried to get married

抠抠族　cool carls

口袋电脑　pocket PC

口袋色情　mobile pornographic information

口红效应　lipstick effect

口罩门　mask gate

骷髅门　skull gate

库索族 kuso
酷哥 cool guy
酷哥女 cool girls
酷抠一族 cool carls
快活族 fast fix
快男 Super Boys
快女 Super Girls
快闪党 flash mob
快闪族 flash mob

L

辣奢族 luxury people
赖捐 false donation
赖校族 campus dweller
蓝立方 the Blue Cube
蓝媒电视 blue-media TV set
蓝天工程 blue-sky project
蓝天计划 environmental project aimed at restoring the blue sky by
    rigging off air pollution
蓝友 bluetooth friends
蓝藻危机 blue algae crisis
懒婚族 single-life clan
懒生活 lazy life
烂前男友 bad ex-boyfriend
牢骚网络 gripe net

泪奔贴　moving post; crying post

类别杀手　category killer (another set of influential retailers who sell basically one kind of goods)

离婚典礼　unwedding ceremony; divorce

离席门　leaving-seat gate

梨花头　Lihua hairstyle

篱笆女　starry-eyed woman

李鬼药　fake medicine

理想夫妻公式　ideal couple formula

丽领阶层　bright-collar

廉租墓　low-rent tomb

良心黑客　ethical hacker (computer hacker who attempts to infiltrate a secure computer system in an effort to learn the system's weakness so that they can be repaired)

凉粉　fans of Zhang Liangying, a singer

粮价危机　grain-price crisis

两会博客　blog of two Conferences (the National People's Congress and the Chinese Political Consultative Conference)

亮领阶层　bright collars (employees engaged in computer work)

亮相大会　cattle show

亮相佳侣　arm candy (an extremely beautiful person who accompanies a member of the opposite sex to a party or event, but is not romantically involved with that person)

猎婚吧　wedding bar

临时性强奸　temporary rape

零换乘　zero transfer

零利日　zero-profit day

零利肉　zero-profit pork

零容忍度 zero tolerance

零碳馆 zero-carbon house

留守儿童 the left-alone children whose parents work far

楼薄薄 residential buildings with thin frameworks

楼断断 fragile residential buildings

楼高高 tall residential buildings

楼晃晃 insecure residential buildings

楼坚强 strong building

楼靠靠 residential buildings without appropriate distance

楼垮垮 tofu project buildings

楼裂裂 residential buildings with cracks in the wall

楼上的 upstairs

楼主 webpage host

庐舍族 losers

路怒症 traffic-anxiety syndrome

伦敦爆炸 London bombings

罗汉娃 babies burn in Luohan Temple during Sichuan earthquake in 2008

罗老号 Naro-1, Korea Space Launch

萝莉 Loli, lovely little girl

洛丽塔 Lolita

裸欢 bareback

裸体示威 streak-in; nude protestation

裸体烟 cigarettes without package

裸油价 gasoline price excluding taxes

裸妆 nude look; nude make-up

驴友 tourists

绿牌专业 green subjects

绿色鸿沟　green gap

绿色婚礼　green wedding

绿色建筑　green building

绿色科技　green science and technology

绿色圣诞　green Christmas

绿色手机　green mobiles

绿色网游　green web-games

绿色网站　green website

绿书架　green book shelf

绿碳　green carbon

R

燃料电池汽车　fuel cell automobile

燃烧弹　incendiary bomb

软件项目管理　software project management

让价　allowance

让利促销　promote sales by cutting prices

热炒　propagandize

让一部分人先富起来　let some people grow rich first

扰乱办公秩序　disturb the order in the workplace

扰频器　scrambler

绕圈子　beat around the bush

热播　hot broadcast (of well-received program)

热忱服务　hospitable service

热键　hot key

热力群体 group dynamic

热疗 hyperthermia

热络 active; thriving

热卖 sell like hot cakes

热卖会 sale

热能毯 thermal powered blanket

热门人才 popular talent

热评 hot review

热气球婚礼 hot air balloon wedding

热销 hot-selling

热销商品 hot-selling goods

热衷于搞形象工程 be keen on launching projects designed to build their own images

热新闻 hot news

热映 hit movies

热战 hot war

人本奥运 Humanistic Olympics

人才保险 personnel insurance

人才储备 talent storage

人才搭配 talent match

人才法 personnel law

人才断层 temporary shortage of trained personnel to replace the older generation

人才断层与老化 broken continuity and aging of personnel

人才高消费 talent high consumption

人才群落 talent tribe

人才生产 talent production

人道大灾难 humanitarian catastrophe

人的全面发展　all-round development of man

人浮于事　overstaffed

人格价值　personality value

人格评定　personality evaluation

人道功利主义　Humane Utilitarianism

人口低龄化　rejuvenation of population

人口动态分布　dynamic distribution of population

人口零增长　zero population growth

人类环境　human environment

人情礼　gift presented to obtain a favor

人情债　debt of gratitude

人肉炸弹　body bomb; suicide bomber

人体美　beauty of the human body

人体辉光　human glow

人为噪音　man-made noise

人为失误预测　human error forecasting

人文奥运　the Humanistic Olympics

人文精神　humanistic spirit

人性经济　human economy

人妖表演　ladyboy show

人员分流　reposition of personnel

人治　rule by men

认证标志　attestation label

日光浴　sunbath

日均贸易额　daily average turnover

日趋完善　being improved

日式英语　Japlish

日夜商店　round-the-clock shop

人渣 scum

儒商 a learned businessman

入围 be included among those selected

入选 be selected

入学保证金 caution money

软黄金 soft gold

软技术 soft technique

人体谷歌 HumanGoogle

人气指数 popularity

软人才 people who specialize in liberal arts

软新闻 soft news

软任务 soft mission

软市场 soft market

软式排球 soft volleyball

软推销 soft sell

软性毒品 soft drug

软装饰 soft decorations

软资源 soft resources

锐舞 Rave

弱势补偿制度 compensation system for the vulnerable group

日记本微博 diary micro blog

容貌歧视 lookism

容许公害率 acceptable hazard rate

柔性处理 handle flexibly

入户销售 door-to-door selling

入会费 initiation fee

入境观光客 in-bound tourists

入网 link with a telecommunications network

入网费　network access pricing

入网许可证　network access license

热污染　heat pollution

热线点播　hotline request

燃放烟火　set off fireworks

让权　give the authority to

扰流器　spoiler

热爆　extremely popular

热爆弹　hot bomb

热点透视　penetrate the focus

热价　discounted price

热解碳　pyrolytic carbon

热买　hot

热敏纸　heat sensitive paper

热捧　tout

热售　best seller

热议　discuss hotly

热迎　warmly welcome

人流感　human influenza

人脉　interpersonal connection

人造美女　man-made pretty woman

融资性　financing

软产业　soft industry

软目标　soft goal

软手段　soft means

软网　soft net/soft tennis

柔性显示器　flexible display

人肉引擎　human flesh search engine

锐减 plummet

锐意改革 work hard to carry out reform

弱肉强食法则 law of the jungle

软件金领 software golden collar

软件蓝领 software blue collar

软肋 weak point

让座日 offering seat Day

软罢工 soft strike

人体摄影 body photography

日本少女漫画 Japanese girl's cosmics

人体艺术 body art

软摄影 soft photography

柔性延长退休 flexible extension of retirement

软绩效 soft performance

人质危机 hostage crisis

入联公投 referendum for joining the UN

人品币 personality currency

热榜 hot list

S

三高人才 three-highs talents

石油外交 oil diplomacy

石油走廊 oil corridor

世界捐助指数 World Giving Index

三网 three networks: the office business network, the office resource network and the public information network

三下乡 a program under which officials, doctors, scientists and college students go to the countryside to spread scientific and literacy knowledge and offer medical service to farmers

森林城市 forest city

杀熟 affinity fraud

赏识教育 common sense education

身份窃贼 identity-thief

伸缩式天线 retractable antenna

深加工 deep-processing

审美疲劳 aesthetically tired

失业型复苏 jobless recovery

瘦身钢筋 thin steel

师奶杀手 ladykiller

时尚先生 fashion man

实习标志 intern badge

世遗 historical sites of the world cultural heritage

事件性新闻 event news

手机休息站 rest stop for mobile phones

森林蔬菜 forest vegetables

晒月亮 moonbath

煽情 arouse one's enthusiasm or fervor

闪电式访问 flying visit

闪电式恋爱 whirlwind romance

上佳 excellent

上镜 appear in a film or TV program

社会罗宾汉 social Robin Hood

社会转型 social transformation

社交恐惧症 social acrophobia

社交圈子 social circle

射灯 spot light

涉外保险 foreign-related insurance

涉外族 people dealing with international issues

神侃 chat

升幅 extent of increase

生活方式疾病 life style disease

升格风 upgrading trend

生存状态 living conditions

生食主义 raw foodism

深夜市 midnight market

设施农业 industrialized agriculture

社会抚养费 social support fee

生物恐怖主义 bioterrorism

生育低谷 baby bust

生育高峰 baby boom

生源不足 a short supply of students

剩菜食品袋 doggie bag

失能武器 incapacitating weapons

师爷杀手 gentleman-killer

湿洗 wetcleaning

时髦生活综合症 fashionable life syndrome

食绿 eating green vegetables

市场反弹 bounce-back of the market

市场瓶颈 bottleneck of the market

市场渗透 market penetration

市场缩小 shrinking of the market

市场资本化 market capitalization

事典 encyclopedia

事后丸 morning-after pill

视频卡 video card

视觉污染 visual pollution

视频输出 video out

试读 probationary study

试岗 be on probation

视频点播 video-on-demand

数码婚礼 digital wedding

双卡双待 two SIMs two standby

私聊 private talk

私密 privacy

诉辩交易 plea bargain

塑料棚病 green house disease

手模 hand model

首都经济 the Capital Economy

售楼小姐 property-selling girls

生态房屋 ecological house

生态农家院 ecological farmer house

闪卓博识 Strobist

生态摄影 ecological photography

闪离 divorce after a short marriage

双师型 dual-qualifications

搜商 search quotient

商业云 commercial clouds

水下摩天楼 underwater skyscraper

世博轴 EXPO axis

世纪大桥　century bridge

塑性减水剂　plastic-nature water reducing agent

数据迁移　data migration

数码电视　digital television

刷卡族　card users

双层巴士　double-decker bus

双飞　round trip flight

双轨制　dual-track system

双向收费　two-way charge system

双向选择　two-way selection

水货　smuggled goods

水上公园　water park

散养　scattered raise

桑拿天　sauna weather

色惺　sex and violence

森林浴　green shower

沙盘推演　tabletop exercise

沙滩装　beach suit

沙浴　sand bath

闪爆弹　flash-bang

商道　trade route

神爱　love of God

商品城　Trade City

商演　commercial performance

杀猫令　killing-cat order

晒苦　display the misery

社会消费券　social consumer voucher

涉拐　have something to do with abduction

涉桃 have something to do with illicit love affairs

剩余人生 rest life

世界慢生活日 world "slow-life" day

私房影院 private cinema

社会主流 mainstream of society

生日钞票 birthday cash

时代热词 hot words

山寨货币 copycatting currency

山寨现象 copycatting phenomenon

水军 water forces

塑质钞票 plastic money

水基因 water gene

受虐狂 masochism

三明治人生 sandwich life

酸奶猪 yogurt pig

晒卡族 people who like to show their cards

速配 speed dating

上班族 office worker

水疗 hydrotherapy

世博法庭 EXPO court

苏丹红 tonyred

"十一五"规划 the eleventh five-year plan

晒伤妆 sunburn makeup

时装设计师 fashion designer

识大体，顾大局 keep the whole situation in mind and take the general
    over-all interests into account

山寨经济 copycatting economy

水中太空服 underwater space suit

生命线计划 lifeline plan

三手烟 third-hand smoke

睡城 sleepers' town

肾结石婴儿 baby with kidney stones

晒工资 show one's salary

什锦八宝饭（什锦饭+八宝饭） fans of President Hu and Prime Minister Wen

时尚炸弹 fashion bomb

沙龙香水 salon perfume

睡衣经济 pyjamas economy

搜索依赖症 Internet-searching dependence

死遁 escape by pretending death

死亡旅游 death tour

烧钱 burn money

数字遗嘱 digital will

丝袜男模 man model of silk stockings

食育 diet education

鲨鱼概念车 shark concept car

瞬时消费主义 instant consumerism

上流美 upper-class beauty

晒密族 secret displayer

晒秘密 display one's secret

晒房子 show one's houses

速配族 speed date

剩男 single man who is no longer young

素婚 frugal wedding

室内儿童 indoor children

塑料血 plastic blood

睡眠骆驼　sleeping camel

萨达姆别墅　Saddam's villa

试药族　new medecine testees

世博婚　EXPO wedding

睡眠博客　sleeping blog

睡眠瘫痪症　sleeping paralysis

生态效率　ecological efficiency

手机信访　mobile complaint letters

奢侈品美容院　beauty salon for luxury goods

手机追踪器　mobile phone tracker

暑假家规　domestic discipline in summer vacation

双模手机　dual-mode handset

手机上网综合症　mobile-online syndrome

数码毒品　digital drug

睡眠卡　unactivated card

世界杯后遗症　World Cup Sequela

室内城市　indoor city

失恋博物馆　jilting museum

失婚　lose marriage

湿租　wet-lease

双失青年　"double unengaged" young people/young people who were jobless and were not receiving an education

T

痛苦指数　misery index

太平公主 flat-chested

替餐 meal replacements

跳楼价 distress price

透视裙 transparent dress

碳钱包 carbon wallet

偷菜 stealing the vegetables (online game)

土豆效应 tomato effect

天气男孩 weather boy

她经济 she economy (women have become the biggest players in many consumer markets and business sectors in comparison with men)

囤房捂盘 price maintenance of estate

脱妆 makeup meltdown

糖娃娃 sugar baby

太空游 space travel

甜点式爱情 dessert love

淘男网 website used to search for a guy

铁路月票 monthly railway ticket

投资难民 investment refugees

团购网站 group purchase website

特价房 special housing

碳足迹 carbon footprints

泰坦尼克博物馆 Titanic Museum

通勤婚姻 commute marriage

偷拍 shoot pictures secretly or without permission

偷拍笔 candid photography pen

U

USB 踏板 USB foot switch pedals

U 盘寄生虫 USB drive parasite

U 型台 U-board

W

歪风 unhealthy trend

外层空间军事化 militarization of the outer space

外汇留成制度 proportional foreign retention system

外需 overseas market demand

外烟 foreign cigarettes; imported cigarettes

外资管理 management of foreign investment

外资流入 foreign capital inflow

玩股票 have money at play on the stock market

网络报纸 online newspaper

网络病毒 Internet worm

网络黄页 online Yellow Pages

网络教育 cyber education; network-based education

网络经济 web-based economy; cyber economy

网络经济犯罪 Internet economic crime

网络精英 cyber elite

网络咖啡屋 cyber cafe

网络恐怖主义 cyber terrorism

网络礼仪 netiquette

网络文化 network culture

网络相关犯罪 Internet-related crime

网络信息流通量 network traffic

网络虚拟终端 Network Virtual Terminal (NVT)

网络银行 network bank

网络隐私权 online privacy

网络营销 network marketing; online marketing

网络杂志 webzine

网络蟑螂 cyber squatter; Internet cockroaches

网迷 cyber addict; cyber jock; e-fanatics; Internet buff

网民 netizen; cyber citizen; net citizen

网上冲浪 cyber surfing; Internet surfing; surf the Internet; surf on the Internet

网上罗密欧 cyber Romeo

网友 cyber acquaintance; Internet buddy; net friend

忘我精神 spirit of selflessness

旺市 brisk market

微波武器 microwave weapon

微观经济环境 micro economic environment

微软认证考试 Microsoft Certified Professional (MCP)

为官一任，保一方平安 It is the duty of an official to ensure soundness and safety within his jurisdiction

为群众办实事、办好事 do practical things in the interests of the masses

未婚母亲 unmarried mother; single mother; bachelor mother

未婚先孕 premarital pregnancy

未遂政变　abortive coup d'état

畏罪潜逃　abscond to avoid punishment

温泉浴　hot spring bath

文档管理系统　file management system

文化氛围　cultural atmosphere

文化快餐　cultural fast food

文化垃圾　cultural rubbish

文化旅游　culture-oriented travel

文凭热　diploma fad; diploma seeking spree

文凭主义　diplomaism

文字自动翻译系统　word automatic translation system

稳定大局　stabilize overall situation

稳中求进　make progress while ensuring stability

我向人格　self-centered personality

我向思维　self-centered thinking

卧底　serve as a planted agent

污染物排放标准　standards for the discharges of pollutants

屋顶花园　roof garden

无标题音乐　absolute music

无店铺式零售　non-store retailing

无墙大学　university without walls

无息贷款　interest-free loan

无息债券　zero-coupon bond

无薪休假　leave without pay; unpaid leave

无形进口　invisible imports

无形资产　intangible assets

无烟区　non-smoking area

无忧卡　well card

无罪推定原则 principle of presumption of innocence

务虚会 meeting to discuss theory and principles only

物价双轨制 double-track pricing system

误工费 compensation for loss of working time

X

夕阳职业 sunset profession

吸纳商人和社会精英为共产党员 admit private businessmen and social elites to the Party

吸收和借鉴世界各国的先进技术和管理经验 absorb and use for reference the advanced technology and management expertise of other countries

吸脂术 liposuction

犀利哥 Brother Sharp

洗盘（虚假交易） wash sale

下浮 drop; decrease

下情上达 make the condition at the lower levels known to the leadership at the upper levels

闲置生产能力 idle production capacity; idle productive capacity

显微照相 microphotography

现场安检 on-the-spot security inspection

现场办公 handle official business on the spot

现场采访 on-scene interview

现场抽查 spot check

现房 ready house

线上服务 online services

线上交易 online trading

限养 pet-raising restriction

乡规民约 written pledges or common ledges drawn up by farmers

向灾民提供食品、住房和医疗 provide flood victims with food, housing and medical care

向专业化社会化发展 development towards specialization and socialization

削价竞争 price-cutting race

消费疲软 anemic consumption; weak consumption

消费者自我保护意识薄弱 weak sense of self-protection among consumers

消极安乐死 passive euthanasia

肖像权 portraiture right; right to portrait

协办单位 co-sponsor

协查 assist in investigation of a crime, etc.

辛苦费 service charge

新宠 new favorite

新风 new practice; new trend

新高 new highpoint reached in quantity or level

新股 new share; new stock

新贵 recently rich；upstart；the new powerful

新婚市场（买卖兴旺的市场） bridal market

新婚学校 school for the newlyweds

新路子 new approach； new way

新闻封锁 news blackout

新闻网络 news group；news net；press network

新秀 up-and-coming star；rising star

新一代身份证 new breed of identity card

信贷紧缩 tighten the credit；credit squeeze

信访 letters and visits (by the people，usually airing complaints or making suggestions); correspondence and visitation by the people

信用膨胀 credit expansion；credit inflation

信用危机 credit crisis

兴趣班 interest-oriented class

刑事案底 criminal records

行政机构改革 reform of administrative structure

行政首长负责制 a system under which administrative heads assume full responsibility

姓名权 right to one's name

兄弟单位 associate unit；associated organization；sister unit

胸怀祖国，放眼世界 have the whole country in mind and the entire world in view

雄杰 talented；gifted

休克疗法 shock therapy；shock treatment

休养所 sanatorium；rest home

秀拔 beautiful and powerful

虚报浮夸 making false reports and exaggerating

虚报冒领 make fraudulent applications and claims

虚开增值税发票 counterfeit value-added tax invoices

虚拟主持人 virtual compere

虚拟专用网 virtual private network (VPN)

续订 renew one's subscription

悬浮列车 aerotrain; levitating train

悬索斜拉桥 cable suspension bridge

旋转餐厅 revolving restaurant; rotary dining hall

选购 pick out and buy

学位评定委员会 academic degree evaluation committee

血头 organizer of illegal blood donation

寻租 rent seeking

寻租活动 rent seeking activities

巡回讲学 lecturing tour

巡回审计 travelling auditing

巡回图书馆 mobile library; circulating library

循环赛 round robin

Y

压价出售 sell at a reduced price; undersell

压库滞销商品 overstocked and unsellable commodities

压缩开支 reduction of expenditures

压缩库存 inventory squeeze

压抑型通货膨胀 depressed inflation; repressed inflation

雅皮士 Yuppie

筵席税 feast tax

厌读 tired of school; tired of studying

扬长避短 make the best use of the favorable conditions and avoid the unfavorable

阳伞效应 parasol effect; umbrella effect

液晶显示 liquid-crystal display

液体肥皂 liquid soap; soapsuds

液体燃料 fluid fuel

一般购买力 general purchasing power

一篮子货币 basket of currencies

一揽子保鲜 package insurance

一揽子交易 package deal

一揽子解决 package settlement

移动办公 mobile officing

移民倾向 intention of immigrating to a country

移民政策 immigration policy

义卖 charity bazaar

议购 purchase at a negotiated price

异性恐惧症 heterophobia

溢价 premium pricing

溢价发行债券 issue of bonds at a premium

银弹外交 silver bullet diplomacy; dollar diplomacy

引桥 (of a bridge) approach

引资 attract investment; absorb capital; introduce investment

饮食多样化 diet diversification

隐名股东 dormant partner

隐名捐赠 silent contribution

隐身技术 stealth technology; stealthy technology

隐退 fade away; recede; retire from political life

隐性就业 unregistered employment; hidden employment

隐性亏损 invisible loss; invisible deficit

隐性失业 recessive unemployment

应收票据 bills receivable

英才教育 meritocracy; elite education

营业性演出 commercial performance

影帝 king of the silver screen—most popular male movie star

影后 cinema queen; movie queen

影视频道　channel for TV plays and movies; film and teleplay channel

影子内阁　shadow cabinet

硬环境　infrastructure; hard environment

硬通货　hard currency

硬着陆　hard landing

优化产业结构　optimize industrial structure

优化出口商品结构　optimize the structure of export commodities

尤里卡计划　Eureka Program

邮购新娘　mail-order bride

油老虎　big oil consumer; gas guzzler

有条件地实现人民币资本项目的可兑换　achieve the conditional
　　convertibility of the RMB under capital account

有条件最惠国待遇　conditional most-favored-nation treatment

诱癌物质　carcinogenic substance; carcinogen

诱发投资　induced investment

诱发消费　induced consumption

舆论导向　direction of public opinion

舆论监督　supervision by public opinion

舆论误导　misleading guidance of public opinion

预付　down payment; advance payment

预付费用　advance charges

预付工资　advance on wages

预付卡　pre-payment card; pre-paid card

预购　place an order; purchase in advance

预购合同　forward purchasing contract

预考　preliminary examination

预售　sell in advance

跃层式住宅　duplex house; duplex

跃式公寓　duplex apartment

越轨　exceed the bounds; violate the rule; transgress

越轨行为　an act of indiscretion; transgression

Z

杂股　miscellaneous shares

灾难性行为　catastrophic behaviour

再生水　recycled water

再生纸　recycled writing paper

暂缓非重点工程建设　suspend construction of nonessential projects

暂住证　temporary residence permit; temporary residence certificate

脏弹　dirty bomb

早期教育　childhood education; early education

招股　raise capital by floating shares

朝活族　early bustlers/early birds

诊断性测验　diagnostic testing

振奋民族精神　inspire national pride; encourage national enthusiasm

赈灾　relieve the people in the disaster areas

赈灾义演　benefit performance for the people in disaster areas

震撼价　stirring price

征婚　seek a marriage partner

征婚广告（启事）　advertisement for a life partner; lonely hearts' ad

整改　rectify and reform; rectify and improve

正面教育　education by positive examples

政策性亏损　policy-related losses

政策性住房 policy-related housing

政治多元化 political pluralism

政治软着陆 political soft landing

支援灾区 provide relief to disaster-stricken areas

指令时间 instruction time

指令性计划经济 mandatory planning economy

滞洪区 detention basin; retarding basin

中港直通巴士服务 cross-border bus service between Hong Kong and mainland China

钟点房 hourly-paid hotel room

重磅炸弹 blockbuster

重点解决群众关心和反映强烈的问题 focus on solving outstanding problems of great concern to the general public

竹雕 bamboo engraving; bamboo carving

住读 attend a boarding school; be a resident student

住房紧张／住房短缺 housing shortage

撞车自杀 commit autocide

追潮族 fashion follower

追车族 auto fan

坠机事件 plane-crashed accident; air-crash

准上市公司 pro-listed companies

着眼点 starting point; focus of attention

咨询服务中心 consulting service center; information service center

子弹头火车 bullet train

姊妹楼 twin tower; twin towers of the World Trade Center

自杀式撞机袭击 suicide plane attacks

自我激励 self stimulation

自愿参与圣战 volunteer for the jihad

综合福利指标 composite welfare indicator

走软 tend to fall

走温和路线 take a soft line

租赁贸易 chartering and leasing trade; leasing trade

租赁企业 leasing-out enterprises

组团 organize a performance group (touring group, exhibiting group, etc.)

钻石王老五 golden bachelor

醉酒驾驶 drink-driving

左击鼠标 left click

参考文献

D'Andrade, R. *Cultural Cognition*. In M. Posner (ed). *Foundations of Cognition Science*. Cambridge, M: MIT Press, 1989: 809, 823.

Gee, J. *An Introduction to Discourse Analysis: Theory and Method*. London: Routledge, 1999: 68-70.

Leech, Geoffrery. *Semantics*. 李瑞华等译. 上海：上海外语教育出版社，1987: 33.

Lakoff. G. and M. Johnson. *Metaphors We Live By*. Chicago: University of Chicago Press, 1980: 282.

Quinn, N. and D., Holland. *Culture and Cognition*. In D. Holland and N. Quinn (ed). *Cultural Models in Language and Thought*. Cambridge: Cambridge University Press, 1987.

http://www.hxsysb.com/newsshow.php?id=3&sid=5&tid=1332.

http://book.sina.com.cn/z/2009words/index.shtml.

http://book.sina.com.cn/z/2008xcy/index.shtml.

http://edu.sina.com.cn/zt/focus/2007xcy/index.html.

http://blog.sina.com.cn/s/blog_62368fb10100hg59.html.

http://blog.sina.com.cn/s/articlelist_1647742897_0_1.html.

http://www.china-language.gov.cn/cms/vote/09newciyu.htm.

http://c.hudong.com/

陈建民. 中国语言与中国社会 [M]. 广州：广东教育出版社，1999: 19.

杜忠明. 新词酷：171 汉语新词笔记. 北京：中国工人出版社，2008.

高虹. 1978-2008 流行词语看中国. 成都：四川文艺出版社, 2008.

季绍斌. 试论汉语新词新语翻译原则及其质量 [J]. 云南师范大学学报，2004(3).

李莜雪，周兰. 誓说新语. 北京：新星出版社, 2009.

邵星. 跨文化视角下的具有中国特色新词的归化与异化处理 [J]. 理论研究, 2003(4).

苏新春. 文化词语词典的收词与新义 [J]. 辞书研究, 1995(5): 41.

王德春. "一门新的语言学分科——同传语义学略论 [A]. 吴友富. 同传语义研究 [C]. 上海：上海外语教育出版社, 1998: 1.

王晟. 流行新词语. 北京：金盾出版社, 2007.

王寅. 认知语言学 [M]. 北京：外语教学与研究出版社，2007: 203-204.

魏春木. 跨文化交际中的语义位移研究 [J]. 外语教学, 1993(1): 23.

魏武扬鞭. 速读时代, 2007 中国媒体 10 大流行语. 北京：中国经济出版社, 2008.

夏中华. 中国当代流行语. 上海：学林出版社, 2007.

《新世纪汉英新词语词典》编写组. 新世纪汉英新词语词典. 北京：金盾出版社, 2008.

杨京宁，王琪. 汉语新词新语词源探析及英译 [J]. 安徽大学学报, 2003(4).

杨全红. 汉英新词翻译：一项费力难讨好的活儿 [J]. 中国翻译, 2003(5).

张健. 再谈汉语新词新义的英译 [J]. 中国翻译, 2001(3).

张再红. 词汇文化语义认知研究 [D]. 武汉：华中科技大学出版社, 2009.

周荐. 2006 汉语新词语. 北京：商务印书馆, 2006.

——. 2007 汉语新词语. 北京：商务印书馆, 2007.

——. 2008 汉语新词语. 北京：商务印书馆, 2008.

——. 2009 汉语新词语. 北京：商务印书馆, 2009.

周勇闯. 中国流行语 2006 发布榜. 上海：中国文汇出版社, 2006.

——. 中国流行语 2007 发布榜. 上海：中国文汇出版社, 2007.

——. 中国流行语 2008 发布榜. 上海：中国文汇出版社, 2008.

——. 中国流行语 2009 发布榜. 上海：中国文汇出版社, 2009.

邹嘉彦, 游汝杰. 21 世纪华语新词词典. 上海：复旦大学出版社, 2007.

后 记

　　翻译既熬心又费时，是"苦力"工作，汉语新词语的翻译尤甚。本书初稿的选材、编写大约耗时半年左右，而后词语译文的审读、修改则历时近九个月，时间之长大大超出了编著者的预期。参与译文修改的人都是令编著者敬佩的翻译专家，既有国内相关领域的学者，也有长期供职联合国的译员。为了检验某些译文的接受效果，还特别邀请了英语为母语的外教审读。外教和专家们的意见并不完全一致，争论时常发生。争论的结果有时是各持己见，不作定论。本书读者如对有些译法持保留意见，也毫不为奇。这除了编著者能力有限之外，新词语翻译也确实是一大难题。如前几年胡锦涛主席使用了"不折腾"一词之后，国内翻译界人士提出的译文多达八种。如此多的译文表明，即使看似很简单的一个词，翻译起来也很可能众说纷纭，莫衷一是。虽然我们在两种语言、文化方面功力有限，但我们鼓足勇气，知难而上，最根本的愿望便是抛砖引玉，借此促进人们对汉语新词语的重视，促进新词语翻译水平的提高，为中外文化交流尽绵薄之力。

　　本书编写得到国家对外汉语教学领导小组办公室、南开大学跨文化交流研究院的资助，编著者表示衷心感谢。编著者还要真诚地感谢参与过译文讨论、编写和审校的各位同仁和朋友；感谢南开大学翻译方向研究生王晋、张超、袁芳、张梦佳、许慧和张雅萌，她们参与了本书新词语英译附表的收集整理工作。著名学者、翻译家、南开大学教授刘士聪先生对本书编写提出了重要建议，联合国日内瓦办事处中文科资深译审赵兴民先生利用休息时间审阅了书稿并提出了许多有益的修改意见，为此特别感谢。

　　书中可能存在的缺点和错误概由编著者负责，诚恳欢迎广大读者
批评指正。

吕世生

2011 年 9 月于南开大学